Figures de proue

Charles le Chauve

DU MÊME AUTEUR

Histoire littéraire de la France médiévale (P.U.F.), 1954 ; réédition (Slatkine), 1973.

Langue et technique poétique à l'époque romane (Klincksieck), 1963.

Le Puits de Babel, roman (Gallimard), 1969.

Essai de poétique médiévale (Le Seuil), 1972.

Langue, texte, énigme (Le Seuil), 1975.

Le Masque et la Lumière : la poétique des grands rhétoriqueurs (Le Seuil), 1978.

Guillaume le Conquérant, nouv. éd. (Tallandier), 1978.

Parler du Moyen Age (Éd. de Minuit, 1980).

Paul Zumthor

Charles le Chauve

Librairie Jules Tallandier
17, rue Remy-Dumoncel
Paris-14e

Le rythme de l'histoire est inégal. Certes, aucune pause n'interrompt jamais l'écoulement de sa durée, l'usure des institutions et des coutumes, le renouvellement des formes sociologiques, l'évolution des états d'esprit. Pourtant ce mouvement comporte certaines discontinuités apparentes : sa rapidité diffère ; à des périodes étales succède un temps de précipitation. Des structures imperceptiblement altérées au cours de plusieurs générations s'effondrent tout à coup, et parmi leurs ruines apparaît la première ébauche d'un autre système, naguère imprévisible.

Dans les siècles du haut Moyen Age, où se dessinèrent, au milieu des débris du monde antique, les premiers linéaments de celui qui s'écroule aujourd'hui sous nos yeux, l'historien isole aisément une cinquantaine d'années : époque de catastrophe, où se dissipe définitivement le rêve d'une résurrection du passé, et où péniblement l'homme s'éveille face à un avenir presque nu. En gros, le second et le troisième quart du IXe siècle, celui de la

7

liquidation de l'empire carolingien et des « invasions » normandes.

Ces années sont celles mêmes où vécut le fils cadet, et préféré, de Louis le Débonnaire, Charles, que ses contemporains surnommèrent « le Chauve ». A la fois victime et spectateur souvent perspicace d'une révolution dont sortit, parmi bien d'autres réalités futures, un royaume de France, ce prince fin, intelligent et lettré, énergique et brave, vit entre ses mains s'effriter un pouvoir, mais discerna quel autre allait s'y substituer. Il eut, à défaut de vastes conceptions d'ensemble, assez d'intuition et d'opportunisme pour, sans trop de vains retours en arrière, passer la main.

Il serait abusif de faire de lui l'agent principal et tout à fait conscient des bouleversements politiques et sociaux de son siècle. Néanmoins, son règne — qui, nous le verrons, commence virtuellement dès sa première enfance — constitue, beaucoup plus que celui de ses frères et de ses neveux, un drame complexe où tous les facteurs déterminants d'une évolution européenne se combinent, se nouent et concourent en une même conclusion. C'est pourquoi les cinquante ans d'histoire carolingienne — la durée de deux générations humaines — que retrace ce livre, y seront constamment envisagés du point de vue de Charles et de ses collaborateurs. Je ne pense pas commettre ainsi une restriction géographique arbitraire ; mais bien plutôt adopter l' « angle de vision » le mieux propre, me semble-t-il, à mettre en lumière la nature du contact personnel qu'eut alors l'homme avec les faits.

Voici près d'un quart de siècle que fut écrit ce livre : trop de temps pour qu'un remaniement du texte original fasse vraiment sens. Tel qu'il est, après l'avoir relu, je ne le désavoue pas. Bien plus, j'y perçois, relativement à la nature de l'histoire et au rôle démystificateur (donc, proprement poétique*) de l'historien, des présupposés dont, en 1957, j'étais peu conscient, mais qu'aujourd'hui je tiens pour essentiels. Il est vrai que les recherches érudites durant ces années ont permis de préciser certains points alors douteux ; et les spécialistes n'auraient, je pense, pas de peine à relever dans ces pages de menues erreurs d'information, voire d'interprétation. Je demande simplement à mon lecteur nouveau de tenir compte de ces quelques rides.*

Il n'est pas moins hors de question de fournir un supplément bibliographique : ce serait modifier la finalité, sinon l'utilité, de l'ouvrage. Sur un seul point je renvoie expressément à un travail fondamental, assez récent, important à mon propos car il traite de l'un des aspects (et des personnages) du règne de Charles sur quoi j'ai placé un fort accent : Jean Devisse, Hincmar, archevêque de Reims (845-882), *3 volumes, Paris et Genève, Droz 1976.*

P. Z.
novembre 1980

9

I

Le milieu

Sur l'immense empire carolingien s'étend la forêt. La grande forêt européenne de la préhistoire, dont les civilisations successives ont jusqu'alors à peine rongé les lisères. A la fin du xe siècle encore, elle recouvrira les deux tiers de la France et de l'Angleterre. L'homme a conquis sur elle son modeste espace vital : étendues cultivées ou bâties, routes. Elle demeure toute-présente ; très mal exploitée, peuplée de quelques bûcherons et charbonniers, refuge des hors-la-loi, elle est à la fois désert ennemi et source presque exclusive de matière première industrielle. Juridiquement, on la considère comme une terre vierge : elle appartient au roi, ou à ceux à qui il la concède ; dans les communautés agricoles, les bois sont en général indivis. Les défrichements qu'ont entrepris les Francs dès le vi^e siècle, et que Charlemagne tenta de rendre systématiques, pèchent par manque d'envergure : on fait des trous plus que des coupes réglées. Et puis, des besoins différents se font jour : en même temps qu'on défriche, on veut préserver ; on établit des réserves. Celles-ci s'étendent au point qu'on y voit en haut lieu une menace pour certains intérêts immédiats. Louis le Débonnaire, en 818, finira par interdire cette pratique… tout en s'en réservant à lui-même l'exercice.

Dans les déchirures du manteau forestier, les zones de culture, souvent dispersées, alternent avec les jachères, les guérets, les landes, les maquis propres au brigandage et aux guerres d'embuscade. Les déplacements de populations consécutifs aux grandes invasions, l'abandon de certains terroirs militairement menacés, la stérilité naturelle d'autres régions, le système agricole des rotations bi- ou triennales : autant de causes concourant à la création de solitudes désertiques, qui coupent le pays. Sur ce point encore, Charlemagne et son successeur s'efforcent de lutter, mais de manière indirecte, en concédant des terres en friche à des monastères, à charge de les cultiver.

Parmi tant d'obstacles, l'homme se déplace malaisément. Les antiques voies romaines, mal ou pas entretenues, ont bien souffert à l'époque mérovingienne ; beaucoup de leurs ponts se sont écroulés. Il reste un réseau discernable, organisé selon quatre ou cinq grands axes : de nord-ouest à sud-ouest, vers la Navarre ; d'ouest à est, vers la Germanie ; de nord, nord-ouest et ouest à sud-est, vers l'Italie par les cols de la Suisse et de la Savoie ou du Dauphiné. La route de la côte provençale, trop peu sûre, est moins fréquentée. Mais dans l'usage quotidien, on préfère à ces chaussées en ruine les vieilles pistes gauloises. Cause et effet ensemble, cette décadence du système routier est liée au repliement de la vie sur ses centres locaux, caractéristique de la future féodalité. Entreprendre, par voie de terre, un voyage de quelque longueur exige de longs préparatifs, des recommandations et du courage. L'approvisionnement est incertain, les mauvaises rencontres, toujours possibles. En un jour on couvre trente à quarante kilomètres. La poste aux lettres, service particulier des rois, va un peu plus vite. La correspondance urgente, reçue et expédiée par Charles le Chauve à la mort de Lothaire II, partie de Plaisance le 8 août, arriva à Senlis le 20, et de là à Vienne-en-Dauphiné le 27 : exemple d'exceptionnelle rapidité. Aussi, plus que les routes emprunte-t-on, surtout si l'on transporte quelque marchandise, les voies fluviales. On atteint jusqu'à cent kilomètres par jour sur la Seine ou le Rhin. Dans les bouches de celui-ci, les Frisons sont par excellence le peuple marin de l'empire. Ils commercent avec l'Angleterre même. Pourtant, depuis le VIIIe siècle, les nations occidentales sont déshabituées de la mer. Charlemagne fit encore construire des navires, mais ses flottes s'éloignèrent peu des côtes. Son éphémère victoire de 807 sur les Arabes au large de la Corse fut l'une des seules batailles navales livrées en Occident avant le XIe siècle.

Relativement à l'époque romaine, l'habitat humain s'est plutôt concentré dans les campagnes, et raréfié dans les villes. Sa densité générale est faible. Des villages se sont constitués — soit du type « aggloméré » (ainsi, dans la région parisienne), soit du type « dispersé » (ainsi en Limousin) — autour des points où se manifestent une protection et une autorité : *villae* de grands propriétaires (d'où les noms modernes en — *ville*, — *villers*, — *wyl* et beaucoup de ceux en — *ac* et en — *y*), églises (d'où les noms commençant par *Dan, Dom, Saint*; ou d'autres tels que *Chapelle, Capelle*; ou même *Oradour, Ouzouer*, qui viennent d'*Oratorium*) ; accidents naturels, propres à la défense (d'où beaucoup de noms en *Mont*, etc.). Les villes se réduisent aux proportions de modestes bourgades ; dans les limites de leur enceinte romaine délabrée, elles enclavent des terrains vagues, des champs, des pâtures. Pourtant, sur l'homme de ce temps, certaines d'entre elles exercent un grand prestige. Ainsi Paris, dont les dimensions, entre ses antiques murailles, ne dépassent pas cinq cents mètres sur deux cents ! D'autres ont conservé quelque importance économique : Strasbourg, centre de communications, et dont les marchands jouissent de l'immunité fiscale ; Verdun, où se rencontrent les trafiquants d'esclaves venus de Slavonie et d'Espagne ; Arras, connu depuis le IVe siècle par ses tissages ; Vannes, par son poisson et son sel. Mais les plus prospères de ces cités comptent quelques milliers d'habitants.

Les hommes

Le moine Abbon, de Saint-Germain-des-Prés, vers 890, lance contre ses compatriotes une violente diatribe, les accusant d'outrecuidance, de luxure et d'excessive vanité vestimentaire. Il convient de ne pas attacher à ce jugement de sermonnaire morigéneur plus de valeur qu'il n'en a. Il reste qu'un certain luxe décoratif, dans le vêtement, le mobilier, la bijouterie est largement attesté, au IXe siècle, chez les plus riches. La masse de la population n'en a certainement pas joui. Les mœurs sexuelles paraissent très libres, dans tous les milieux. Quant au tempérament particulier des diverses collectivités, il s'affirme dans l'opposition : les Neustriens, fiers d'habiter « la plus noble région du monde », traitent de poltrons les Bourguignons, de perfides les Aquitains, qui en retour les qualifient de pervers... On allongerait aisément cette aimable liste. Elle témoigne à sa manière, chez les plus frustes, d'un embryon de sentiment national, sensible au niveau de la région, du groupe ethnique et linguistique. L'homme simple de ce temps n'aime pas l'étranger ; et l'étranger, c'est quiconque parle une autre langue, un autre dialecte, pratique des coutumes plus ou moins différentes. Il reste aujourd'hui quelque chose de cet état d'esprit dans nos campagnes. Au ixᵉ siècle, la quasi-totalité de la population, du haut en bas de la hiérarchie, est paysanne, ou liée étroitement à la vie agricole. Une tendance au conservatisme local, l'amour du lieu héréditaire, pousse à méjuger le « horsin », le venu-d'ailleurs, fût-il un Limousin émigré en Champagne. Les rois doivent intervenir pour le préserver de l'esclavage, auquel il est facile de le réduire. On rencontre, il est vrai, de nombreux « Syriens » (Levantins), dans les villes et sur les routes : commerçants, artisans, leur fonction dans la civilisation carolingienne est capitale. Aix-la-Chapelle, Mayence, Lyon, Narbonne, Bordeaux possèdent d'importantes colonies juives, dont les membres assument le grand commerce extérieur. A l'égard de tous ces gens-là, le pouvoir central pratique une politique sévère : le roi se fait de plein droit leur héritier. Partout présents, ils sont mal assimilés.

Marchands ambulants, étudiants, clercs gyrovagues, pèlerins, fuyards ; une population mouvante circule sur les routes, anime les gîtes d'étapes. Pourtant la masse du peuple reste stable, et ce caractère imprime à l'époque une physionomie générale commune. La vie est déterminée par un certain site : l'effort physique et intellectuel, par les difficultés locales d'éclairage et de chauffage. L'habitation, hors des palais et des monastères, n'est qu'un abri contre les intempéries, et ne rend pas de service actif. L'outillage reste sommaire ; le capitulaire

15

De villis, au début du ixe siècle, énumère les meubles et instruments de ménage indispensables dans les fermes modèles de l'empereur : lits, avec matelas, couvertures et oreillers ; chenets, coussins de siège, crémaillère, vases de métal et de bois ; haches, cognée, tarières, ciseaux. L'inventaire est modeste. Le costume « franc » comporte, pour les hommes, chemise et braies, tuniques et bandes jambières, saie ou manteau — pour lequel le bleu fut à la mode. La tunique des femmes forme robe, un voile leur enserre la tête. Cet ensemble diffère, selon la richesse des individus, par sa matière et son ornement plus que par sa forme. Il est signe de reconnaissance, participe à la stabilité universelle.

Mais les fondements de la société manquent d'assise. Les catastrophes politiques qui bouleversent le siècle déroutent l'esprit. Cette tension entraîne chez beaucoup d'individus un déséquilibre affectif. Une très forte mortalité, surtout infantile, la brièveté moyenne de la vie — un chef est vieux à quarante, cinquante ans — accroissent ce déséquilibre : elles mettent le pouvoir entre les mains d'hommes jeunes et vigoureux, souvent d'adolescents dépourvus d'expérience ; d'où l'importance étonnante que prennent alors, comme facteurs historiques, le coup de tête, l'emportement absurde ou le désespoir sans raison. Plus près que nous de la nature, plus exposé à l'hostilité quotidienne des choses et aux rythmes impératifs des saisons, l'homme du ixe siècle est à la fois plus impressionnable et plus dur. Le goût de la violence, un certain mépris de la douleur, s'allient à une sensibilité très vive au surnaturel, à l'extraordinaire. Un animisme d'origine pré-chrétienne est encore robuste. Les clercs dénoncent en vain la survivance de superstitions qui sans doute ne disparurent que très tard et dont certaines persistent encore, à notre insu, dans nos mœurs modernes : chômage du jeudi (jour de Jupiter), culte des fontaines, des arbres, des carrefours, usage d'amulettes... Besoin foncier de s'assurer l'invisible, d'étayer, par cette participation, la fragilité des choses terrestres : transposé sur un objet chrétien, il engendre une foi naïve au « miracle ». Celle-ci atteint de telles proportions que de bons esprits, Agobard ou Claude de Turin, s'en inquiètent. On cherche au ciel des esprits guérisseurs, on invoque saint Sernin pour la lèpre, saint Antoine pour l'ergotisme cancéreux, deux maladies qui font des ravages au IXe siècle, saint Fiacre et saint Éloi pour un peu tout. Le IXe siècle est atteint d'une véritable folie des reliques : on ne se contente plus d'entretenir le pieux souvenir des saints. On veut des os. Rome en est l'inépuisable source, où l'on pille les catacombes. Tout voyageur de marque ramène un chef, un tibia. Le diacre romain Deusdona, entre 827 et 834, sillonnera la Gaule en courtier : il prospectera la clientèle, assurera le transport de la marchandise, moyennant finances. Des hommes tels que Raban Maur et Hilduin lui font confiance. Après lui ses frères continueront son industrie. On considère couramment le vol de reliques comme une œuvre pie. C'est à des voleurs professionnels que Mulheim doit de posséder, depuis 830, le corps de saint Marcellin. Le prêtre reste, dans l'inconscient populaire, proche du sorcier. On le sent chargé d'effluves sacrés, favorables ou terribles. Les objets cultuels possèdent des vertus magiques : un comte breton, podagre, se baignait les pieds dans une patène. On volait l'huile bénite pour en oindre les malades...

Toute idée de l'homme et de l'univers s'inscrit, en principe, dans le cadre théologique et eschatologique du christianisme romain. Le scepticisme, à cet égard, ne se rencontre qu'à l'état rudimentaire. Pourtant, le credo

17

catholique ne s'est pas encore uniformément implanté. Le clergé inférieur ne possède qu'un embryon de formation dogmatique, et Charlemagne doit prendre des mesures pour lui imposer la tâche de la prédication. Sur des points essentiels — christologie, eucharistie — les doctes eux-mêmes hésitent. Les tentatives faites, à la fois par Rome et par Charlemagne, pour les contraindre à l'unité ne commenceront d'aboutir qu'au temps de Charles le Chauve. La vie religieuse collective manifeste toutefois des tendances générales communes. Goût du symbolisme des formes, spécialement des nombres et des sons. Croyance qu'une justice immanente s'exerce immédiatement sur les actions humaines ; d'où la pratique de l' « ordalie » (épreuve du fer chaud, de l'eau chaude, de l'eau froide) et du duel judiciaire, impliquant qu'aux yeux de la société le criminel est personnage sacral, envers qui on laisse faire à Dieu. Orientation millénariste de la pensée : l'Apocalypse, interprétée allégoriquement, est une source majeure d'inspiration : théologiens, liturgistes, artistes, politiques même, y puisent. Aux cosmogonies païennes de l' « éternel retour », le christianisme en a substitué une autre, plus complexe : il y a la vie du Christ, sorte de temps hors du temps, présent à chaque instant de l'histoire ; et le cycle du péché et de la rédemption — celui de l'Église —, comportant progression et accroissement. D'où à la fois un certain dolorisme et un optimisme foncier, épanoui en eschatologie. Mais l'esprit distingue mal, en pratique, ces plans. Les historiens, à la suite d'Orose et d'Irénée, déterminent la succession, passée et à venir, de six ou de sept « âges du monde ». Dans tout prince ennemi, on décèle l'Antéchrist. On est obsédé par la fragilité des existences individuelles. *Mundus senescit,* « le monde vieillit » : lieu commun inlassablement répété, jusque dans les considérants d'actes de donation.

Concrètement, on ne possède pas de système propre à la mesure du temps. L'antique division romaine du jour en deux fois douze heures, fondée sur la lumière solaire, varie de mois en mois. Pour le calcul des heures, clepsydres et sabliers conjuguent leur imprécision. L'habitude ne s'est pas généralisée encore de compter les années selon l'ère chrétienne. La datation par règne des princes entraîne des diversités locales. L'expérience et la pensée se constituent dans une perspective quasi intemporelle : celle de l'à-présent et du très proche avenir, ou bien celle de la pérennité.

D'où, encore, le besoin de permanence. Le véhicule principal de toute culture est la mémoire, la transmission orale, accompagnée souvent de gestes, à valeur mnémotechnique et symbolique. Au vieux droit mérovingien, personnel, variant pour chaque individu selon son origine ethnique, se substituent peu à peu en fait des coutumes locales. Charlemagne a tenté, en restaurant le règne de l'écrit, de revenir à l'universalité romaine. Mais trop d'obstacles matériels s'opposent à la généralisation de l'écriture : la technique en reste compliquée et chère. Un lettré chargé de lourdes responsabilités politiques, Loup Servat, doit abréger, en 840, une importante lettre d'affaires, « pour ménager le scribe ».

Sur le plan social, la cellule fondamentale de la vie collective est le « lignage » : non précisément la famille au sens moderne — encore moins le couple conjugal, qui ne forme alors aucunement le centre de celle-ci. Plutôt un large groupe d'individus liés par le sang, le patronage et l'intérêt. Au sein du lignage règne un vif sentiment de solidarité, et peu de tendresse. Tout acte de l'un de ses membres engage les autres, qu'il s'agisse d'une vente ou d'un crime. D'où la pratique généralisée de la vendetta, de la « faide » ; mais aussi, la nuance directement humaine qui colore toute relation d'inférieur à supérieur.

La nature des dépendances économiques renforce ce lien, après l'avoir, pour une part, créé. Le niveau de vie de la population, dans toutes ses couches, est déterminé entièrement par la production agricole locale. Les rois mêmes vivent errants, afin de consommer, sur place, les produits de leurs diverses *villae*. Le bien de base est le pain. Son acquisition exige des classes les moins riches l'investissement de la totalité de leurs disponibilités financières et de leur travail. Et il faut compter avec les intempéries, contre lesquelles on ne dispose d'aucune protection technique. La vie est dure. Les chroniqueurs en brossent un tableau sombre, parfois lugubre : mais leur rôle est de consigner l'extraordinaire. Sans doute la réalité différa beaucoup d'après les régions. Des famines, locales ou plus ou moins généralisées, se produisaient périodiquement. L'incurie des cultivateurs ou les déprédations d'une longue guerre, surtout la rareté des échanges, en sont les causes principales. Les contemporains les attribuent à la colère du ciel ou à l'influence des astres. La coutume, depuis longtemps observée par les églises, de consacrer le quart de leur revenu aux miséreux et aux malades, témoigne de l'existence d'un paupérisme endémique, sans doute fluctuant. La lèpre fait des ravages depuis le vi⁰ siècle. Quelques évêchés ou monastères entretiennent des léproseries : système d'isolement à défaut de thérapeutique.

Partout l'existence se concentre autour d'une humble tâche quotidienne. Les techniques de l'agriculture et de l'artisanat paysan ne diffèrent de celles d'aujourd'hui que par ce qui, en celles-ci, tient aux sciences mécani-

ques, chimiques et génétiques. Les territoires qui formè-
rent le royaume de France présentent un double aspect :
au nord de la Loire, le pays est ouvert, étale des champs
sans coupures ; le sud et l'ouest sont des régions de
bocages, découpées de haies vives. Cette opposition
remonte peut-être à la prédominance des cultures de
type collectif dans le nord, individuel ailleurs. Le mot
même de « corvée », originaire du nord, contient un
souvenir collectiviste (*con-rogare*). Les moines ont
répandu la culture des légumes. Avec le pain, fèves, pois
et choux constituent le fond de l'alimentation. Avec la
bière, l'hydromel, et diverses piquettes tirées de fruits
sauvages, le vin est l'unique boisson. Les crus du nord
(on cultive la vigne jusqu'en Picardie) et de l'ouest, de
qualité inférieure, se consomment sur place. Mais, en
dépit des difficultés de transport, ceux de Bourgogne
(celui d'Auxerre est dit *superlativus*), d'Aquitaine et
même de l'Ile-de-France font l'objet d'un commerce
auquel se consacre principalement la foire de Saint-
Denys. Pour le reste, cette foire est celle du miel,
produit fondamental, puisqu'il tient lieu de sucre, et que
son exploitation est liée à celle de la cire, principal
moyen d'éclairage.

Quant au cheptel, une révolution s'y accomplit :
l'extension de l'élevage du cheval. A l'époque mérovingienne, la diffusion de la cavalerie a accru beaucoup
l'importance de cet animal. Mais le IXe siècle apporte, à
son utilisation, deux aménagements capitaux : l'emploi
du fer et — mais la date en est moins certaine : les plus
anciens documents datent du Xe siècle — l'attelage par le
garrot qui, substitué à l'antique attelage par le col,
permit un charroyage plus rapide et plus efficace. Cette
dernière invention, empruntée peut-être à l'Orient, eut
de telles conséquences que certains y ont vu la raison

principale de la disparition de l'esclavage. Sur le plan politique, l'accroissement du troupeau chevalin entraîna, dès le milieu du VIIIe siècle, la confiscation, par les rois et les grands que pressait le besoin de fourrage, de beaucoup de domaines ecclésiastiques : source d'innombrables conflits futurs. L'exploitation animale en Occident acquiert ainsi rapidement la physionomie qu'elle gardera jusqu'à l'invention des moteurs à vapeur et à explosion.

Le rythme de la vie est scandé par les fêtes traditionnelles, qui constituent le cadre des loisirs collectifs. Les unes — souvent truffées de danses populaires — sont liturgiquement célébrées dans les églises, où l'usage des cloches et des clochers se répand alors en Gaule. Ce sont les dimanches et certains anniversaires de saints — trente-six par an à Corbie, en 822. Les autres tiennent à quelque origine plus ancienne : ainsi les fêtes de mai, qui ont lieu auprès des sources et dans les bois ; celle de la Saint-Jean. Un vieux fonds de rites païens y survit. Des vagabonds, que l'on nomme alors en latin *joculatores,* peut-être successeurs des mimes romains, sillonnent le pays, depuis le VIIIe siècle ; chanteurs et saltimbanques, ils sont soutenus, par la faveur publique, contre les récriminations des morigéneurs. Certains font carrière auprès des grands, comme ce Vitalis qui, vers 800 ou 820, égayait la cour impériale par ses imitations de personnages connus.

Mendiants, bricoleurs, journaliers, colporteurs de nouvelles passent de ferme en ferme, d'église en église. Des troupes de chasseurs parcourent, sans limitation de dates, la campagne. La chasse est, pour les moins pauvres, grande affaire. L'habileté des Francs y est célèbre, des conciles déplorent l'universalité de cette passion. A vrai dire, elle remplit un rôle économique

non négligeable : elle fournit la fourrure, matière première importante ; elle apporte à l'alimentation un
appoint bienvenu ; enfin, elle détruit les fauves, terreur
des paysans, et tout spécialement les loups. Ceux-ci
pullulent, et l'effroi qu'ils répandent est devenu une
sorte d'instinct héréditaire. Les dégâts provoqués par ces
bêtes amènent Charlemagne à organiser, en 813, un
service spécial de louveterie.

Les cadres

La situation économique du haut Moyen Age est une
conséquence lointaine de la crise romaine du III\ :
déplacement du centre de gravité de l'empire vers l'ouest
rural et le nord, dépopulation des campagnes, généralisation du système du patronat, émiettement des zones de
production. Cette évolution fut accélérée par les invasions germaniques, qui achevèrent de ruiner les villes et
importèrent un type de société patriarcale. Simultanément, les Arabes coupaient la Méditerranée. L'or disparut peu à peu sous sa forme monétaire. Pépin le Bref et
Charlemagne ne frappent plus guère que de petites
pièces d'argent, le « denier » — dont les multiples, le
sou (douze deniers) et la livre (vingt sous), sont de
simples unités comptables fictives. Au reste, ce monométallisme, relativement contrôlé par l'Etat, sombrera
dans l'anarchie après 850.

La cellule économiquement productrice — et consommatrice, car l'écoulement ne porte que sur les surplus —,
est le « domaine », spécialement le grand et moyen
domaine, dans l'orbite duquel gravitent les petites propriétés paysannes restées juridiquement libres. Le
régime domanial, qui devint l'une des composantes de la

féodalité, est d'institution bien antérieure à celle-ci et imprima une marque plus durable dans les structures nationales : beaucoup de communes rurales, dans la France d'aujourd'hui, remontent à un domaine du IXe ou du Xe siècle, dont elles ont conservé les limites. Comparé au *latifundium* romain dont il provient parfois, le domaine présente une structure originale. Les mœurs chrétiennes et les habitudes germaniques y ont renforcé la situation morale de l'individu. Les exploitants vivent, sous le gouvernement du propriétaire, en familles disposant d'un bien propre, à elles concédé (d'où plus tard le nom de « tenure »), moyennant redevance : maison et lopin dit « manse » (de *manere,* demeurer). Les servitudes pesant sur les manses d'un même domaine diffèrent de l'un à l'autre, en vertu de traditions complexes : manses « lidiles », « colonaires », « serviles », producteurs de redevances diverses en espèces, nature ou travail.

Le grand domaine-type comporte la maison du maître, avec cour et communs, pressoir, granges, ateliers, moulin, chapelle ; la terre se répartit en réserve personnelle du maître, et en manses des exploitants, ceux-ci assurant la culture de l'une et des autres. L'étendue d'un manse varie selon la nature du terrain : on semble le définir comme la portion de sol arable susceptible de fournir huit muids de froment, soit environ cinq hectolitres, donc en moyenne de quatre à quinze hectares. La superficie totale du domaine ne varie pas moins. Les domaines ecclésiastiques (échappant aux partages entre héritiers) semblent les plus vastes : on les classe, en 816, en catégories comptant de mille à huit mille manses ; un capitulaire de 780 parle en revanche de domaines comtaux ne dépassant pas deux à quatre cents manses ; de terres vassales de trente à deux cents. Les petites propriétés libres ont sans doute une superficie beaucoup moindre. Par suite même de sa relative exiguïté moyenne, le domaine laïque est un creuset d'unité sociologique : à l'exception d'un nombre infime de princes et de magnats, le propriétaire laïque mènera longtemps encore une existence si étroitement mêlée à celle de ses paysans qu'il ne pourra nourrir envers ceux-ci de sentiments particuliers, et qu'aucune distinction affective ou morale ne permet la formation d'un véritable esprit de classe. Il en va autrement dans les immenses domaines ecclésiastiques. Saint-Germain-des-Prés possède, au début du ixe siècle, trente-trois mille hectares, dont vingt mille de labours, trois cents de prairies, deux cents de vignes, le reste en bois et en friches.

Centre agricole, le domaine est aussi, dans une grande mesure, centre industriel. L'exploitation même des mines se fait dans son sein. Au reste, il s'agit moins d'une industrie que d'un artisanat domestique. Ce qui subsiste de commerce international embrasse, à l'importation, des objets de luxe (étoffes, bijoux, épices, papier) et peut-être certaines matières premières ; à l'exportation, des produits de la métallurgie mosellane (en particulier les armes, exportées en contrebande) et la céramique. Les étapes de ce trafic sont les villes. Ses grandes voies mènent en Italie, en Espagne, à Byzance, en Slavonie. Son volume total dut être infime, surtout par suite d'un état permanent de famine monétaire. La balance commerciale de l'empire est constamment et de plus en plus déficitaire. Charlemagne tente, en 806, d'instituer un contrôle du prix des céréales. D'une manière générale, le rôle économique de l'échange décroît au cours de l'époque carolingienne. Les dernières traces de salariat disparaissent peu à peu. Le ressort de la production réside essentiellement dans la prestation de travail. La richesse devient ainsi inséparable de l'exercice d'un commandement sur les hommes : facteur capital d'évolution politique. L'histoire de la fiscalité illustre ce processus. L'imposition directe a été abandonnée (aussi bien, les Francs y ont toujours témoigné une hostilité particulière) ; le système de redevances en nature et en travail, qui s'y est substitué, joue surtout au profit du maître du domaine. Les rois se rabattent sur les impôts indirects : octrois et péages divers, dits « tonlieux », qui ne tarderont pas à être accaparés par leurs administrateurs. Charlemagne possède un service de douane, qui fonctionne dans les ports, aux cols des Alpes et sur l'Elbe, l'Enns et le Danube : mais passé 840, il n'en subsista sans doute plus grand-chose.

La condition juridique des individus reflète, d'une autre manière, le caractère particulier de cette économie. De l'esclavage antique, qui s'est résorbé depuis les IIIe et IVe siècles, ne restent plus que certaines habitudes de vocabulaire. La masse laborieuse de la population offre le spectacle d'une étonnante pluralité de statuts, hérités des bouleversements historiques successifs, et qui ne correspondent pas nécessairement à des différences réelles de pouvoir économique. Les coutumes locales qui se constituent alors s'enchevêtrent de telle sorte qu'il est difficile de porter des jugements généraux. Paysans, artisans, domestiques divers, bas fonctionnaires, soudards, se rangent dans trois ou quatre catégories : soit celle des « serfs », assimilés aux biens meubles du domaine — quoiqu'ils jouissent de la plupart des droits personnels et puissent obtenir l'affranchissement — ; soit celle des « francs », hommes libres qu'attachent à un patron leur seul devoir de fidélité et les obligations du service ; soit enfin celles, intermédiaires et mal différenciées, des « colons » et des « lides ». En Bourgogne, la majorité de la population est formée de serfs ; dans la France du nord, de « colons ». Sur 2 859 ménages travaillant, en 826, dans le domaine de Saint-Germain-des-Prés, on en comptait 8 de personnes libres, 2 080 de colons, 45 de lides, 120 de serfs... et 606 de condition douteuse. A Saint-Bertin, en 852, les moines auront dans leur dépendance 1 778 hommes libres et 462 serfs ou serves. Certains capitulaires carolingiens, faisant fi de ces distinctions, se contentent d'opposer les « libres » aux « pauvres », comprenant dans ceux-ci la masse des économiquement asservis. La liberté réelle en effet se mesure à l'autonomie possible de l'action, et spécialement à une richesse suffisante pour permettre le service des armes.

Très tôt, les rois francs, protecteurs et chefs directs, par tradition germanique, du *populus francus* entier, en sont venus — poussés par l'évolution économique —, à accorder à quelques individus choisis de ce peuple, les « vassaux » ou mieux les « fidèles », une assistance particulière. Celle-ci, dès le milieu du viiie siècle, est attribuée en échange d'un serment de fidélité : origine de l' « hommage », dont le cérémonial symbolique apparaît plus ou moins fixé à l'époque de Charlemagne. A la fidélité personnelle est liée l'obligation du service militaire — ou service d' « ost », ce mot désignant la milice qu'est l'armée — et celle de paraître à l'assemblée consultative annuelle, le « plaid ». Au ixe siècle, la règle s'impose de plus en plus au roi, de « chaser » ses vassaux, c'est-à-dire de leur concéder en salaire un domaine, dit « bénéfice » (plus tard « fief ») pour le distinguer des « tenures » paysannes qui dépendent de lui. Ces diverses habitudes, toutes empiriques, tendent à se combiner, et se généralisent. Le serment de fidélité, parce qu'il fonde sur un pacte d'homme à homme le lien social, est senti comme le facteur le plus sûr d'unité politique. Ainsi, dès l'époque de Louis le Débonnaire, le roi en exige de ses hauts fonctionnaires la prestation. Mais, entre-temps, un double mouvement s'est dessiné : tout personnage disposant d'un pouvoir de fait ou d'une autorité concédée s'entoure lui-même de vassaux ; les plus faibles recherchent une protection dans ce même lien. Au niveau le plus bas, on voit des misérables de condition libre se donner en servitude, ce statut leur valant une sécurité plus grande. Dès environ 800, cet état de choses s'est répandu au point que l'homme sans « seigneur » fait figure de révolté virtuel. Charlemagne en prend conscience. Il réagit, esquissant un code des devoirs du « patron » (ou « seigneur »), devoirs relatifs presque uniquement à la subsistance alimentaire des patronnés (ou « hommes »).

Rien, dans tout cela, de systématique. On est loin encore d'une féodalité rigoureuse telle que la connaîtra l'Angleterre du XIIe siècle. La condition même des personnes ne coïncide pas toujours avec celle des terres : on voit des paysans libres cultiver les manses serviles d'un domaine. La formation de chaque seigneurie constitue un cas d'espèce : beaucoup de petits propriétaires libres (les « alleutiers ») n'acquirent jamais de pouvoirs sur les hommes. Sans doute l'initiative individuelle, l'habileté, la force occasionnelle, ou parfois une richesse héréditaire, furent, au moment opportun, les facteurs décisifs, créateurs des seigneuries carolingiennes. Mais une tendance sociologique profonde se réalise ainsi, à tâtons, faisant du neuf sans le savoir, en essayant d'adapter du vieux. Lentement, malgré les mainteneurs de l'unité et parfois à leur insu, se poursuit le mouvement amorcé au IVe siècle dans l'ancien monde romain, et qui tend à la fragmentation des États en formations politiques de plus en plus petites, à taille d'homme. Tel est le nœud de l'histoire carolingienne.

Selon le vieux principe franc, tout homme libre participait à l' « ost », service guerrier annuel, du printemps à la saison des moissons. A l'époque carolingienne le coût de l'armement devient tel que, sans un minimum d'aisance, il est impossible de l'assumer. La généralisation de l'emploi du cheval accroît la difficulté : il faut « tenir » quatre manses au moins pour figurer armé à l'ost ; mais il en faut douze, en 806, pour payer le harnachement d'un cheval de guerre. Pourtant, l'armement reste simple : une sorte de blouson renforcé de métal, un casque, un écu, une courte lance, une épée et, pour les piétons, un arc. La charge financière de l'ost est constituée par le prix élevé de ces quelques objets ; mais plus encore par l'obligation de pourvoir soi-même à son approvisionnement, et par ce chômage annuel forcé de trois mois. Charlemagne définit, en 808, les conditions économiques requises pour le service militaire ; il établit un système de délégation collective pour les « pauvres » libres. Il reste que les seules troupes sur lesquelles, dans le cours du siècle, les rois pourront compter seront formées de leurs vassaux personnels, laïcs ou ecclésiastiques, et des soudards attachés au service de ceux-ci. On admet que tout homme libre peut se racheter, à prix d'argent, de ses obligations guerrières. Il en résultera, pour les armées qui auront à supporter, après 840, le choc des Slaves, des Vikings et des Maures, un défaut d'efficacité croissant : absence de discipline, effectifs plus réduits à mesure que le rôle de l'infanterie diminue, impossibilité de campagnes un peu longues, s'ajoutant souvent à une extrême lenteur de déplacement.

Au début du IXe siècle, l'administration royale échappe encore, dans une large mesure, au système des liens vassaliques. Elle est caractérisée par la concentration des compétences (dites « honneurs ») entre les mains d'un petit nombre de personnes. Son principal agent est le « comte », représentant universel du pouvoir. Percepteur et contrôleur de l'impôt, responsable des contingents militaires, président du tribunal, habilité à recevoir l' « hommage » des fidèles du roi, le comte est placé à la tête d'un *pagus* (« comté »), circonscription correspondant souvent à une *civitas* gallo-romaine ou à une ancienne communauté ethnique. Non appointé, il perçoit un « casuel », pourcentages des taxes qu'il lève et des droits de justice ; un « bénéfice » territorial — domaine ou ensemble de domaines situé dans le *pagus* — y est joint parfois. L'empire compte environ trois cents *pagi ;* en Gaule, leur étendue moyenne varie de celle d'un arrondissement actuel à un département. De nos jours encore, des archidiaconés, des doyennés, parfois des cantons, proviennent de *pagi* carolingiens. Beaucoup de noms de « pays » français ont la même origine : Forez, Berry, Herbauge, Aunis, Roussillon, ou le second élément de noms de villages comme Saint-Vivant-en-Amous, Saint-Georges-Nigremont ; parfois le nom entier, Mémont, Sarmorens, Changy...

Charlemagne s'efforça de soumettre ses comtes à un contrôle étroit, distingua parmi eux quelques « marquis », jouissant de plus d'initiative. Mais ces mesures sont en partie illusoires. Révocable et déplaçable, en principe, le comte est néanmoins assuré d'une grande stabilité : il demeure parfois quinze, vingt, trente ans dans le même *pagus ;* ses relations avec l'autorité centrale se relâchent d'autant. Après 840, le roi l'abandonnera le plus souvent, bon gré mal gré, à lui-même. Charlemagne, il est vrai, institua des *missi dominici*, contrôleurs itinérants. Mais l'entretien de ces personnages coûte cher : vers 800, les prestations dues par les populations contrôlées comportent, pour chaque tournée du *missus,* un nombre déterminé de chevaux, de pains, de bocaux de vin et de bière, de pièces de lard, de porcs sur pied, de moutons, de poulets, d'oies, de faisans, d'œufs, de rayons de miel, de mesures de sel, de vinaigre, de cumin, de poivre, de légumes, de fromages, de barres de cire, de quantités de foin, de bois et d'autres choses encore ! Le nombre de pains variait, selon la dignité du personnage et l'importance de sa suite, de dix-sept à quarante par étape. Mais surtout, la tendance générale qui poussait à la fixation de l'autorité jouait contre l'institution des *missi.* Très tôt, ils se fixèrent à leur tour, devenus de simples super-comtes. L'évêque fut *missus* dans son diocèse.

Un autre vice interne de cette administration résidait dans l'extension du privilège d' « immunité » par lequel le roi soustrayait un domaine ecclésiastique au contrôle du comte. Quoique le roi maintînt dans le domaine « immuniste » un représentant personnel, dit « avoué », le propriétaire, exempt d'impôts et revêtu du droit de basse justice, jouissait d'une indépendance presque complète.

Sur cette société composite et qui, sans trop s'en rendre compte, se transforme vite, règne depuis le milieu du viiie siècle une famille d'usurpateurs. Les Carolingiens, grands propriétaires austrasiens dont les domaines familiaux s'étendent dans le bassin de la Moselle, sont parvenus au pouvoir grâce à un concours de circonstances qu'aida leur habileté et leur absence de scrupules. Soutenu par l'Église, Pépin le Bref, fils de Charles Martel, lui-même fils bâtard de Pépin d'Héristal, maire du palais, triompha des « légitimistes » et balaya la vieille monarchie franque. La chance du clan vainqueur sera d'avoir à sa tête, durant quatre générations, des hommes remarquables par l'intelligence et le don de rayonnement (Pépin, Charlemagne, Louis le Débonnaire et ses fils). De plus, sortis de l'aristocratie terrienne, Pépin et ses descendants conserveront des habitudes d'esprit pré-féodales. Détenteurs de l'autorité, ils tenteront de reconstituer une force publique véritable. Appuyés sur la classe possédante de l'Austrasie, à laquelle ils restent liés, ils disposent d'une base humaine d'action, peu homogène, mais sûre. Ils s'attachent à un petit nombre de principes dont ils poursuivent obstinément la réalisation : imposer l'unité à un monde qui se dérobe, en retournant contre lui ses propres tendances, et en rendant indispensable à tout instant la médiation royale. Tour à tour opportunistes et dogmatiques, ils restaurent l'unité du *regnum Francorum* ; ils fixent délibérément vers le nord-ouest européen le centre vivant de l'empire ; ils recueillent de toutes parts les éléments de culture à valeur universelle, et en tentent une synthèse au moyen de laquelle s'imposera l'idée d'un Ordre.

Pourtant, Pépin ni Charlemagne ne « pensent » vraiment leur politique. Leur intelligence s'applique au détail réel, résout séparément les problèmes, se tire d'affaire. Des forces historiques les dépassent et agissent sourdement contre eux : d'une part, leur rêve de puissance heurte, dans le laïcat, trop d'esprits de leur temps ; de l'autre, l'Église tour à tour les appuie ou les combat, travaillée elle-même depuis un siècle par un autre rêve de puissance, qui émane de Rome. Selon la vieille coutume franque, consacrée par Charlemagne, les fils du roi partagent normalement sa dignité et participent à l'exercice de son pouvoir, en général dans des régions nettement délimitées : les trois fils de Charlemagne

32

furent, de son vivant encore, rois, sans que l'attribution de ces titres enlevât rien à une autorité centrale qui était celle du *pater familias*. Jusqu'à un certain point, la royauté est le bien collectif des mâles du lignage.

Aix-la-Chapelle fait figure de capitale permanente. Une administration centrale y siège, au personnel principalement laïc, pourvue de bureaux plus ou moins spécialisés. La chancellerie occupe un peuple de « notaires », clercs lettrés. Le souverain fait rédiger des annales officielles. La diplomatie joue un rôle important dans le maintien de l'empire. Elle dispose de techniques propres : correspondance postale, conférences de chefs d'État, ambassades, missions diverses pour lesquelles on recourt à des spécialistes, comme le Juif Isaac envoyé en 801 à Bagdad. Charlemagne engage ainsi des tractations à longue portée : avec Byzance, qui durant douze ans hésita à reconnaître son titre impérial ; avec Haroun-al Raschid, inquiet comme lui de la turbulence des Arabes d'Espagne et disposé à accorder aux Francs une sorte de protectorat sur les Lieux Saints. Par la conviction, la ruse ou la force, utilisant les ressources du serment de fidélité, Charlemagne parvient à entourer l'empire d'un glacis d'États protégés ou tributaires : la Bretagne celtique, la Bohême, une partie de la Hongrie et de la Croatie actuelles, le duché de Rome et celui de Bénévent, la Navarre.

Pourtant, ce gigantesque ensemble reste fragile. L'Empire de Charlemagne est une construction prématurée. Un retournement devenait inévitable. Dès 800, l'empire franc donne des signes de décrépitude. La terrible guerre de Saxe, prolongée durant trente ans (772-802), épuise l'Occident et n'est sans doute pas étrangère au déclenchement des premiers raids scandinaves, contre lesquels, à la fin de son règne, Charlemagne devra se mettre à fortifier les côtes de la **Manche,** tandis que, dès 813, des pirates maures débarquent à Nice.

Plus encore : une tendance initiale a été gauchie. Liés de fait à la papauté, les Carolingiens ont fini par redescendre vers le sud. Pour dégager Rome de l'emprise lombarde, ils ont détourné une grande partie des énergies nécessaires à la conquête et à l'organisation du centre européen. Il est vrai que cette évolution était difficilement évitable du jour où l'on avait rétabli le titre impérial. L'idée, en effet, que se forma Charlemagne de sa fonction nouvelle ne tenait en rien à la tradition antique. Il se considérait lui-même comme un David plutôt que comme un Auguste. Il était l' « avoué de Dieu ». L'universalité de son pouvoir tenait à celle de l'Église et de la foi. Certes, il ne se souciait guère d'approfondir personnellement de telles considérations, et sa politique à l'égard des puissances ecclésiastiques fut assez cavalière. Mais son entourage, Alcuin surtout, travaillait à le persuader. On lui lut *La Cité de Dieu,* d'Augustin, pour laquelle il se passionna et dont l'influence marqua par instants sa pensée. On le fit, en 800, empereur d'Occident, grâce à une intrigue assez obscure. Il ne semble pas même avoir imaginé la nécessité d'une loi successorale : en 806, il établit un plan de partage de l'empire entre ses fils, selon la vieille coutume franque. Pourtant, un État composite dénué de longue tradition ne subsiste guère sans le ciment d'une idéologie commune. Et celle-ci ne pouvait être que le christianisme romain. Aussi bien, aucun conflit grave entre l'Église et l'État n'éclate encore. On en reste à la phase des accords de fait.

Par ailleurs, la connivence des deux pouvoirs se traduit dans la cérémonie du sacre, qui semble bien avoir été créée à l'intention de Pépin le Bref, et qui, depuis 800, comporte l'imposition d'une couronne d'or. Ce rituel d'onction et de revêtement sera, après le partage de l'empire, appliqué aux rois de France et d'Italie, puis à tous les rois du Moyen Age. Sa fonction est de conférer à la personne royale un caractère sacral. *Christus Domini,* « oint du Seigneur » : on applique à son propos aux méchants le *Noli me tangere* de l'Évangile. Malgré les haines et les désordres d'un temps aussi peu avare de sang humain que la basse époque carolingienne, un seul roi périra de mort violente : l'usurpateur Robert, en 923. Par participation, le roi est prêtre, évêque. Commis à la direction du peuple chrétien, responsable de son salut, l'empereur domine un Occident dont l'unité est presque imaginaire. L'Occident réel est profondément divisé. Les deux pays dont la réunion formait jadis le *regnum Francorum,* — l'Austrasie et la Neustrie — ont accentué leurs différences. Par Austrasie, on désigne désormais, au IXe siècle, les territoires germaniques situés entre la Moselle et le Main moyen ; leur bordure occidentale formera, après 855, la Lorraine, terroir charnière sollicité à la fois par l'Est et par l'Ouest. Depuis la fin du VIIIe siècle, l'Austrasie confine à d'anciennes chefferies germaines, mal assimilées par les Francs, et rétives à leur domination : Alémanie, Saxe, Thuringe, Bavière. La Neustrie s'est déplacée vers l'ouest ; son centre est situé dans la Haute Normandie actuelle. La région qui, du Vexin et du Chartrain au Barrois, la sépare maintenant de l'Austrasie et commence à jouer un rôle militaire et politique déterminant, s'appelle la « France » (mais l'emploi de ce dernier terme reste flottant ; on désignera par *Francia occidentalis* — ou même *Francia* — l'ensemble du royaume de Charles le Chauve, moins l'Aquitaine[1]). La « Bourgogne », axée du nord au sud par la Saône et le Rhône, épaulée par les Alpes, est un pays de transition où se croisent les courants rhénans et italiques. La « Provence » la prolonge, embrassant les territoires de la rive gauche du Rhône, du Léman à la mer : orientée vers l'Italie, échappant presque entièrement à l'attraction des centres septentrionaux. Au sud de la Loire, vit de sa vie propre la vaste région (de Poitiers à Bordeaux et aux Cévennes) que désigne alors le nom d' « Aquitaine ». Touchant au sud-est la Catalogne sujette, au sud-ouest la Gascogne, farouchement attachée à sa dynastie locale, à l'est une Septimanie qui au ixe siècle est un désert, l'Aquitaine est la plus latine des terres gallo-romaines. Elle a mieux préservé les traditions culturelles du Bas-Empire, et certaines de ses structures économiques. Elle a connu au viie siècle une indépendance de fait. Reconquise, ravagée, soumise aux institutions franques, elle reste la révoltée. Politiquement, quand la sécession lui est interdite, elle soutient les adversaires du pouvoir central. Doctrinalement, elle est la terre élue de l'hétérodoxie chrétienne. Instable, fragile, convoitée, terre de pillages, elle ne participe pas de façon active à la grande œuvre du renouveau carolingien. Quant à l'Italie, en dépit de liens étroits, elle constitue un corps étranger dans l'Empire. Autour des pontifes romains et des principicules lombards, elle est

1. Par la suite, j'emploierai le mot de *France* exclusivement dans ce sens limité, le seul qui soit généralement attesté avant le xe siècle : pratiquement, la *France* est donc alors l'équivalent approximatif des provinces modernes d'Ile-de-France, Picardie, Champagne et de la Normandie orientale. Je ne recourrai qu'à titre exceptionnel, et pour la simplicité de l'expression, à l'appellation anachronique de « royaume (ou roi) de France ». En revanche, faute de disposer d'autres mots, je me servirai des adjectifs « français » et « allemand », entre guillemets, pour désigner ce qui se rapporte exclusivement, soit au royaume de Charles le Chauve, soit à celui de Louis le Germanique. Quant à ces royaumes eux-mêmes, l'usage carolingien exige qu'on les nomme respectivement « royaume de l'Ouest » et « royaume de l'Est ». Par *Occident,* j'entends l'*Europe* au sens où Nithard emploie ce mot (voir p. 37).

en voie de se recréer une civilisation originale ouverte vers les rivages barbaresques et — par Venise, ville de création récente — sur l'Orient grec.

Néanmoins entre des terres si diverses, les esprits avertis sentent une communauté — et celle-ci justifie à leurs yeux l'Empire. Nithard, vers 840, emploiera, pour exprimer ce phénomène, le mot d'*Europa*. Il entendra par là une entité moins géographique que morale : l'étendue où règne, superposée aux coutumes locales, une civilisation de langue latine et d'origine romaine. En ce sens, l'existence de centres de gravité multiples, annonçant les dislocations futures, n'enlève rien, au IXᵉ siècle, à l'efficacité de ce concept. *Europa, imperium* se définissent par opposition à Byzance et à l'Islam. Avec ces deux mondes lointains, qui jusqu'au XIᵉ siècle conserveront une incontestable supériorité intellectuelle et technique sur l'Occident latin, celui-ci maintient des rapports épisodiques et prudents, sans aucunement chercher à les connaître. Avec l'Angleterre et l'Irlande, terres chrétiennes, mais de culture très particularisée, les relations sont plus régulières, surtout grâce à l'immigration incessante de clercs irlandais. Partout ailleurs, c'est la *terra incognita,* forêts et marécages du pays slave où s'organisent au loin les premières principautés russes, océans menaçants, déserts que sillonneront bientôt des pillards mongols. En sa qualité d'avoué de Dieu, l'empereur défend et cherche à étendre les frontières de la foi romaine. Il favorise l'envoi de missions monastiques chez les Slaves, les Avars. Envers les Saxons, Charlemagne préfère, malgré les conseils d'Alcuin, recourir à la manière forte. Un penchant à extorquer les conversions par la violence restera aux princes chrétiens durant tout le Moyen Age. Au reste, ce que l'on importe ainsi chez les populations qui n'ont pas connu la civilisation gréco-romaine, est un christianisme élémentaire, répondant aux aspirations les plus frustes de la vie religieuse : un « eudémonisme massif et naïf », comme le qualifie Ehrismann. Charlemagne et ses conseillers prennent conscience de ce phénomène, imposent diverses mesures. Multiplication des paroisses rurales, éducation du bas clergé, diffusion de la prédication populaire — le concile de Tours, en 813, recommande l'emploi des dialectes locaux, car on comprend de moins en moins le latin —, pratique du baptême des enfants, rédaction de catéchismes. Au sommet, on révise les instruments de la foi : Alcuin collationne les manuscrits bibliques, et établit un texte que Théodulphe pourvoit d'un véritable appareil critique. Pépin et Charlemagne travaillent à l'extension dans l'empire, au détriment des usages locaux, de la liturgie de Rome, dite grégorienne : l'Occident continental ne connaît bientôt plus qu'un type uniforme de rites et de prières.

Curieux de doctrine, Charlemagne se mêle aux discussions de ses clercs, leur pose des questions, soulève des problèmes. Autour de lui, dans le haut-clergé franc, s'éveille une sorte d'esprit dialectique. L'attention se porte sur les aspects intellectuels de la foi. L'âge des querelles théologiques va commencer. Dans la série de ses « capitulaires » — édits d'application générale, fondement du droit écrit — Charlemagne introduit près de cinq cents décisions conciliaires. En favorisant la réforme de l'organisation ecclésiastique, en imposant à leurs sujets le paiement de dîmes au clergé, les premiers Carolingiens ont à la fois assuré à leur empire ses cadres... et amorcé les conflits à venir. Dès l'époque mérovingienne, les évêques, souvent choisis parmi de grandes familles de latifundiaires, faisaient figure de chefs et de modérateurs des villes. Leur importance sociale dépassait celle des comtes. D'où la tentation pour le roi d'intervenir dans leur élection, en soumettant celle-ci à un examen du candidat. Charlemagne fit un pas de plus : dès 811, est attestée l'existence dans l'empire de vingt et un « métropolitains », sorte de super-évêques, responsables de vastes provinces ecclésiastiques : cette institution facilitait le contrôle royal. Louis le Débonnaire chargera ses métropolitains de hautes fonctions administratives. A la base, le clergé local est choisi en principe par l'évêque, mais le grand propriétaire exerce sur lui un patronat de fait ; il accapare ses dîmes et lui reverse un modeste casuel. Formé d'une majorité de paysans assez frustes, souvent mariés, ce clergé mène une vie peu différente de celle de ses ouailles.

Au reste, du haut en bas de la hiérarchie, le clergé, innombrable, mêlé à toutes les activités publiques, ne constitue pas alors une classe sociale définie. Cela restera un trait caractéristique de la société médiévale. Divers types sociologiques de clercs coexistent : le dignitaire souvent revêtu d' « honneurs » politiques, le moine, le savant, le desservant pauvre, le prédicateur en rupture de ban, le prêtre guerrier. Les frontières, du côté du laïcat, restent vagues et mal perçues. La présence d' « avoués » laïcs dans les domaines ecclésiastiques immunistes — dont ils sont en principe les défenseurs mais souvent, en pratique, les oppresseurs —, contribue à accentuer la confusion. De grandes abbayes sont données par les rois en « bénéfice » à des vassaux qu'il désire s'attacher par des liens d'intérêts particulièrement puissants. Le vassal ainsi « chasé » n'entre pas pour autant dans les ordres : il est « abbé laïc » ; un « abbé ecclésiastique » subsiste à ses côtés. Malgré cette pratique de plus en plus répandue, les grands monastères bénédictins restent le seul refuge possible des âmes avides de vie religieuse ou intellectuelle profonde. En même temps en effet qu'ils continuent l'antique tradition ascétique et contemplative — à laquelle le clergé séculier échappe complètement —, les plus importants de ces monastères sont des foyers rayonnants de culture de l'esprit.

Cette culture connut, dans la Gaule des viie et viiie siècles, une période de décadence totale. Pépin le Bref, à peu près illettré, mais désireux d'améliorer la qualité de son clergé, eut le courage de promouvoir une restauration des études dans son royaume. Charlemagne, lui-même peu instruit, sent son incompétence, et s'entoure de conseillers. Il les importe de terres mieux préservées : depuis longtemps, des moines irlandais, chassés par les incursions danoises, passent la mer ; Charlemagne en attire à sa cour : Joseph, Dungal, Clément. Puis il découvre l'Italie, et il amène à Aix un contingent de lettrés lombards, Pierre de Pise, Paul Diacre, Paulin. L'année 786 marque un tournant : l'Anglo-Saxon Alcuin, héritier d'Aldhelm et de Bède, arrive d'York, imprégné de l'austère humanisme d'outre-Manche, scolaire et pieux, ordonné et conservateur. Intelligent, tenace, quoique sans grand génie, Alcuin jouera jusqu'à sa mort, en 804, le rôle d'un ministre des beaux-arts et de l'enseignement, dont l'idéal est une culture entièrement christianisée, formellement tournée vers le passé, mais apte à assumer la tâche d'unification qui s'impose. Le Goth espagnol Théodulphe, élégant, curieux et artiste, figure dans le cercle impérial dès avant 800. Mais c'est seulement vers la fin du règne que l'on y verra apparaître quelques lettrés d'origine franque.

Ce que l'on appelle ainsi la « Renaissance carolingienne » est un phénomène complexe. D'abord matériel : on rassemble des bibliothèques, on multiplie les *scriptoria,* véritables maisons d'édition, à Saint-Denys, Laon, Corbie, Reims, Metz, Aix, Tours, Lyon, où l'on recopie des manuscrits italiens, anglais, irlandais, dont les illustrations, adaptées, engendreront bientôt un art original. Puis pédagogique : tant par la création d'écoles, que par la rédaction, à la cour, d'un matériel livresque abondant. Techniquement, l'édifice que l'on construit repose sur une remise en honneur de quelques-uns des « arts libéraux » distingués par la basse antiquité. Il s'agit avant tout des « arts » de la parole, grammaire et rhétorique. Moins dans le sens où nous entendons ces mots que, de façon profonde, comme la science des procédés par lesquels, de la pensée on passe aux mots, et des mots on remonte à la pensée. D'où un certain nombre d'idées-maîtresses, latentes depuis des siècles en Occident, mais qui reçoivent alors une armature verbale et demeureront fondamentales jusqu'à l'avènement de la scholastique : toute réalité, directement ou de façon médiate, est un texte ; la compréhension en est exégèse ; celle-ci porte essentiellement sur des mots, qui constituent comme le noyau vivant des essences vraies ; toute communication est littéraire, et l'interprétation procède d'une juste appréciation des formules rhétoriques ; la Bible, texte par excellence, n'est qu'un cas particulier, idéal ; le livre est saint. Une tendance, d'origine augustinienne, sous-tend cette pensée : le désir de relier l'intellectuel au vital.

D'une littérature « désintéressée » de type moderne, on ignore la notion même. Les poèmes panégyriques adressés à l'empereur remplissent une fonction dans le système. Les plus beaux — mais encore rares — produits du lyrisme officiel sont des hymnes d'église. La musique s'y lie étroitement au texte. Les mélodies « grégoriennes » triomphent, issues de compilations romaines, diffusées à la faveur de la réforme liturgique : musique monophone, reposant sur la centonisation d'éléments typiques, et enseignée dès lors dans diverses *scholae cantorum,* comme celles de Metz, d'Aix et de Rouen. Seul un très petit nombre de mélodies profanes, apparemment non grégoriennes, nous ont été conservées : peut-être s'inspirent-elles de traditions populaires ? Leur interprétation est des plus difficiles.

Les arts plastiques, enfermés dans les traditions artisanales, n'échappent pourtant pas à ces tendances générales : les types formels qu'ils utilisent font une place grandissante à l'humain. La Gaule est, dans ce domaine encore, un carrefour d'influences : antique ou byzantine, wisigothique, irlandaise, germanique et même slave. Une certaine avance se marque, ici, sur les lettres. C'est un Franc, Eudes de Metz, qui construit la chapelle d'Aix. Germigny-les-Prés est édifié dès 806, la première cathédrale de Reims en 820. Ermold nous décrit le palais de Charlemagne et son parc. On bâtit en pierre cassée au marteau, parfois coffrée, que l'on allie à la brique dans les voûtes ; on pille les bâtiments romains — l'Aquitaine en est une mine — dont on utilise colonnes et chapiteaux. Spirituellement, cet art s'oppose au futur roman et au gothique : l'abbatiale, la cathédrale des xiie et xiiie siècles s'imposent par leur taille, dominent la ville, se découpent hautes et massives sur l'horizon. L'église carolingienne est plus basse et de dimensions modestes. Le roman, le gothique proclament la grandeur et la puissance divines. Le carolingien reste plus près de la terre quotidienne, encore mal maîtrisée. Mais déjà la décoration s'oriente vers une fonction d'enseignement. Ce phénomène est spécialement net dans l'art du livre, où texte et illustration forment une indissociable unité.

La magnifique écriture dite « caroline » se constitue. Mais l'originalité des diverses *scriptoria* se marque avec force, dans le tracé et l'emploi des couleurs (« miniature » vient de *minium,* « rouge ») : école rhénane, à qui nous devons l'évangéliaire de Charlemagne, de 781, écrit sur parchemin pourpre, en onciales d'or ; écoles du nord-est (psautier de Corbie, aux teintes de jade, de violet, de jaune pâle), de Tours, de Fleury. Figures d'un monde épanoui dans l'équilibre des lettres et des images, où les proportions mêmes des masses, maniées avec une surprenante habileté, imposent la vision d'une hiérarchie et d'un ordre.

C'est ainsi que, par tous les traits de sa civilisation, le IXe siècle est une époque cruciale dans notre histoire. L'empire carolingien, édifié en un temps de récession européenne, représente un premier essai de concentration, face à l'expansion des nations asiatiques, africaines et slaves. Il prépare le retournement qui, à cet égard, s'opérera à partir du XIIe siècle... et qui aboutira au XIXe siècle, avant le renversement que nous constatons aujourd'hui, dans un contexte historique du reste profondément différent. Comme le nôtre, le siècle de Charlemagne et de Charles le Chauve est marqué par la fragilité politique de l'Occident, l'inadaptation de son régime économique, mais en même temps par une intense activité intellectuelle : par une disproportion surprenante entre la fatigue des institutions et la vitalité de l'esprit.

Louis le Pieux

On l'appelle ordinairement en France « le Débonnaire ». Ses contemporains dirent *Pius,* d'un mot suggérant mansuétude, justice et souci de Dieu. C'était un caractère impressionnable, qui par générosité ou amour d'une idée, peut-être même par défiance de soi, traversa des périodes successives d'opiniâtreté et d'abandon. Peu intéressé par les arts, mais d'un tempérament plutôt intellectuel, soucieux d'ordre moral, pourvu d'une éducation raffinée, Louis accéda en février 814 à l'empire dans des circonstances favorables. Les deux autres fils légitimes de Charlemagne, avec lesquels, dans la pensée de celui-ci, il eût dû partager le pouvoir (voir p. 34), étaient morts en 810 et 811. Roi d'Aquitaine depuis 806, il s'était entouré, dans cet apanage, de conseillers qui l'avaient politiquement formé : l'ex-comte Guillaume de Toulouse, devenu moine, héros qui en 803 avait refoulé définitivement les Arabes jusqu'au-delà de l'Ebre ; Benoît d'Aniane, réformateur des monastères du Midi. La culture de Louis le rendait perméable à l'influence d'un entourage de clercs, pour qui la notion d'État restait vivante, de plus en plus abstraitement élaborée en idée de *respublica christiana*. Certes, le nouvel empereur conserve à son neveu Bernard le titre de roi d'Italie que lui attribua Charlemagne ; lui-même délègue aux deux aînés des trois fils qu'il a de sa femme Ermengarde, Lothaire et Pépin, l'administration de la Bavière et de l'Aquitaine. Mais ces royautés locales demeureront dans la subordination étroite du pouvoir central. Dès l'été de 814, Louis s'attaque au problème fondamental, que son père ne semble jamais s'être posé : celui de l'unité et de la stabilité de l'empire. Le hasard l'a servi : il ne veut pas lui livrer l'avenir du monde chrétien. Aussitôt, Aix change d'atmosphère. Un coup de balai assainit la cour, où Charlemagne et ses filles avaient fait régner quelque scandale. Louis envoie ses sœurs au couvent, restreint le personnel féminin du palais, chasse les prostituées. Au premier rang de ses familiers il maintient Benoît d'Aniane. Le prêtre Hélisachar, réputé pour sa science, reçoit un poste équivalant à celui de premier ministre. Le gouvernement qui s'installe est un gouvernement de clercs. Les actes officiels sont désormais datés, non plus à la façon empirique d'un Charlemagne, mais : « L'an I de notre règne ».

D'abord, l'Église, cadre. Louis passera, de l'opportunisme de son père, au système. En 816, il propose de lui-même au clergé une série de réformes touchant au régime des réguliers ; en 818, à celui de l'épiscopat. Ces mesures tendent à limiter l'influence du laïcat sur les clercs. Cependant, à Rome, le vieux pape Léon III, dont le pontificat s'achevait au milieu des pires désordres politiques, est mort en 816. De son successeur Étienne IV, la diplomatie impériale obtient qu'il vienne à Reims sacrer Louis. A cette occasion, l'imposition de la couronne (voir p. 35) s'accompagne d'une onction d'huile sainte : symbolisme nouveau, qui renforce dans la personne du souverain la liaison des pouvoirs. Mais simultanément, un acte de 817 proclame l'indépendance politique du pape, et le principe de la non-intervention impériale dans son élection. Louis n'hésitait pas à abandonner les gages coutumiers acquis par ses aïeux.

Ensuite, le régime impérial. Posant le problème au « plaid » de juillet 817, Louis — inspiré par Wala, futur abbé de Corbie, et par Agobard, archevêque de Lyon — ose, contre l'avis de la majorité, en proposer une solution contraire à la tradition franque. Il promulgue une constitution proclamant l'unité et l'indivisibilité de l'empire. L'aîné de ses fils, Lothaire, est désigné comme son héritier présomptif, et reçoit à titre d'associé le nom d'empereur ; Pépin, Louis — le troisième fils, — et le neveu Bernard conservent leurs apanages, mais un esprit de fraternité devra régner entre les membres de la dynastie, assurant cohérence et souplesse à leur collaboration. Une certaine conception du monde s'impose, virtuellement révolutionnaire. Quoique les structures sociales comme telles restent hors de discussion, l'orientation nouvelle du pouvoir menace de freiner leur évolution spontanée. Confusément, les contemporains en prennent conscience. Pendant un quart de siècle, le mot d'unité ne cessera de revenir comme un slogan sous la plume des partisans et des adversaires de la politique impériale : on pense à une unité formelle, étayée par l'unité de foi ; mais on vise tout autant l'unité matérielle d'un État qui, en réalité, ignore ses véritables fondements économiques et personnels.

En ce sens, l'audace intellectuelle de Louis le Pieux finit par le perdre. Dès l'automne de 817, un parti de mécontents, groupant même de hauts fonctionnaires et des prélats, s'agite autour de Bernard, alors âgé d'une vingtaine d'années, qu'il a choisi comme agent d'exécution. Le détail des faits reste obscur : il semble qu'une conjuration de grande envergure ait été tramée. L'extrême vigueur avec laquelle réagit l'empereur déconcertança les conjurés. Bernard, abandonné, se livra. Dépositions, exils, le châtiment fut exemplaire. Bernard, les yeux crevés, mourut de ce supplice au bout de deux jours. Par surcroît de prudence, Louis fit tonsurer et enfermer dans des cloîtres ses trois frères bâtards, Drogon, Hugues et Thierry. Le royaume d'Italie fut rattaché directement à la couronne impériale. La révolte manquée aboutissait ainsi à un renforcement de l'unité.

Le danger subsiste. Et d'autres menaces se dessinent, à l'arrière-plan de la scène politique. Un deuil personnel, la mort de sa femme Ermengarde, le 30 octobre 818, va marquer un tournant dramatique dans la vie de l'empereur. Vers la même époque, on voit les moines de Noirmoutier effrayés par l'approche de corsaires scandinaves, se construire sur le continent une maison de refuge. Premier signe. Quarante ans plus tard, de recul en recul, ces moines parviendront sur la Loire, en 872 ils auront traversé le Massif Central ! En 821, un capitulaire fait allusion à de mystérieuses *conjurationes servorum,* soulèvements de paysans pauvres, dont nous ne savons rien de précis, mais qui trahissent un malaise social et des troubles économiques.

En tout cas, la façade idéologique ne porte pas encore trace de fissure. Les lettrés font preuve d'une inventivité plus grande que sous le règne précédent, le clergé instruit ne doute plus du rôle de premier plan qu'il va devoir jouer. Vers 820, l'Espagnol Claude, évêque de Turin, spécialiste réputé d'Augustin, s'élève contre l'attribution de pouvoirs politiques au clergé, y discernant le germe d'une profanation de l'Église. Mais ce protestataire reste isolé. D'une manière générale, les intelligences, enrichies par l'humble labeur d'Alcuin et de son groupe (voir p. 40), ont plus d'acuité que naguère, plus d'efficacité et de brillant. Après 814, et jusque vers 880, c'est désormais des Francs que provient le mouvement des idées en Occident, non plus des Anglo-Saxons, des Italiens ou des Goths. L'école de la cour ne fait plus figure de centre. Lyon, Auxerre, Fleury, Fulda, Reichenau, Saint-Gall, commencent à se distinguer. Les tendances archaïsantes de la génération précédente le cèdent à un certain modernisme, qui ira s'accentuant jusqu'à la fin du siècle. Une sorte de réaction antihumaniste, liée sans doute à la réforme des mœurs monastiques, libère une énergie : l'esprit tente de penser l'époque actuelle. Il est malaisé de créer à cette fin le langage nouveau qui conviendrait. Il reste du moins une orientation et un souci. Smaragde, moine de Saint-Mihiel, Jonas, évêque d'Orléans, écrivent des traités sur les devoirs des princes. Eginhard, dans la préface de sa *Vie de Charlemagne*, vers 820-825, ne cache pas son mépris pour les admirateurs exclusifs du passé. Dans l'orbite de la cour, Erchambert rédige un *Bréviaire* de l'histoire des Francs. L'abbé de Saint-Denys, Hilduin, écrit, à l'invitation de l'empereur, une *Vie de saint Denys* identifiant le fondateur de son monastère avec l'Aréopagite ; cet ouvrage prélude à la longue série des tentatives faites pour illustrer la prétendue apostolicité de diverses églises de France. En 848, se fondera à Limoges, sur la tombe présumée de saint Martial, réputé compagnon du Christ, une abbaye bénédictine dont les moines s'illustreront dans l'art musical. Une sorte d'émulation semble se manifester, avec la Rome de saint Pierre. En 813, on a « découvert » à Compostelle les restes de l'apôtre saint Jacques...

Passée la crise de 818, l'empereur Louis commence à douter de lui-même. Il s'est remarié, en février 819, avec une jeune femme de la famille bavaroise des Welf, Judith, dont on vante la beauté et la culture, mais qui, autoritaire, ambitieuse et de mœurs légères, passa auprès des contemporains pour le mauvais génie du règne. Des indices curieux suggèrent dès lors quelque flottement dans le gouvernement. L'assemblée annuelle des fidèles tout à coup ne suffit plus à l'empereur : il convoque le plaid deux, trois fois par an. Peut-être entend-il par là resserrer les liens qui maintiennent les parties de l'empire ? En 821, il réédite la constitution de 817, mais en accompagnant ce geste d'exceptionnelles mesures de grâce en faveur des complices de Bernard. Il élève au siège épiscopal de Metz son demi-frère Drogon, confère à Hugues plusieurs abbatiats. Une soif d'apaisement, et presque d'humiliation, a saisi Louis le Pieux, à qui la mort de Benoît d'Aniane, en 821, enlève le conseiller le plus suivi. Au plaid d'Attigny, en août 822, il propose à ses Grands un acte de confession et de pénitence collectives. Lui-même donne l'exemple, s'accuse des fautes commises envers Bernard : étrange comédie dont on ne paraît pas avoir perçu alors le caractère odieux, mais qui conduit en fait à une accentuation de la teinte religieuse du gouvernement... et qui, onze ans plus tard, suggérera à des révoltés la sinistre procédure de Saint-Médard (voir p. 65). Dès lors, Wala et son frère Adalard font la loi au palais d'Aix. Louis, dont la faiblesse de caractère, jusqu'ici dissimulée sous l'intransigeance d'esprit, s'accroît aux approches de la cinquantaine et sous l'influence de Judith, laisse agir.

Au lendemain d'Attigny, il délègue Lothaire en Italie. C'est presque un exil diplomatique. La suite des événements montrera à quel point Judith se méfie des enfants du premier lit. Or, depuis septembre, elle est enceinte. Le 13 juin 823, elle mettra au monde un fils, Charles.

II

Une succession difficile
(823-843)

« *Cette année-là* (en 823), écrivent les « Annales royales », *divers prodiges, si l'on en croit la rumeur publique, se produisirent dans l'empire. La terre trembla sous le palais d'Aix-la-Chapelle. Au domaine de Commercy, près de Toul, une fillette d'une douzaine d'années vécut pendant dix mois sans prendre aucune nourriture. La foudre incendia, par un temps serein, vingt-trois villages de Saxe. Dans l'abside de l'église Saint-Jean Baptiste, à Côme, une Vierge à l'Enfant, — qui figurait sur une Adoration des Mages noircie et presque effacée par le temps — resplendit pendant deux jours au point de rendre au tableau mieux que sa beauté première... Dans plusieurs régions les récoltes furent détruites par une grêle particulièrement violente. Le nombre des maisons, des hommes et des bestiaux qui périrent dans les orages fut très supérieur à la moyenne des autres années. Une grave épidémie frappa le territoire entier des Francs et fit une foule de victimes...* »

Il est difficile d'interpréter de tels textes, car à cette époque l'information procède à la fois de l'on-dit mal vérifié et d'une conception symboliste de l'événement. Malgré la clarté apparente des mots, le langage constitue un système de références allégoriques, une rhétorique quasi sacrale. On serait tenté de voir, dans le récit du « miracle » de Côme, une figuration de la récente naissance impériale : Judith, son nouveau-né, les fidèles prêtant l'hommage ou invités à le faire, dans le cadre d'un Empire que déjà l'on sent décrépi mais que l'on espère revigorer...

Dans la personne du petit Charles, une nouvelle branche dynastique prenait naissance, à l'heure où nul, à Aix, ne pouvait plus se dissimuler la faillite de la politique de Louis, sinon de l'idée impériale elle-même. Rien, dans l'acte de 817, n'avait prévu la naissance d'un quatrième héritier mâle. L'empereur sentit le danger. Dès l'été de 823, il rappela Lothaire d'Italie, le désigna comme parrain et protecteur personnel de l'enfant. Mesure empirique, qui caractérise chez l'empereur une nouvelle manière : Louis commence à se méfier des contrats publics, et prend la précaution de leur donner pour fondement un lien personnel. D'autre part, un sentiment perce chez lui, qui ne fera que croître : une véritable peur de ses fils aînés maintenant adultes — Lothaire a déjà vingt-huit ans, Pépin dix-huit —, une angoisse des conflits possibles entre les descendants de ses deux épouses. Néanmoins, en lui confiant le nouveau-né, Louis donnait à Lothaire l'impression d'être devenu dans l'Empire l'homme indispensable. Mais, ambitieux et brouillon, turbulent, brutal, incapable d'autre politique que d'expédients, Lothaire était l'être le moins propre à assumer un rôle de médiateur. Son cadet, Louis, dit « le Germanique », rusé et fuyant, certes — c'est là un caractère familial chez les Carolingiens —, mais élégant, adroit, brave, sensible aux belles paroles, se fût mieux accordé, humainement, avec le jeune Charles : mais il n'a que treize ans, et quand Charles atteindra l'âge d'homme, l'irréparable aura été accompli.

Cependant, l'entourage immédiat de l'enfant et de sa mère est, pour l'époque, d'une exceptionnelle qualité. Il est clair que l'on tient à faire de Charles — selon un idéal déjà dépassé par les faits ! — un digne représentant de l'*Imperium*. On le nourrit aux sources de la rhétorique ecclésiale. L'évêque de Lisieux, Frechulph, admirateur de Judith, lui dédie une *Chronique* destinée à l'instruction de Charles : ce livre soutient une thèse, il « prouve » que l'empire des Francs n'a fait que restaurer celui des Romains, qu'il perpétue. Vers 830, on donne pour précepteur à Charles sur la recommandation d'Hilduin, le poète Walafrid Strabon, écrivain précieux, souvent obscur, habile aux versifications de circonstance. Ami du Rhénan Thégan — qui, auteur d'une histoire des premières années du règne de Louis, reste fasciné par le mythe impérial —, Walafrid est l'héritier direct du groupe littéraire formé par Charlemagne. Il a l'esprit aimable d'un courtisan lettré ; mais aussi, il pratique l'exégèse, rédige une « Glose », somme de commentaires patristiques sur laquelle se fondera pendant plusieurs siècles toute interprétation de la Bible. Derrière Walafrid, derrière les clercs savants dont Charles le Chauve tiendra sa culture, se profile, entre 820 et 850, la haute personnalité de Raban Maur, l'abbé de Fulda, maître d'une génération. Formé par Alcuin, Raban ressent plus que celui-ci le besoin de synthèse. Il tente d'élaborer pour la chrétienté franque une image du monde qui satisfasse le goût de stabilité des esprits de ce temps. Sa pensée dominante est que la forme des êtres en masque la réalité ; toute connaissance est analyse allégorique d'une figure. Analyser, c'est transposer le donné naturel en un système de signes linguistiques. C'est faire, de l'univers, un texte (voir p. 40). D'où l'intérêt que porte Raban à l'alphabet (latin, grec et même runique) : il le conçoit comme la Clé, symbole des symboles, comme la structure fondamentale des choses désignées par les mots. Son encyclopédie, *De rerum naturis,* fera jusqu'au XIIIe siècle autorité à côté des *Etymologiae* d'Isidore. Raban ne néglige point pour autant l'actualité : en 822, il publie une *Éducation des Clercs,* manuel qui énonce le problème intellectuel posé au clergé d'alors. Peut-être son commentaire moral du *Livre de Judith* implique-t-il certaines arrière-pensées... De Strasbourg où on l'exila, le clerc aquitain Ermold adresse à la Cour des poèmes flagorneurs, s'efforçant de rentrer en grâce. Dans une épopée de style virgilien il loue en quatre chants le courage et la sagesse d'un empereur dont il fait le héros de la paix.

En vérité, la paix est menacée de toutes parts. Fin 823, à Rome, deux hauts fonctionnaires de la Curie, accusés de complaisance pour Lothaire et les Francs, sont assassinés par des gens de la suite pontificale. Pascal Ier lui-même n'aurait-il pas inspiré ce crime ? Il renvoie les enquêteurs expédiés par Louis. Celui-ci renonce à faire la lumière. Cependant, Pascal meurt quelque temps après l'événement. Contre son successeur Eugène II, plus conciliant envers l'Empire, un parti d'opposition s'agite parmi le peuple de Rome. Louis renvoie Lothaire en Italie, muni de pleins pouvoirs. Lothaire mène rondement l'affaire. Il obtient en novembre 824 la signature d'un traité réglant les rapports des deux pouvoirs : l'administration pontificale sera contrôlée par une commission bipartite ; l'élection des papes est laissée aux représentants du peuple romain, clercs et laïcs, mais la consécration de l'élu sera subordonnée à un serment de loyalisme envers l'empereur.

La papauté retombait sous la tutelle de l'État franc... mais dans des circonstances qui rendaient manifeste la faiblesse interne de celui-ci et la fragilité de son gouvernement. Tout un pan de l'édifice constitutionnel élevé en 817 s'écroulait, ébranlant ses autres parties. Les pires conséquences de ces mesures improvisées frapperont un jour l'enfant qui, au palais d'Aix-la-Chapelle, faisait alors ses premiers pas.

Simultanément, paraissent divers textes législatifs qui témoignent d'une aggravation de la crise économique et sociale. En 825, l'empereur procède à de nouvelles concessions de terres en vue de lutter contre la forêt. En 826, Rome reconnaît le droit de propriété des « seigneurs » sur les églises paroissiales de leurs domaines. En 827, le concile de Paris proteste contre l'accaparement du marché des vins par les propriétaires riches, qui interdisent la vente des récoltes de leurs administrés jusqu'à ce qu'eux-mêmes aient écoulé leurs stocks au meilleur prix. En 829, l'empereur doit rééditer les dispositions de 808 concernant les obligations militaires des hommes libres les moins fortunés (voir p. 29). Vers le même temps, la rédaction des *Annales royales,* cessant d'être assurée à la cour, est reprise par le haut clergé. On rencontre çà et là, à travers les textes officiels et les actes publics, des expressions, des traits de mœurs impliquant la naissance d'une notion confuse de « noblesse ». Une classe nouvelle, comme telle, commence à se dégager au sein de la société carolingienne. La « noblesse » est une sorte de qualité qui procède de la vassalité et du « chasement » ; ces deux liens — ces deux statuts —

l'engendrent chez l'individu qu'ils attachent, et auquel ils confèrent une situation relativement privilégiée. C'est là une nouveauté qui, étrangère à l'esprit féodal primitif, mettra des siècles à se généraliser.

Cependant, l'horizon méditerranéen s'obscurcit : en 823, des commandos arabes venus d'Égypte ont entrepris la conquête de la Crète ; en 827, l'émirat d'Afrique commence la lente conquête de la Sicile. Sur les côtes de l'Atlantique, de petits groupes de pillards scandinaves se livrent à des incursions, il est vrai encore sporadiques et auxquelles on prête peu d'attention. De temps à autre, ces pirates se risquent sur un fleuve, l'Escaut, la Loire. Certains d'entre eux engagent des relations avec la population riveraine et acquièrent vite une étonnante connaissance du pays. En 830, l'archevêque Ebbon, fuyant Reims pour échapper à l'empereur, se confie à des guides « normands » — c'est le nom que l'on commence à donner aux Vikings et à leurs guerriers. Dans quelle mesure Louis le Pieux se rend-il compte de cette infiltration ? Un fait est certain : l'empereur favorise l'envoi de missions en Scandinavie ; il fonde à cette fin l'évêché de Hambourg, qu'il confie au moine picard Anschaire. En 826, le roi des Danois, Hérold, vint recevoir le baptême à Ingelheim.

C'était là un événement considérable. Aux fêtes que l'on organisa à cette occasion s'attache le seul souvenir qui nous ait été conservé, de l'enfance de Charles le Chauve. Le Danois, raconte Ermold, avait été invité à une chasse. Judith, son fils et ses suivantes y assistaient, installés dans un bosquet de saules. Tout à coup, un daim, forcé par les chiens, débouche près d'eux. Le petit Charles crie, trépigne, demande des armes, veut se précipiter sur les traces de la bête. On le lui interdit ; il s'irrite ; on doit le retenir de force. Cependant, quelques chasseurs, témoins de la scène, atteignent le daim, le capturent, et l'amènent à l'enfant. Celui-ci bondit sur une arme légère qu'il trouve à sa portée, et en frappe la bête, cherchant à la tuer... Un tel trait, chez un enfant de trois ans, indique moins sans doute la violence et la cruauté que l'orgueil, le goût de dominer et le courage. Progressivement assouplis par les épreuves, tempérés par l'intelligence, ces caractères demeureront comme le fond de la nature de Charles.

« *Tout le charme de l'enfance,* dit encore Ermold, *rayonnait de lui; la vertu de son père et le souvenir glorieux de son aïeul rehaussaient son jeune prestige.* » Le prestige que lui prêtaient les clercs de la cour, en l'opposant à ses demi-frères ; en face de ceux-ci, trop bien connus, « engagés » déjà, Charles représentait les possibilités infinies de ce qui commence. Et il restait seul dans cette situation : Judith n'avait pas d'autre fils. Sa fille Gisèle, sœur germaine de Charles, — sur laquelle nous sommes mal renseignés — ne jouera, indirectement, de rôle politique que par sa descendance. Donnée en mariage à Evrard, marquis du Frioul, elle en aura quatre fils : l'un d'eux, Bérenger, deviendra roi d'Italie et, en 916, sera le dernier empereur des Francs (voir note généalogique).

La faillite d'une idée

Aussitôt après la naissance de Charles, une coterie s'est formée autour de Lothaire. Le titre impérial que porte celui-ci (voir p. 45), non moins que son caractère agité, en font l'instrument idéal de complots de palais. On flaire un proche bouleversement. Les ambitieux voient venir une occasion inespérée de se pousser. Pour d'autres, surtout parmi les clercs, il est temps de reprendre en main la politique d'unité. En Judith, ils dénoncent l'obstacle, le suppôt de Satan. L'affection que porte Louis le Pieux au petit Charles l'amènera, craint-on, à constituer à cet enfant quelque apanage : nouveau découpage territorial, nouvelle atteinte à l'intégrité de l'Empire. Wala, revenu d'Italie avec Lothaire, a pris sur lui un ascendant qu'accroît leur méfiance commune envers l'empereur. Wala aspire aux grands rôles : il entend devenir l'inspirateur ecclésiastique du gouvernement. En 826, il obtient l'abbatiat de Corbie, l'un des « honneurs » les plus considérables de l'Empire. D'autre part, Lothaire s'appuie sur sa propre famille : son beau-frère Hugues, comte de Tours ; Matfrid, son futur gendre, comte d'Orléans, personnages louches et avides. Dès l'été de 825, se réinstallant à Aix, Lothaire les introduit au palais impérial. La machine de siège est en place.

On respecte encore les apparences. Tout se gâte au début de 827. Le chef goth Aizon a soulevé contre l'administration franque la Marche d'Espagne, province frontière dans les Pyrénées orientales et en Catalogne. Le marquis franc en est alors Bernard, dit « de Septimanie », fils de Guillaume de Toulouse et filleul de l'empereur. Or, Aizon s'est assuré de l'appui de l'émir de Cordoue, Abd er-Rahmân. La situation est grave. Bernard est assiégé dans Barcelone. L'empereur dépêche une armée, qu'il confie à Hugues et Matfrid. Ceux-ci, volontairement, perdent du temps, hésitent à s'engager, et finalement laissent Bernard emporter seul une demi-victoire. Louis le Pieux ne doute plus que les deux comtes aient souhaité une défaite. Dans un de ces sursauts dont il est coutumier, il les révoque de leurs charges et leur retire leurs « bénéfices ».

Reste Wala. Plus habile, il convainc l'empereur de l'urgente nécessité d'une réforme administrative de l'Église franque. Louis cède. Divers synodes provinciaux se réunissent. De celui de Paris, en mai 829, Wala finit par obtenir, sous le couvert de décisions disciplinaires, un ensemble d'affirmations de principe. Primat du spirituel ; priorité des avis ecclésiastiques ; distinction de l'*auctoritas,* propre au clergé, et de la simple *potestas* des rois : si les mesures pratiques assorties à cet énoncé étaient réellement appliquées, les rapports fondamentaux des deux pouvoirs seraient une nouvelle fois inversés. Mais Louis le Pieux éventa le piège. Les manœuvres de son fils aîné ne lui échappaient point, non plus qu'à Judith. Poussé par celle-ci, il prit la responsabilité d'un coup de force. Au plaid de Worms, en août 829, il communiqua ses décisions : relégation de Lothaire en Italie, nomination de Bernard de Septimanie au poste de chambellan, avec charge de veiller sur le jeune prince Charles, attribution à ce dernier d'un gouvernement territorial comprenant l'équivalent de la Suisse, de l'Alsace et d'une partie de la Bourgogne actuelles : peut-être le titre royal y fut-il joint, les documents se taisent à ce sujet. Peu après, Wala se vit réexpédié dans son monastère, et invité à n'en plus sortir.

Judith triomphait. Désormais, un enfant de six ans devenait le second personnage de l'empire. Le protecteur dont on le munissait recevait ainsi le prix de ses services. Pourtant, ce Bernard, brave certes, mais hâbleur et sans esprit, était des moins dignes de confiance. Au palais d'Aix, il trempera dans les plus extravagantes intrigues. Quant à Lothaire, il jette le masque. Il tient désormais une bonne raison publique de mécontentement. Il fait pression sur ses frères Pépin et Louis, affirme son intention de restaurer l'État. Autour de lui, s'agitent les aigris, remplacés dans leurs charges par des créatures de Bernard et de Judith. Le biographe de Wala décrit les sentiments où se débattent les victimes de cette épuration : frustration personnelle certes ; mais aussi révolte contre une injustice foncière : l'opinion se généralise en effet chez les Grands que, pour son titulaire, la fonction publique est un dû, assuré contre l'arbitraire du pouvoir. Les ragots vont leur train : Bernard serait l'amant de Judith, amant infidèle et retenu par elle grâce à des sortilèges ; au sein d'une cour devenue un lieu de prostitution, la vie même de l'empereur serait en danger ; celle de ses fils aînés, menacée à son tour. A Corbie, Wala reçoit de grands personnages, entre qui se tendent les fils d'un nouveau complot, dont il tient le nœud. Il a lancé un slogan : « Pour la religion, l'empire et la paix » ; le programme, c'est en théorie de « protéger le roi » contre lui-même, pratiquement, d'éliminer Judith et Charles.

Le hasard fournit un prétexte. La turbulence des Bretons contraignit l'empereur, au début de 830, à monter contre eux une expédition militaire. Il convoqua l'ost à Rennes, au milieu du carême. Le lieu et l'époque étaient mal choisis. On accuse Bernard d'un coup monté. Une partie de l'armée fait défection ; Bernard, pris de peur, s'enfuit à Barcelone ; Judith va demander refuge à une abbaye de Laon. Une bande de mécontents l'en arrache, la ramène de force à Compiègne, où en présence de l'empereur on lui extorque le vœu d'entrer en religion. Aussitôt on l'expédie au monastère de la Sainte-Croix à Poitiers. On tente — en vain — de suggérer à Louis le Pieux une « vocation » du même genre. Du moins Lothaire obtient de lui l'engagement de revenir à la politique de 817, et d'exclure du gouvernement Bernard et son clan. Quant au jeune Charles,

Lothaire le confie à des clercs chargés de lui inspirer le goût de la vie monastique : *libera custodia,* écrit Nithard, par un euphémisme plein de sous-entendus.

Louis le Pieux reste pratiquement prisonnier de son fils aîné. Un ressort s'est brisé en lui. Il improvise, entreprend de lutter contre Lothaire avec les moyens de celui-ci. Deux années de crise ont rouillé quelque chose dans les rouages de l'administration. Autour de l'empereur presque déchu, des clercs s'inquiètent. Ils tâtent le terrain : Louis accepterait-il, si l'on restaurait son pouvoir, de ranimer l'idée impériale dans le cadre de l'unité chrétienne ? Louis accepte, mais en même temps délègue un moine nommé Gombaud à ses fils Pépin et Louis, les engageant à rompre avec Lothaire. Au prix de quelques promesses, il y parvient. Un scénario se monte : Louis propose comme lieu de réunion du plaid d'octobre 830, la ville de Nimègue, dans la région de laquelle il compte plus de fidèles sûrs qu'en Neustrie. Dès la première séance, il parle en maître, congédie Wala et Hilduin. Désarroi dans le parti de Lothaire, qui passe la nuit en conciliabules. De la ville s'élèvent des bruits d'émeute. Lothaire hésite. C'en est fait. Louis fait arrêter les meneurs. Judith, libérée, est solennellement reçue par son fils Charles et par Drogon le Bâtard. Un simulacre de jugement la rétablit dans ses dignités. Lothaire s'est retiré en Italie. On l'y consigne une nouvelle fois. Mais Louis le Pieux va plus loin encore : un esprit de vengeance semble maintenant l'animer. Une constitution nouvelle prévoit qu'à sa mort les apanages, agrandis, de Pépin, Louis et Charles, deviendront des royaumes indépendants. Si l'un des frères disparaissait, ses descendants se partageraient son territoire. Seule subsistera, entre les membres du lignage impérial, une unité d'intention et de bon vouloir.

La politique de 817 est enterrée. L'empire, condamné par l'empereur lui-même à la dislocation. Ce revirement fait scandale ; non tant, il est vrai, parce qu'il ruine un rêve d'universalité, que parce qu'il implique une rupture des serments de fidélité antérieurement prêtés : les témoignages des contemporains sont unanimes à cet égard. L'opportunisme ne convient pas à Louis le Pieux. Son intelligence est trop naturellement portée aux généralisations. Les événements n'obéissent pas. Aussi, depuis plusieurs années, Louis a perdu confiance. Le monde se dérobe. Un abîme s'est creusé entre lui et l'empire. Il se méfie de lui-même, hésite entre des conseillers qu'il ne gouverne plus. Un conflit de générations déchire la dynastie ; le désaccord des tempéraments le rend plus aigu ; l'importance des intérêts matériels condamne à l'avance tout compromis. Du côté du seul Charles, trop jeune encore pour comprendre, subsiste pour l'empereur vieillissant un espoir de paix.

Louis le Pieux mise sur cet enfant. Et Judith veille à l'enjeu. Mais déjà l'enjeu n'est plus l'empire. Le monde chrétien a perdu son unité politique. Reste le semblant d'unité morale que représente le lien familial. L'événement en prouve la fragilité : en janvier 832, Louis le Germanique fait main basse sur une partie des territoires attribués à Charles. Pépin donne, dans le même temps, des signes inquiétants de mauvaise humeur. L'empereur tente de rompre encore une fois ce nœud de conspirations. L'action brutale de son fils Louis constitue une insulte, non seulement à la dignité impériale, mais à toute la tradition carolingienne telle que l'instaura Charlemagne ; elle présage, si on la laisse sans punition, un avenir chaotique, abandonné à la loi du plus fort. Louis le Pieux se résigne donc à combattre, s'avance jusqu'à Augsbourg, impose au révolté la soumission, par l'étalage de sa puissance militaire. De Pépin, l'empereur s'assure par la ruse, le fait arrêter, l'emprisonne à Trèves, lui retire son royaume d'Aquitaine... qu'il donne à Charles. Cependant, en secret, il négocie avec Lothaire, tente de le retourner en faveur de son frère cadet. Mais Lothaire se méfie, tous se méfient de tous. Que l'idée impériale soit définitivement condamnée, Lothaire ne l'admet pas. L'empire, à ses yeux, ne pose pas un problème : il est un simple programme d'action, non pas même élaboré, mais livré à l'inspiration de l'instant. Lothaire sent venir son heure. Le pape Grégoire IV lui accorde ses sympathies : l'énergie brouillonne de Lothaire servira mieux, pense-t-on apparemment à Rome, la politique pontificale que la faiblesse grandissante de Louis le Pieux.

Lothaire abattra Charles, l'enfant de neuf ans, fils de la femme puissante et haïe, à cause de qui l'empereur est en train de dépecer l'empire. Lothaire s'abouche avec Pépin et Louis. Au printemps de 833, les trois frères se rejoignent en Alsace. Une propagande, orchestrée par Agobard, les présente comme les sauveurs d'une chrétienté investie. Mieux encore : dans ses bagages, Lothaire amenait Grégoire IV en personne, dont la présence parmi les conjurés jeta l'effroi à la cour. Deux encycliques adressées aux évêques de l'empire les invitèrent à méditer les paroles d'Augustin : *Heureux les empereurs... s'ils commandent justement... s'ils ne recourent à la vengeance que pour le bien et la défense de l'État, non pour satisfaire leurs haines.* Une citation de Grégoire le Grand, juxtaposée à celle-ci, suggérait la vanité des scrupules loyalistes : *Rappelle-toi, empereur, que tu ne diffères ni par la nature ni par ta substance de ceux qui te sont soumis...* Mais Agobard et Grégoire IV déplaçaient le problème : ils passaient sous silence la rébellion des princes, insistaient seulement sur le fait qu'un pontife instauré par Dieu, daignait intervenir, pressé de rétablir la paix entre ses ouailles. Dans un violent mémoire qu'il envoyait à l'empereur, Agobard proposait, au moyen d'une nouvelle citation patristique, la solution que l'on attendait : « *Je suis à tel point secoué sur les flots de ce monde que je ne puis conduire au port le vieux navire à demi pourri dont les desseins obscurs de Dieu m'ont assigné la direction...* »

L'empereur tient tête à l'orage. Il adresse à ses fils une note de ton tranchant, les accusant d'avoir rompu les liens du sang et ceux de la vassalité qui les attachent à lui, seul protecteur légitime, au reste, de l'Église. La réponse pateline de Lothaire témoigne qu'il est inutile d'insister. L'armée impériale s'avance jusqu'à Sigolsheim, dresse ses tentes au Rothfeld. Louis consent à une entrevue avec le pape. Mais tandis qu'un projet d'accord se forme péniblement, des ombres s'éloignent du camp, durant la nuit du 29 au 30 juin. Au matin, l'empereur est presque seul : une poignée de fidèles a résisté à la tentation de trahir, insuffisante à assurer la protection de Louis, de Judith et de Charles.

Cette désertion massive frappa l'imagination des contemporains. Au « Champ du Mensonge », le lien personnel, fondement de toute subordination, se rompait entre l'empereur et la masse de ses vassaux. Juridiquement, le règne se prolongera pendant sept années encore. Humainement il a pris fin.

Accompagné de sa femme et de son jeune fils, Louis franchit l'espace qui le sépare du camp des révoltés. Il se remet entre leurs mains, implore leur protection. Les vainqueurs sauvegardent certaines formes protocolaires. Ils n'en exploitent pas moins leur victoire : ils internent l'empereur à l'abbaye Saint-Médard de Soissons,

Charles à celle de Prum, et Judith à Tortona, en Piémont... au bout du monde. Constatant que les « hommes » de son père avaient spontanément transféré à lui leur fidélité, Lothaire se proclama empereur. Un manifeste rédigé par Agobard justifia le coup d'État.

En réalité, on était loin du compte. Ni Pépin, ni Louis le Germanique n'étaient prêts à s'accommoder d'une succession dans l'esprit de 817. Maintenant, ils tenaient des gages. Déjà, une coutume naissante, et l'attrait d'un pouvoir depuis plusieurs années sans contrôle réel, les attachaient à leurs royaumes respectifs. Ceux-ci, ailes extrêmes de l'empire, ouverts à l'est et au midi sur le monde slave et sur l'Espagne arabe, individualisés par le système des relations locales de fidélité, cédaient à des forces centrifuges que le prestige affaibli de la cour d'Aix ne neutralisait plus. Aussi bien, Lothaire s'est lié les mains. Il doit accepter que Louis le Germanique arrondisse son domaine de tout l'apanage de Charles, auquel on ajoute la vallée entière du Main. A l'Aquitaine de Pépin on ajoute plusieurs comtés entre Loire et Seine. Déçu par des mesures aussi contraires à ses intentions premières, Grégoire IV s'en désolidarise et rentre s'enfermer dans Rome. Auprès de Lothaire, Hugues et Matfrid, avec lesquels s'acoquine Lambert, comte de Mantes, aspirent concurremment au poste envié de chambellan et entretiennent dans le palais une atmosphère peu propice à la reprise normale de l'administration. Dans la masse des fidèles se dessinent les symptômes d'une mauvaise conscience. On avait commis l'erreur, passant outre aux recommandations d'Agobard, de ne pas exiger de Louis le Pieux une abdication volontaire. Dans l'entourage de Lothaire on imagina de corriger cette maladresse initiale. On machina une cérémonie à laquelle l'effondrement moral de Louis le

Pieux, son caractère scrupuleux, son angoisse religieuse donneraient quelque apparence de spontanéité. Pourtant, emporté par le désir d'abolir d'un coup le passé, on ne sut garder une certaine mesure. Le résultat psychologique fut manqué. Sur la plupart des contemporains, l'acte préparé avec un si grand soin fit l'effet d'une comédie, et acheva de détourner de Lothaire nombre de ceux qui l'avaient d'abord soutenu. Le 1er octobre 833, l'assemblée générale tenue à Compiègne fut saisie du cas de l'empereur. Une commission d'évêques, intervenant auprès de Louis le Pieux, détenu à quelques kilomètres de là, le convainquit — sans peine, assure-t-on — de confesser publiquement ses crimes. En présence d'une foule de clercs et de laïcs, l'impérial coupable, traîné à l'église de Saint-Médard, avoue huit délits majeurs — que le procès-verbal de cette autocritique classe en quatre catégories. Manquements à la coutume impériale, tels que partages arbitraires et condamnations sans fondements. Déviations de conduite morale : confiscation de biens ecclésiastiques, excès de bienveillance envers Judith. Pratique constante du parjure, du fait de l'instabilité imposée aux serments de fidélité des vassaux. Enfin, rupture de la paix. La conclusion demeurait implicite : la pénitence s'accomplirait dans l'ombre d'un cloître.

Un grief, depuis quelque temps, revient constamment : celui de méconnaître la rigueur du système des fidélités personnelles. Il semble que cette accusation capitale soit, dans l'esprit des opposants, le nœud de tout. Louis le Pieux mourra sans l'avoir compris. En revanche, tout se passera, dix ou vingt ans plus tard, comme si Charles le Chauve avait sur ce point tiré la leçon de l'échec de son père. Mais, en 833, dans quelle mesure le jeune homme — il vient d'entrer dans sa

65

onzième année — perçoit-il ces nuances? Chez lui, plusieurs traits de caractère de son père s'allient avec la ténacité maternelle et parfois à certaine matoiserie assez semblable à celle de Lothaire. Mieux que Louis le Pieux, dont il constate la déchéance à l'âge même où le spectacle du père peut déterminer la formation psychique, Charles est armé pour saisir la réalité vivante et agir sur elle. Nous ignorons tout de ses méditations d'enfant. Du moins son gouvernement futur saura toujours reconnaître, dans la vie publique, la fonction vitale qu'y remplissent les institutions coutumières en voie de généralisation.

A .Saint-Médard, le décor officiel avait caché une scène sordide. L'annaliste de Saint-Bertin, homme bien informé, nous dépeint les sicaires faisant irruption dans la prison de Louis le Pieux, le contraignant par des coups à quitter ses vêtements royaux, puis le chassant de l'église sans lui permettre de parler à personne et le renfermant aussitôt au secret. Lothaire avait de bonnes raisons de craindre les bavardages. Au lieu de renvoyer son père aux moines de Soissons, il prend le parti de le garder dans sa suite, à la manière d'un otage, surveillé « nuit et jour », exhorté d'heure en heure à quitter « spontanément » le siècle.

Wala lui-même prit peur : on avait été trop loin ; une réaction allait se produire. Au dire de Nithard, Louis le Germanique et Pépin n'échappaient pas à un certain remords : surtout, leurs intérêts leur paraissaient rien de moins qu'assurés sous cette dictature de Lothaire. Jonas d'Orléans, le vieux Raban Maur s'émeuvent. Ils publient des factums proclamant que le respect des hiérarchies familiales et dynastiques constitue le seul principe de justice. Six mois ne sont pas écoulés que Lothaire, affolé par ce retour d'opinion, se replie d'Aix à Saint-Denys, emmenant son père et Charles, puis soudain y abandonne ceux-ci et s'enfuit à Vienne-en-Dauphiné. Entre-temps, Louis le Germanique et Pépin se sont armés. Ils approchent de Paris. Le peuple et le clergé de la ville se précipitent chez Louis le Pieux, et en grande pompe le rétablissent, le 1er mars 834.

Louis et Pépin ont pris le beau rôle, renouvellent leur hommage à leur père. Lothaire, poussé par ses fidèles les plus compromis, organise une résistance. Il remonte sur Châlons, s'en empare après trois jours de combat, y incendie les églises, et, s'y étant saisi de Gerberge, sœur de Bernard de Septimanie, la fait enfermer dans un tonneau qu'on immerge dans la Saône... Mais, surpris par une troupe que commande l'empereur lui-même, les vassaux de Lothaire l'abandonnent à son tour. Le fils vaincu n'a plus qu'à rentrer en Italie.

La crise était résolue, mais dans la confusion des principes. Pour des hommes sensibles à la tradition plus qu'à la théorie, et pour qui les justifications abstraites comptaient peu, la source même du droit était troublée. Quelle valeur réelle attribuer encore au titre impérial ? Quelle assurance de paix, quelle certitude, dans des accords extorqués, où les proclamations tenaient lieu de contrats ? Une sorte de fébrilité s'empare de la cour impériale. Cérémonies expiatoires à Thionville, à Metz, annulation de la procédure de 833, déposition d'Agobard. Les esprits ne se calment pas pour autant. Louis le Pieux propose à Lothaire une entrevue : il ira lui-même le voir à Rome. Lothaire répond en faisant fortifier les cols des Alpes ! Cependant, une flotte de Normands aborde à Walcheren au début de l'été de 837, pille cette île, remonte le Rhin jusqu'à Duurstede. L'empereur supplie les habitants de ces régions de pourvoir eux-mêmes à leur défense. Ils refusent.

67

Dès lors, Louis le Pieux n'a plus qu'une pensée : assurer, avant de mourir, le sort de Charles. Dans ce but, il négocie. Son fils Pépin, malade, paraît condamné. L'empereur s'adresse à Louis le Germanique, tente d'acheter son appui ; il s'abaisse jusqu'à spéculer sur les haines fraternelles. Mais, en secret, Louis le Germanique marchande avec Lothaire. Cependant, en 838, Charles atteint, selon la loi salique, sa majorité. En septembre, il ceint l'épée au cours d'une cérémonie tenue à Quierzy.

Quel est ce jeune homme ? Nous n'en pouvons juger que par les premiers actes publics que dès lors il est apte à poser. L'admiration le lie à sa mère ; en revanche, une sorte de désaffection semble l'éloigner de son père. Les années récentes qu'il a vécues, et des souvenirs amers, lui ont inspiré envers Lothaire une hostilité qui s'étendra à sa descendance même. Il éprouverait plus d'attrait pour Louis, auquel physiquement aussi il ressemble. Son enfance instable lui a donné à la fois un besoin de sécurité et un goût de la grandeur qui expliquent peut-être certaines incertitudes de son action à venir.

Il se trouve en possession d'un vaste royaume qu'il gouverne sous le contrôle de l'empereur. Les décisions récentes en ont fixé les frontières entre Meuse, Seine, Saône et Loire : elles embrassent les Pays-Bas, le nord de la Bourgogne, toute la Neustrie et le protectorat de Bretagne, — d'Utrecht à Verdun, Troyes, Auxerre, Orléans, Blois, Nantes. L'administration des comtés, évêchés et domaines royaux dans cette zone relève de lui seul. Ses nouveaux vassaux lui prêtent hommage. Au premier rang de ceux-ci figure un personnage déjà mûr, destiné à jouer bientôt un rôle de premier plan : Girard, alors comte de Paris et chef d'un puissant lignage (voir note généalogique). C'est un brave et un sage, homme bon et pieux, dont la mort, en bas âge, de tous ses enfants, a prématurément brisé le cœur et tendu la volonté. L'idée impériale qui fut celle de sa jeunesse et à laquelle il reste très attaché, le poussera bientôt à embrasser le parti de Lothaire, quoiqu'il estime peu ce dernier. Futur régent du royaume de Provence, glorieux pour ses campagnes contre les Maures puis les Normands, Girard finira, dans le durcissement de la vieillesse et l'habitude du pouvoir, par se dresser contre Charles, en égal. Il sera abattu : malgré les progrès de la féodalité, le règne des grands feudataires n'a pas encore commencé.

Appuyé sur ses fidèles, Charles vient d'entrer dans le concert des puissances. Mais les événements se précipitent. En décembre, Pépin meurt. Tous ses enfants sont mineurs. Judith et les « hommes » de Charles s'inquiètent : l'empereur donne des signes croissants de décrépitude. Un rapprochement avec Lothaire s'impose : la disparition de Pépin permettra de trouver une solution successorale admissible par tous. L'entrevue eut lieu au plaid de Worms, en mai 839. « *Lothaire se prosterna en public,* écrit Nithard, *très humblement devant son père, disant : Je reconnais, mon seigneur, que j'ai péché envers Dieu et envers toi. Je ne te demande pas l'empire, mais ton indulgence et ton pardon.* » Simagrées ? Un dîner de famille suivit. Le lendemain, on partageait à nouveau l'empire. Une difficulté technique surgit, caractéristique de l'état où l'on était tombé : durant trois jours, Lothaire et ses experts essayèrent en vain d'établir une liste précise des comtés ! Finalement, on s'en remit à l'arbitrage de l'empereur. Lothaire choisit l'Italie et tous les territoires situés à l'est du Rhône, de la Saône et de la Meuse ; à Charles revint l'ouest, plus Toul, Lyon,

Genève et la Provence. Louis le Germanique, en pleine crise de révolte, restait confiné dans sa Bavière.

La courbe était achevée. A part le vain titre que conservait Lothaire, l'empire avait pris fin.

Louis le Germanique protesta, reprit les armes. Les Grands d'Aquitaine, peu satisfaits de la manière dont on disposait d'eux, s'emparèrent de l'aîné des fils de Pépin, prétendant en faire leur roi. Louis le Pieux dut réunir une armée, descendit sur Clermont avec Judith et Charles, contraignit quelques notables à prêter hommage à ce dernier, puis remonta vers la Germanie, dans l'intention de mater son fils Louis. Mais, avant de l'avoir atteint, il mourut d'épuisement, le 20 juin 840, dans une île du Rhin, près de Mayence. Il avait soixante-deux ans. Drogon, son demi-frère bâtard, le fit ensevelir dans l'église Saint-Arnoul de Metz.

Le partage

C'en est fait de l'œuvre de Charlemagne. Rome avait, en 800, créé un empereur des Francs, afin d'assurer à la chrétienté un défenseur. La fonction de celui-ci, un demi-siècle plus tard, sera reprise par la hiérarchie ecclésiastique elle-même. L'empereur a fait défaut ; l'Église tentera de se substituer à lui. L'Église, c'est-à-dire quelques prélats groupés autour de personnalités énergiques et autoritaires comme Hincmar et Nicolas Ier. La politique qu'ils conçoivent constituera, beaucoup plus que la volonté des rois, jusqu'à la fin du siècle, l'axe de l'histoire européenne. Le dépôt de la culture libérale — sous la forme où celle-ci lie désormais la foi chrétienne aux traditions intellectuelles de la basse latinité — se concentre dans un nombre plus limité de mains. Passé

840, toute législation scolaire prend fin. La génération qui parvient alors à l'âge adulte est la dernière où des Grands laïques bénéficient d'une formation d'esprit solide et possèdent les instruments du jugement critique. Ce phénomène explique sans doute que Charles le Chauve, à mesure qu'il vieillira, sera plus difficilement compris par la masse de ses fidèles : conflit intellectuel de générations. Passé 850, seuls quelques monastères riches détiendront encore la coutume d'un enseignement valable, la pratique de la dialectique et la science de l'expression nuancée. Cette désagrégation culturelle accroît, sur le plan des desseins les plus généraux, l'influence personnelle d'un très petit nombre d'intellectuels hommes d'action, tous ecclésiastiques.

> *O fortunatum, nosset si sua bona, regnum !*
> *Cujus Roma arx est et cœli claviger auctor,*

écrit, à Lyon, le diacre érudit Florus, dans son poème de lamentation sur la division de l'empire. « O royaume fortuné, s'il avait connu son bonheur ! dont Rome est la citadelle et le porte-clefs du ciel est garant... »

> *Pro rege est regulus, pro regno fragmenta regni,*

« pour roi un roitelet ; pour royaume des débris de royaume. » Un roitelet, Lothaire, devenu hautain, persuadé du caractère sacral que lui confère l'onction impériale, et bien décidé à tenir son rôle, sans pourtant en concevoir clairement la nature. Roitelet, Louis le Germanique, régnant aux confins du monde non latin, sur des populations mêlées de Germains, de Celtes et de Slaves. Un roitelet, plus encore que ses frères, Charles. Il est resté à Poitiers avec sa mère et une maigre troupe

de fidèles. Rude apprentissage de son métier royal :
quand lui parvient la nouvelle de la mort de son père, il
chevauche à travers cette Aquitaine rebelle où le jeune
Pépin II commence à mener ses bandes. Mais, dès
juillet, il doit interrompre son équipée. Des nouvelles
autrement graves lui parviennent en effet. Depuis quelques semaines, Lothaire, pressé de donner à son titre
impérial une efficacité réelle, s'est agité : il a dépêché
dans le royaume de l'Ouest des messagers chargés de
préparer sa venue. Il fait annoncer qu'il prendra prochainement possession de l'empire, conformément aux traités, et exige la prestation du serment de fidélité. A
Charles il adresse une protestation de bienveillance, tout
en l'invitant à cesser sa campagne d'Aquitaine. Contre
Louis le Germanique, plus redoutable, il s'avance en
armes, joue de l'intimidation, et impose un accord
provisoire. Le coup est bien monté : un peu d'inatten-
tion de la part des puînés, une orchestration épiscopale,
et la situation prévue en 817 pourrait être rétablie. Aux
yeux de Charles et de Louis, pourtant, Lothaire ne fait
que rompre l'accord conclu à Worms en 839 (voir p. 69).

Dès lors, une sorte de tragédie se déroule, dont les
cinq actes se prolongent sur une durée de trois ans : de
juillet 840 à mars 841, les adversaires se cherchent,
s'affrontent, tentent de s'assurer des gages ; c'est la
phase de l'égoïsme brutal ; elle aboutit, d'avril à décembre 841, à une guerre, qui ne résout rien ; au début de
842, Charles et Louis resserrent leur alliance de fait, et
jettent les bases d'une action commune ; durant le
printemps et l'été, Lothaire cherche par la diplomatie à
rompre ce front, du reste bien fragile ; la fin de 842 et la
plus grande partie de 843 préparent et consomment le
partage définitif de l'empire. L'intrigue — si l'on peut
dire —, les intrigues sont menées dans un style typique-

ment carolingien, qui tend à l'universel sans avoir les moyens de l'atteindre. La lenteur des communications, la complexité des liens personnels et des intérêts locaux imposent à l'action un rythme irrégulier, une dispersion qui souvent fait perdre de vue la continuité des intentions fondamentales. Le manque grandissant de spécialisation administrative contraint le roi, le magnat, à vivre sur plusieurs plans, que l'émiettement moral de l'empire fait diverger de plus en plus. Entre deux batailles, deux entrevues d'intérêt politique capital, le roi doit trancher quelque infime différend entre vassaux habitant une ville où le hasard le fait séjourner, recevoir le serment d'un évêque titulaire d'un diocèse situé à l'autre extrémité du royaume, assurer les contrats exigés par l'intérêt de celui-ci, établir une donation à quelque église proche ou lointaine, pourvoir au logement et au couvert de sa suite, au fourrage de ses chevaux. La fonction du roi implique qu'il soit également présent à toute demande. Mais des tâches qui, dans un état de civilisation différent, occuperaient sans grand souci un tyranneau local, incombent à des hommes sur lesquels pèse une tradition d'universalisme qu'ils n'ont pas répudiée et que leur entourage de clercs s'efforce de ranimer. Une disproportion effarante s'est instaurée, entre les ambitions politiques et la réalité de l'exercice du pouvoir. Inévitablement, les responsabilités les plus directement perceptibles, celles qui correspondent à une exigence personnelle, qui évoquent un visage et un nom, l'emporteront à la longue sur les autres dans la conscience royale. Ce glissement sapera toute autorité, qui aura cessé d'être maintenue par le haut. Charles le Chauve, après la mort de ses frères, se trouvera, passé 870, le dernier monarque d'Occident qui n'ait pas encore complètement cédé.

Durant ces années de crise, une idée et une passion

mal contenue dictent sa conduite. Une idée : celle de son droit sur les territoires occidentaux de l'Empire, droit issu d'accords tout récents mais dont l'attitude de Charles témoigne à quel point il le prend au sérieux. Sans doute un attachement profond, tenant à des souvenirs d'enfance et peut-être à des sympathies naturelles, le justifie affectivement. Une passion : l'hostilité envers Lothaire, enracinée dans d'autres souvenirs d'enfance, et qui forme comme l'envers de l'affection portée à une mère que l'on voit — ou que l'on imagine — persécutée. En pratique, ni cette idée ni cette passion, quelle qu'en soit la force, ne sont en mesure d'assurer à la politique de Charles l'unité qu'elle devrait avoir. Des difficultés croissantes détournent l'attention du jeune roi vers l'Aquitaine, où l'état de révolte est désormais permanent. Charles passera dans cette région, jusqu'en 843, la plus grande partie de son temps, alors que le sort de l'empire se joue sur la Saône, la Seine et le Rhin... alors qu'en mai 841 le premier raid normand de grande envergure touche la Neustrie : Jumièges est détruit, Saint-Wandrille ravagé, Rouen se vide de ses habitants. Dans l'entourage de Charles, où l'influence de Judith ne semble plus aussi exclusive sur un fils qui devient adulte, l'Église n'a pas encore délégué de personnalité assez dominante pour inspirer une politique de longue haleine. Loup Servat, qui devient alors abbé de Ferrières — humaniste dont l'œuvre aimable et forte n'est pas sans similitude avec celle des grands Italiens du xve siècle —, appartient au groupe des plus sûrs compagnons de Charles. Mais il l'est en sa qualité seigneuriale, et l'échange des idées reste entre eux apolitique. Nithard, petit-fils bâtard de Charlemagne (voir note généalogique), auteur d'importants Mémoires sur les événements de 840 à 843, attaché à son jeune cousin jusqu'à lui faire

74

le sacrifice de sa vie, est un laïc. Les premières années du règne de Charles forment l'ère des conseillers laïques, vassaux fieffés, fidèles de France et de Neustrie, peu soucieux de théorie, étroitement tributaires des conditions économiques locales. Charles s'ouvre à eux, paraît — on serait tenté d'écrire « affecte » — ne rien décider sans leur avis.

Premier acte de la tragédie. — Convaincu que Lothaire soutient Pépin II l'irréductible, Charles dépêche à l' « empereur », dans l'été de 840, deux hommes sûrs, Nithard et Augier, pour le supplier de ne pas rompre la paix. Lothaire réplique en tentant de suborner les ambassadeurs. Cependant, quelques Grands de France, redoutant de la part de Lothaire une entreprise de conquête dont ils feraient les frais, adressent à Charles un appel. Qu'il vienne, s'impose. Charles confie à sa mère le maintien de l'ordre en Aquitaine, licencie — sans doute, crainte de ralentir sa marche — une partie de ses propres troupes, et commence, par la vieille voie romaine de Vierzon à Tours, la première des innombrables errances militaires et administratives dont son règne entier sera fait. Tours, Orléans, Quierzy. Les Grands de la région séquanaise viennent lui prêter hommage. Mais les services de Lothaire travaillent le Brabant et la vallée de la Meuse où, parmi les vassaux de Charles, se multiplient les défections. Sûr de lui, Lothaire descend vers le sud, pénètre dans l'archevêché de Reims, tandis que Pépin II attaque l'armée de Judith. Charles repart. Il met en fuite les partisans de Pépin. Pendant ce temps, la progression de Lothaire continue. Le 10 octobre, Lothaire s'installe au palais de Ver, près de Senlis. Dans la région, les Grands s'effraient : Hilduin et le comte Girard prêtent fidélité à l'empereur, reniant leur vassalité envers Charles. Précédé de ses propagandistes, Lothaire marche sur la Loire.

Autour de Charles qui remonte vers la France, ramenant sa mère, le cercle se ferme : Pépin II revient à l'attaque, les Bretons s'agitent. La disproportion des forces interdit le combat. Il faut bien en passer par les conditions de Lothaire : celui-ci décide que Charles, en attendant l'établissement d'un traité définitif, devra se contenter d'exercer son autorité sur l'Aquitaine et dix comtés plus septentrionaux.

Cette trêve n'en est pas une. Lothaire, dont la politique repose sur la corruption systématique des liens de fidélité, poursuit son entreprise. Le succès, il est vrai, se ralentit. Quelque chose se prépare, comme un retournement d'opinion. Les derniers fidèles de Charles font serment de préférer la mort à la trahison. L'Aquitaine se calme peu à peu. Durant l'hiver, Charles parvient à réduire par la négociation le parti qu'entretient contre lui, dans la région du Mans, le comte Lambert (voir p. 64). Il obtient même l'hommage du duc de la Bretagne celtique, Nominoé. Une conférence doit avoir lieu au printemps, à Attigny, avec Lothaire pour décider d'un règlement définitif de la succession de Louis le Pieux. Charles pourra y faire meilleure figure.

Grossie d'une troupe d'Aquitains amenée par Judith, sa suite se dirige vers Attigny. Mais voici que sur la Seine, elle se heurte à une petite armée commandée par le comte Girard et chargée par Lothaire d'interdire le passage du fleuve. Une crue rend les gués impraticables. Girard a fait détruire les ponts et submerger les barques des passeurs. Les compagnons de Charles hésitent. Le jeune roi seul réagit. Il a appris qu'une forte marée a rejeté dans l'estuaire de la Seine une flottille de bateaux marchands, échoués en face de Caudebec. Il s'y rend en hâte, remet à flots vingt-huit embarcations, traverse le fleuve le 31 mars 841, et au cours d'une vertigineuse cavalcade de quinze jours, de Paris à la forêt d'Othe, à Sens et à Troyes, écrase successivement ou contraint à la fuite les partisans de Lothaire. Il arriva à Troyes le vendredi saint. Dans son équipée, il avait abandonné ses bagages et, écrit Nithard, « *n'avait, en dehors de ses armes et de ses chevaux, rien d'autre que ce qu'il portait sur le corps.* » Pas une tunique de rechange ! Or, le samedi, tandis qu'il sortait du bain, des messagers se présentent à sa porte : ils arrivent d'Aquitaine, lui apportant... tous ses ornements royaux ! Nithard nous rapporte l'émotion des Troyens à ce spectacle. Que des objets de si grand prix aient pu traverser, sans véritable escorte, tant de terres infestées de brigands, et soient parvenus, la veille même de la grande fête de Pâques, dans cette ville où rien n'annonçait que Charles dût s'arrêter : n'était-ce pas là une indication divine, la marque d'une élection providentielle ?

Second acte. — A Attigny, Lothaire ne vint pas. On l'attendit en vain plusieurs jours. Que faire ? Attaquer, selon les uns. Charles préféra l'attente et alla se retrancher dans les marais de Saint-Gond, où le rejoignit sa mère. Lothaire fit aussitôt répandre le bruit que Charles, pris de peur, avait fui. Une telle nouvelle exerçait un si grand effet sur les esprits de ce temps, que, dit Nithard, tous les hésitants du parti impérial s'en trouvèrent raffermis.

Cependant, Louis le Germanique, qui depuis quelque temps guerroyait sans grand succès contre Lothaire, franchit le Rhin, puis la Saône, désireux de se rapprocher de Charles. Les deux frères se rencontrèrent non loin d'Auxerre. Poussés par leurs conseillers et leurs évêques, ils convinrent de sonder ensemble les intentions de leur aîné. A leur ambassade, Lothaire répondit simplement qu'il était prêt au combat.

Charles et Louis, en dépit du manque de chevaux, marchèrent donc au-devant de Lothaire. Celui-ci, se dérobant, gagna Fontenoy-en-Puisaye. Ses frères l'y suivirent et campèrent à sept ou huit kilomètres de là. Trois jours s'écoulèrent encore en pourparlers. A l'aube du 25 juin 841, commençait la plus grande bataille des temps carolingiens — la seule qui, par l'importance des forces en présence et par les ravages qu'elle causa, fut une guerre au sens où nous entendons ce mot depuis quelques siècles. Il n'est en effet pas inutile de noter à ce propos que les « guerres » carolingiennes ne furent le plus souvent que promenades militaires, escarmouches, ou raids de pillage purs et simples ; très peu meurtrières en général, elles tendaient à intimider l'ennemi plus que — sauf s'il était Normand ou Maure — à le détruire ; instrument de chantage, elles suppléaient aux insuffisances de la diplomatie plus qu'elles ne signifiaient une rupture des relations négociées. En trente-sept ans de règne, Charles le Chauve ne livra pas plus de deux combats qui fussent, pour nos critères, des opérations stratégiques et tactiques véritables : il est remarquable que, chronologiquement, ils encadrent presque exactement son règne : en 841, la victoire de Fontenoy ; en 876, la défaite d'Andernach (voir p. 259). Peut-être toute guerre au sein de l'empire apparaissait-elle comme une lutte fratricide, où l'on ne s'engageait pas sans hésitation, où une mauvaise conscience paralysait l'agressivité. Sans doute aussi, une tradition réellement pacifique s'était-elle instaurée depuis un demi-siècle entre princes issus du même lignage. Les descendants de Charlemagne, dans leurs rapports réciproques, croient manifestement davantage à l'efficacité d'une sorte de maquignonnage et de rouerie paysanne, qu'à la *virtù* du va-t-en-guerre... quoique, personnellement, Charles surtout, ils soient courageux et endurants. Par ailleurs, les conditions économiques interdisaient aux princes carolingiens l'emploi de moyens militaires massifs. Depuis 840 enfin, aucune passion idéologique n'animait plus les combattants : chacun ne visait qu'à la jouissance paisible des biens acquis ou extorqués. L'organisation de l'ost échappait de plus en plus au pouvoir royal, ce qui restreignait encore les effectifs disponibles (voir p. 29). D'après les calculs de F. Lot, les plus grandes armées réunies par Charles le Chauve ne dépassèrent jamais cinq milliers de soldats à cheval. Souvent, beaucoup moins. Des bandes de Normands de cent, quatre cents, cinq cents hommes, mettront, vers 860-870, en fuite les « armées » royales. Il est vrai que pour les chroniqueurs du ixe siècle, le petit nombre de Francs aptes, après 841, à porter les armes, est une conséquence du carnage de Fontenoy. Tel document parle de *multa milia* de cadavres, tel autre évalue à quarante mille morts les seules pertes de Lothaire. Quelle que soit l'exagération de ces chiffres, il reste que « *jamais on n'avait vu un tel massacre dans le peuple franc* », comme l'écrit l'annaliste de Fulda. Unanimement, on interpréta cet événement comme un jugement de Dieu. Un guerrier lettré de l'armée de Lothaire composa peu après la bataille un chant de lamentation d'une pathétique beauté,

Maledictus ille dies, nec in anni circulo
numeretur, sed radatur ab omni memoria,
jubar solis nec illustret horrore crepusculum,
noxque illa, nox amara, noxque dira nimium...

« Maudit soit ce jour, qu'on ne le compte plus dans le cycle de l'année, mais qu'il soit rayé de toute mémoire, que la gloire du soleil couchant n'éclaire pas cet excès d'horreur, et cette nuit, cette nuit amère, cette nuit trop terrible... » Horreur du crépuscule tombant sur le vallon sanglant, cris des blessés, râles des mourants sous la lumière indifférente des étoiles...

Dès midi, Lothaire et son allié Pépin II avaient pris la fuite. Charles et Louis, avec une superbe inconscience, se reposèrent. Ils ensevelirent leurs morts, publièrent un appel aux dissidents, ordonnèrent un jeûne de deux jours. Pendant ce temps, Lothaire répandait le bruit que Charles avait péri dans la bataille et induisait ainsi en doute les fidèles de France.

Louis regagna la Bavière. Charles resta seul, sollicité de divers côtés. Ses efforts n'avaient servi à rien. Incertain de ce qui se tramait en Aquitaine, il s'y rendit, puis revint sur Le Mans, Beauvais, Soissons, Langres, suivi d'une si faible escorte que l'annonce même qu'il est bien vivant ne suffit pas à impressionner l'opinion. Il chevauche dans un pays indifférent, pas même hostile.

Lothaire redescend jusqu'à Paris. Près de Saint-Cloud, Charles, à la faveur d'une seconde crue de la Seine, parvient à lui interdire le passage, et lui arrache une nouvelle promesse de règlement contractuel. Mais, en octobre, il doit se jeter sur Laon, où sa demi-sœur Hildegarde (voir tableau généalogique) vient de se rebeller contre lui. Il se saisit d'elle et, « *comme il convient* », la comble d'attentions et d'honneurs, en seul échange d'un engagement de fidélité... Malgré les premiers froids déjà vifs, ce roi de dix-huit ans ne quitte plus les chemins, fait d'une traite vingt-cinq lieues à cheval, ignore tout domicile fixe, règle au débotté des actes de chancellerie, ferraille au jour le jour, tout en s'épuisant à calmer l'ardeur dévastatrice de ses soldats. Il passe Noël à Châlons, part pour Troyes, Autun, Avallon. Là, il apprend que Louis le Germanique a dû reprendre les armes contre des partisans de Lothaire. En plein hiver, Charles repart, passe le col de Saverne, et joint Louis, le 14 février 842, à Strasbourg.

Troisième acte. — Réunis, assistés de leurs fidèles, Charles et Louis décident de procéder à un acte solennel, consacrant l'impossibilité d'une entente avec Lothaire, et nouant contre lui une alliance étroite. Ce sont les fameux « Serments de Strasbourg ». Ceux-ci diffèrent des autres traités carolingiens en ce sens qu'ils sont moins un contrat entre souverains qu'un pacte collectif, de caractère quasi symbolique. Au lieu de recourir au latin notarial, on établit ces documents en langue vulgaire (voir p. 89), de manière que la forme en souligne le caractère : celui de réciprocité dans l'échange, d'union consentie entre partis bien distincts, et d'unanimité morale. Charles s'adresse en effet en germanique aux fidèles de Louis ; Louis, en roman à ceux de Charles ; puis les deux groupes de fidèles, chacun dans sa propre langue, prononcent une formule commune d'engagement. En requérant ainsi la participation de leur « peuple », les deux frères innovaient. En ce qui concerne Charles, c'était là un aboutissement normal de la politique qu'il suivait depuis deux ans. Au reste, les engagements pris ainsi se limitent au domaine des fidélités personnelles. Il semble que les parties contractantes aient visé essentiellement à s'assurer contre les effets de la propagande de Lothaire en renforçant solennellement les liens de vassalité.

· Texte du serment des rois : *Pour l'amour de Dieu et pour le salut du peuple chrétien et notre salut à tous deux, à partir de ce jour, autant que Dieu me donna savoir et pouvoir, je secourrai ce mien frère comme on doit selon l'équité secourir son frère, à condition qu'il en fasse autant pour moi, et je n'entrerai avec Lothaire en aucun arrangement qui, de ma volonté, puisse être dommageable à Charles (Louis).*

Texte du serment des fidèles : *Si Louis (Charles) observe le serment qu'il jure à son frère Charles (Louis), et que Charles (Louis) mon seigneur de son côté ne l'observe pas, ni moi ni aucun de ceux que je pourrai en détourner ne lui prêterons aide contre Louis (Charles).*

Au-delà de toutes les intentions immédiates, cet acte consacrait la puissance effective acquise dès lors par l'ordre féodal naissant.

Louis et Charles quittèrent Strasbourg ensemble, se rendirent à Worms. Pendant un mois, ils y demeurèrent. Nithard fait un joli portrait de ces deux jeunes hommes, si semblables par le visage, la taille et la sociabilité, unis par une concorde encore sans exemple, expédiant de concert leurs affaires courantes, pratiquant côte à côte un sport curieux, qui est sans doute à l'origine des futurs tournois : plus ou moins analogue à notre jeu de barres, il comportait une série de poursuites mimant le combat de deux armées, que concluait un galop du roi vainqueur parmi les fuyards...

Lothaire, pour sa part, revenait de Tours sur Aix-la-Chapelle après une tournée de brigandage dans le Maine. Ses frères lui envoyèrent une ambassade, qu'il refusa de recevoir. Mais, inquiet, il s'enfuit précipitamment vers Lyon, en emmenant les trésors impériaux.

La scène se vidait. A Aix-la-Chapelle, Charles et Louis avisèrent. Une consultation du clergé leur parut nécessaire « afin que le principe et l'autorité de la décision apparussent comme une émanation de la volonté divine ». Considérant la conduite de Lothaire, l'assemblée proclama sa déchéance, et décida en principe le partage de l'empire en deux royaumes.

Quatrième acte. — Tandis qu'une bande de Vikings pille le port de Quentovic et en massacre la population, Lothaire, à Lyon, appuyé sur la flotte rhodanienne, pèse ses chances. Ses frères, sincèrement désireux de paix, et sans doute peu sûrs de leur facile victoire, acceptent la discussion. D'avril à octobre 842, trois entrevues ont lieu, des ambassades s'échangent. La mauvaise volonté de Lothaire est manifeste. Pourtant, il reprend sur Louis et Charles une sorte d'ascendant. On finit par s'entendre, à la mi-octobre, sur un projet de partage définitif en trois lots indépendants. Mais encore faut-il savoir concrètement ce qu'est l'empire. La méfiance interdit toute approximation. Aucun des trois frères n'est en mesure de fournir d'indications exactes. Il faut donc procéder à un relevé — territorial, fiscal et bénéficial — des possessions de feu Louis le Pieux. C'est là une entreprise difficile, dont la réalisation va prendre une dizaine de mois. En dépit de tous les obstacles, l'alliance de Charles et de Louis a porté ses fruits. Lothaire ne résiste plus.

Cinquième acte. — Une trêve suspend l'action des partis. Les Grands en ont assez de ces guerres. C'est pour Charles le premier répit qu'il connaît. Tandis que Louis regagne la lointaine Bavière, il rentre à sa villa de Quierzy, et s'y marie. La jeune fille qu'il épouse, le 14 décembre 842, Ermentrude, appartient à une puissante famille : fille d'Eudes, comte d'Orléans, elle a pour oncles maternels le comte Girard et le sénéchal même de Charles, Alard. Le lignage que Charles s'attache — ou pourrait s'attacher — ainsi, est ou sera bientôt allié, par les femmes, à celui d'Hugues, comte de Tours, — et à celui des Welf, qui se trouvera dès lors doublement lié à la dynastie (voir tableau généalogique) : cette vaste parenté constituait, en tant que telle, une force politique. Toutefois, si l'on en croit Nithard, les motifs du mariage étaient à plus courte vue : Charles avait pris ombrage de l'influence exercée par Alard. Celui-ci, en sa qualité de chambellan, avait accaparé l'administration des deniers publics ; il s'était, par ses libéralités, constitué un puissant parti, au risque de vider la caisse de l'État. Incapable de mater cet économe infidèle, Charles tentait de le neutraliser en épousant sa nièce...

Après avoir célébré à Saint-Quentin la fête de Noël, Charles, en dépit du froid particulièrement rigoureux de cet hiver-là, part avec sa femme pour l'Aquitaine, où de nouveaux troubles exigent sa présence. Tandis qu'il s'efforce en vain de capturer Pépin II, sa mère, Judith, meurt, le 13 avril, à Tours où elle s'était retirée. Remontant à petites journées vers le nord, Charles parvient, au début d'août 843, à Verdun, lieu choisi pour l'ultime conférence avec ses frères.

Le traité que les trois Carolingiens signèrent dans cette ville constitue comme l'acte de naissance de l'Europe moderne. Le désir de paix et d'entente qui présida à son élaboration ne fait pas de doute. Les dispositions qui furent prises consacraient pour une part un état de fait ; mais par là même elles accentuaient les divergences existantes, dissociant pour l'avenir l'évolution des parties, désormais séparées, de l'empire. Les corrections ultérieures de frontières ne changeront rien d'essentiel à cet état de choses. Le cas de la « Lotharingie » est frappant. Ce « pays de Lothaire », bande de territoires embrassant les Pays-Bas, la Rhénanie, l'Alsace-Lorraine, la Suisse et l'Italie du Nord, eut une existence politique éphémère. Pourtant une certaine unité morale y survécut jusqu'à nos jours, sensible dans le tempérament des hommes, dans le folklore, dans certaines formes de l'art, peut-être dans une sorte de conscience locale diffuse. L'existence, à l'époque moderne, d'une chaîne de petits États médians situés au sein de l'ancienne zone lotharingienne, n'est pas un hasard, mais l'effet d'une donnée historique qui n'a pas encore tout à fait cessé d'être valable : Hollande, Belgique, Luxembourg, Suisse... hier encore le royaume de « Sardaigne », et tant de principautés rhénanes ou italiennes.

L'orientation des fleuves et du réseau routier donne à chacun des trois États un axe différent, qui va déterminer sa vie économique et, dans une grande mesure, culturelle : le royaume de l'Ouest regarde l'océan et les îles celtiques ou saxonnes ; le courant vital de la Lotharingie circule du nord au sud et inversement ; celui de la Germanie s'écoule vers les mers septentrionales et l'Orient slave.

Le texte du traité de Verdun est perdu. Mais on peut en reconstituer les clauses principales. Lothaire conservait le titre d'empereur, devenu purement nominal. L'ensemble des pays de langue romane situés au sud de l'Escaut et à l'ouest de la Meuse, de la Saône et du Rhône revenait à Charles ; à Louis, les pays de langue germanique sur la rive droite du Rhin moyen, entre celui-ci et l'Elbe ; à Lothaire, la large zone intermédiaire, qui, par son extrémité méridionale, tendait comme une antenne en direction de Byzance et de l'Islam afro-asiatique (en ce sens, la Lotharingie était beaucoup moins purement « européenne » que les deux autres royaumes : ce sera là sans doute l'une des causes de sa rupture, après 855, de part et d'autre d'un axe est-ouest). Ces attributions territoriales impliquaient une redistribution des « bénéfices » et des vassalités, nul

n'étant autorisé à prêter hommage à plus d'un roi :
Nithard atteste que ce problème fut le plus malaisé à
résoudre. Au reste, chacun des trois frères devrait aviser
aux moyens de faire, par la négociation ou l'intimidation, reconnaître son pouvoir aux Grands de son
royaume. Toujours est-il que l'envoi au pape d'une copie
du traité semble indiquer chez ses auteurs le désir d'une
sanction spirituelle, et comme un dernier souvenir de la
politique de leur père.

Cependant, sur le nouvel Occident qui sort de ces
accords, des mondes étrangers accroissent leur pression.
Le 24 juin 843, soixante-sept barques scandinaves ont
attaqué Nantes, y ont égorgé l'évêque et incendié la
cathédrale. Les pillards s'installent à Noirmoutier, et,
pour la première fois, hivernent hors de Scandinavie. En
Provence, des bandes mauresques ont pénétré à Arles
dès 842 ; en Italie, elles se montrent si entreprenantes
que Lothaire essaie — sans succès — de reconstituer
contre elles une flotte de guerre...

La séparation des langues

Les Serments de Strasbourg et, dans une moindre
mesure, les lignes de partage adoptées à Verdun — non
moins que certaines remarques de Nithard — attestent
l'importance prise par les questions linguistiques. Il ne se
pose encore, dans ce domaine, aucun principe défini ;
mais on perçoit, plus ou moins bien, l'existence d'un
ordre de faits avec lesquels l'action politique doit compter. Et compter d'autant plus qu'elle exige davantage le
resserrement des liens d'homme à homme.

L'extrême diversité linguistique des parties de l'empire pesait moins sur les intentions universalistes de

Charlemagne qu'elle ne le fait sur l'opportunisme de ses petits-fils. Vers 800, l'empire embrassait des populations parlant de multiples dialectes germaniques ou romans (pour ne pas mentionner les minorités allophones : celtiques, slaves, basques, ou même mongoles), auxquels se superposait le latin officiel. Depuis que les Francs occidentaux avaient été romanisés, la frontière entre les zones germanique et romane s'était fixée approximativement comme elle l'est encore aujourd'hui. C'est dans les territoires situés à cheval sur cette frontière que se produira, vers 870, la cassure définitive de l'empire.

Le latin importé en Gaule par Rome s'était, à partir du IIIe, et surtout du Ve siècle, fortement altéré dans sa prononciation, son vocabulaire et sa grammaire. Ce processus de corruption, dont seuls de rares lettrés avaient conscience, s'était accéléré sous l'occupation franque. Quand, au VIIIe siècle, les « savants » groupés par Pépin et Charlemagne, s'émurent de cet état de choses, ils constatèrent que le « latin » qu'ils croyaient parler encore était devenu une langue nouvelle, mais informe. D'où une réaction, qui s'inscrivit dans le programme politique de l'empereur : uniformisation des coutumes, et précision verbale. On remonte donc aux sources. La langue écrite — et, chez les plus cultivés, la langue parlée — redevient, dans les lettres et dans l'administration, un latin relativement pur, inspiré d'Augustin et de Prudence. Un fossé le sépare de la langue parlée, et celle-ci évoluera désormais d'autant plus vite qu'on l'abandonne à elle-même. Le latin reconstitué au IXe siècle restera, pendant des siècles, la langue unique du droit royal, de l'école et de l'église. Au reste, ce latin n'a absolument rien, avant le XVe siècle, d'une langue morte. Nourri de rhétorique biblique, il redresse les tendances jugées aberrantes des langues romanes, sans cesser pourtant d'évoluer à sa manière, absorbant au jour le jour des traits syntaxiques ou lexicaux de celles-ci. Langue plastique, douée d'une grande force d'adaptation, le « latin médiéval » ou « médiolatin » (comme le nomment les spécialistes) favorise un certain internationalisme culturel, mais introduit une sorte de scission entre le domaine de l'action et celui de l'écrit, — scission qui caractérisera toute la civilisation médiévale.

La *lingua latina* s'oppose dès lors également, dans les États issus de l'empire, à la *lingua theotisca* (ensemble des dialectes germaniques : *theotiscus* est l'équivalent latinisé de l'allemand *deutsch*) et à la *lingua romana rustica*. Cette dernière expression — qui eut à l'origine une simple valeur stylistique — désigne, depuis le début du IXe siècle, ce que la science moderne appelle les « langues romanes ». Le lexique de celles-ci est encore proche du latin ; mais il a, dans les territoires de l'ancienne Gaule, assimilé des centaines de termes franciques ou même gaulois. Une accentuation forte, importée par les Francs, surtout au nord de la Loire, a profondément modifié l'aspect de la langue-mère : elle atténue les finales, allonge (et bientôt diphtongue) certaines voyelles, déforme, par une tendance à les articuler vers le centre du palais, beaucoup de consonnes. Les innovations grammaticales enfin du « roman » peuvent être interprétées, par rapport aux valeurs latines traditionnelles, comme une recherche de plus de force concrète, une attention plus directe à l'immédiateté de l'objet, une tendance à la détermination plus rigoureuse de celle-ci.

Au reste, la langue romane n'a jamais été un pur instrument de communication à l'état sauvage. L'existence de chansons et de contes populaires est, indirectement mais abondamment, attestée depuis le vi^e siècle (voir p. 216). Qui dit chansons, contes, dit effort de mémoire, donc de conservation. Le stade suivant du développement vers l'état de langue proprement dite réside dans l'expression orale du droit, par nature liée à des formules perpétuant certaines combinaisons de phrases. La fixation par l'écrit, si elle se produit, manifeste alors une prise de conscience. Le *Psautier* dit de Soissons, exécuté à la fin du viiie siècle, ajoute au nom de Charlemagne et de sa femme la phrase (la plus ancienne qui nous soit conservée en gallo-roman) *tu lo juva,* sans doute formule traditionnelle d'ovation populaire, dont le sens peut être *Dieu, protège-le !* Vers la même époque, les moines de Reichenau établissent un glossaire de mots difficiles de la Vulgate, qu'ils traduisent (en orthographe latine) par des vocables plus courants. Les Serments de Strasbourg se situent dans cette perspective. Leur importance pour l'histoire de notre langue est capitale. Le texte — qui nous a été conservé dans un manuscrit de Nithard — fut évidemment noté par quelqu'un d'habitué aux *Formulaires* juridiques latins de l'époque (nous possédons plusieurs recueils de ce nom).

Pro Deo amur et pro christian poblo et nostro commun salvament, d'ist di in avant, inquant Deus savir et podir me dunat, si salvarai eo cist meon fradre Karlo, et in aiudha et in cadhuna cosa, sicum om per dreit son frada salvar dift... (voir p. 81).

Moins que du français archaïque, c'est là un décalque de phrases latines fréquentes dans l'usage des chancelleries carolingiennes, et altérées jusqu'à devenir très proches de la langue parlée. Pourtant, l'effort est si net qu'il marque une véritable révolution. Malgré l'obscurité des graphies (comment prononcer le *u* de *amur ?*), on peut admirer l'étonnante habileté d'un scribe qui ne disposait que d'un alphabet vieux de douze ou quinze siècles et créé pour noter une langue d'un type tout différent : le latin d'avant les guerres puniques ! Le copiste des Serments parvient néanmoins à transcrire, de façon parfaitement compréhensible pour nous, des sons aussi particuliers que la sonore interdentale (le *th* doux de l'anglais), caractéristique du gallo-roman septentrional d'alors, qu'il écrit *dh*, — ou les diphtongues prononcées *aille, eille, oille,* qu'il note *ai, ei, oi,* combinaisons inimaginables en latin. En ce sens, et si l'on tient compte de la fonction primordiale remplie par l'écriture dans les civilisations européennes les Serments de Strasbourg constituent le tout premier, mais capital, symptôme de la maturité d'une langue.

Le germanique accéda plus tôt que le roman à la dignité de l'écrit. Différant plus évidemment du latin, il s'imposa le premier à l'attention des lettrés. Charlemagne aimait les vieilles chansons germaniques et recommanda de les recueillir. Un poème héroïque, le *Hildebrandslied* noté vers 800 dans un dialecte haut-allemand, nous a été conservé : seul survivant d'une littérature qui eut la faveur de la cour d'Aix. De 770 environ à 840, s'échelonnent une demi-douzaine de textes littéraires ou religieux importants, rédigés dans les parties orientales de l'empire : ainsi, le *Heliand,* épopée biblique, dont l'auteur rompt des lances en l'honneur de la politique de Louis le Pieux. La version germanique des Serments de Strasbourg.

— *In godes minna ind thes kristianes folches ind unser bedhero gealtnissi...* —

prend ainsi une tout autre valeur que la version romane : plus qu'un début, elle représente un aboutissement ; plus qu'une volonté d'innovation, elle signifie le triomphe d'une tradition déjà bien établie. L'œuvre de Raban

Maur fait une place considérable — littéraire et grammaticale — au germanique. Au reste, Eginhard et Loup de Ferrières attestent qu'au milieu du IXe siècle, dans le royaume de l'Ouest, la connaissance de cette langue était encore fréquente. Une partie des fidèles de Charles le Chauve était sans nul doute bilingue ; toutefois le francique fait dès lors figure d'idiome étranger. Un moine souabe signale que les « Latins » tournent en dérision le langage tudesque.

Quant au gaulois, il a disparu, depuis trois ou quatre siècles, de l'usage. Le germanique l'a submergé dans les régions reculées où il avait résisté au latin.

F. Lot se demanda naguère quelles langues parlaient les souverains carolingiens. S'il est incontestable que la langue maternelle de Charlemagne était un dialecte germanique, tout indique que son fils fut bilingue. A la génération suivante, on peut présumer une certaine particularisation. Lothaire joignait certainement à la connaissance du germanique celle du roman d'Italie, encore très proche du latin populaire ; Louis semble n'avoir été qu'un peu frotté de gallo-roman. Charles, par ailleurs bon latiniste, et qui peut-être put déchiffrer un peu de grec, fut sans doute le premier roi qui parla principalement le gallo-roman septentrional, ancêtre du français... encore que le germanique soit resté de tradition dans la dynastie.

Charles était devenu en 843 — sauf dans quelques zones marginales — roi des populations romanophones de l'ancienne Gaule. Au sein de son royaume, les échanges humains et les relations politiques internes s'établiront désormais sur une base linguistique commune, autre que le latin. Même dans une conférence internationale comme celle de Coblence en 860 (voir p. 186), on entendra Charles prononcer son discours en

91

langue romane, non en latin. Pourtant, le gallo-roman est bien loin encore de remplir les fonctions d'une langue nationale. Certes, plusieurs traits fondamentaux le distinguent dès lors du roman d'Italie. Mais, au sein de la Gaule, la langue vulgaire n'est pas unifiée. Les altérations qui l'ont produite diffèrent tant soit peu selon les *pagi* et les régions naturelles. Le triomphe du particularisme féodal — que le partage de Verdun rend inévitable avant longtemps —, et que la politique de Charles, bon gré, mal gré, favorise — accentuera rapidement ces différences. Entre les zones dialectales qui se dessinent ainsi, les frontières vont s'accuser. La plus importante de celles-ci coupe le royaume en deux, séparant la Neustrie et la France d'une part, de l'Aquitaine de l'autre : au xᵉ siècle, l'opposition linguistique de ces deux régions sera consommée ; jusqu'à l'aube des temps modernes, le gallo-roman restera scindé en deux groupes de type divergent, le français et l' « occitan » (improprement appelé « provençal »). Au nord, la structure du latin a plus fortement souffert (*maturus* donne *meürs ; cadere, cheeir*) ; au sud, les sons latins sont mieux conservés (*madur, cader*), le vocabulaire reste plus pur. Quant aux territoires septentrionaux et orientaux de la Gaule (Wallonie, Bourgogne orientale, Suisse romande, Savoie, Lyonnais), rattachés à la Lotharingie, ils parlent des dialectes romans sans doute déjà bien différenciés du groupe français. Il est vrai toutefois que le mouvement de fragmentation linguistique n'est jamais, au sein d'unités politiques assez vastes, sans compensation. Les échanges économiques et administratifs provoquent, dans l'usage d'un certain terroir, la constitution d'une sorte de norme commune ; l'influence des dialectes parlés dans les plus grands centres est en cela déterminante. Il se forme ainsi des langues locales, plus ou moins étroitement apparentées les unes aux autres. Aux xıᵉ-xııᵉ siècles, on comptera ainsi une demi-douzaine de « français » et autant d' « occitans ». Ce processus de concentration s'amorçait sans nul doute dès le ıxᵉ siècle.

Dans le domaine littéraire, cette situation a entraîné des conséquences à longue échéance. Pour les lettrés formés à l'école carolingienne, littérature signifie œuvre savamment élaborée, conforme à la tradition rhétorique, — donc d'expression latine. La rhétorique constitue, en effet, pour les dialectes romans, encore peu maîtres de leurs moyens grammaticaux, un obstacle majeur. Une langue littéraire est un idiome parvenu à un point de développement tel qu'il devient, pour celui qui l'emploie, un instrument de libération spirituelle. Au ıxᵉ siècle, le latin seul put d'abord prétendre à cette éminente valeur ; mais par son caractère même, il la séquestrait au profit d'une minorité de clercs. Il faudra cent cinquante ans pour que l'on prenne pleinement conscience de l'aptitude de la langue romane à opérer cette libération de l'esprit. Au lendemain de la mort de Charles le Chauve, pour la première fois, un homme d'église, dans un but édifiant autant qu'esthétique, parviendra à faire œuvre littéraire en « français » (voir p. 253) : toute première et lointaine promesse d'une floraison qui ne commencera vraiment qu'après l'an 1000.

III

Le royaume de l'Ouest
(843-855)

Au seuil de sa vingt et unième année, Charles est devenu roi de France, de Neustrie et d'Aquitaine. L'horizon reste chargé. Les observateurs les plus clairvoyants redoutent le proche avenir. Peu avant les accords de Verdun, le fidèle Nithart a interrompu ses Mémoires, leur donnant en manière de conclusion une méditation désabusée. *Que chacun l'apprenne ici : celui qui commet la folie de négliger l'intérêt public et se livre en insensé à ses désirs égoïstes, offense le Créateur au point de se rendre contraires les éléments eux-mêmes... Au temps de Charles Magne, d'heureuse mémoire, qui mourut voilà presque trente ans, comme le peuple marchait unanime dans une voie droite, régnait la paix. Mais aujourd'hui que chacun suit le sentier qui lui plaît, éclatent partout les dissensions et les querelles. C'était alors l'abondance et la joie ; aujourd'hui, la misère et l'amertume. La nature elle-même se montrait favorable aux rois ; aujourd'hui elle leur devient contraire, attestant la parole*

*divine : « Et l'univers combattra les insensés. » Vers cette
époque survint une éclipse de lune, le 13 des calendes
d'avril, et la neige, par un équitable jugement de Dieu,
tomba si fortement durant cette nuit-là que l'humanité fut
frappée de terreur... Les rapines et les maux de toute sorte
s'étendaient de plus en plus, tandis que les intempéries
nous enlevaient l'espoir des moissons à venir.*

Une famine atroce désola en effet le pays dans l'été de
843. L'annaliste de Saint-Bertin rapporte que les paysans
en vinrent à mêler de la terre à leur farine pour faire le
pain. La situation politique n'était guère plus brillante.
Certes, Charles triomphait enfin des haines qui l'avaient
entouré dès le berceau. Si son royaume était sensible-
ment moins étendu que ne l'avait jadis désiré son père, il
présentait l'avantage de posséder plusieurs frontières
naturelles. Mais l'importance démographique en est
difficile à évaluer. Une étude fondée sur l'examen de
polyptiques permit à F. Lot l'estimation suivante : la
population *rurale* du royaume de l'Ouest au cours du
IXe siècle aurait été de dix-huit à vingt millions de
personnes, dont le quart formé d'économiquement
improducteurs (enfants en bas âge) ; sur les trente-cinq
mille hectares décrits par le polyptique d'Irminon, dans
la région parisienne, la densité est d'environ trente-cinq
habitants au kilomètre carré. Quant à la population
urbaine, elle dut rester inférieure au dix pour cent d'un
total qui se situerait donc entre dix-neuf et vingt-deux
millions. Parmi cette masse humaine relativement considérable, le nombre des personnes disposant, d'une
manière ou d'une autre, de moyens d'action politique —
celles qui constituent ce que l'on pourrait appeler
« l'opinion publique » — dut être fort restreint. Si l'on
se fonde sur la liste des comtés et des évêchés de France,
de Neustrie et d'Aquitaine (un peu plus d'une centaine

95

de comtés, autant d'évêchés), et sur la proportion probable des fonctionnaires et vassaux les plus puissants, on atteint un total qui ne peut dépasser de beaucoup trois milliers d'individus. C'est sur cette base étroite — mais d'autant plus accessible au prestige personnel du chef — que s'exerce directement le pouvoir de Charles. Économiquement, politiquement, militairement, celui-ci dépend de la bonne volonté de trois ou quatre mille hommes. Dans ces conditions, gouverner, c'est convaincre. Et la conviction naît de l'influence, sinon du charme, de l'individu royal, de son habileté, de son ascendant moral. La contrainte n'occupe dans le système qu'une place secondaire et accidentelle.

Or, de puissants facteurs psychologiques jouaient, en 843, contre Charles. Depuis une vingtaine d'années, Lothaire et Louis avaient pris racine dans les pays mêmes dont ils devenaient rois. Charles au contraire, au gré des partages successifs, avait changé cinq fois d'apanage en quinze ans. Les hommes dont il lui fallait désormais s'attacher la fidélité le connaissaient mal. Ou bien, ils le connaissaient comme le chef au profit de qui l'empereur défunt les avait tant de fois contraints de rompre leurs serments. Aux yeux de beaucoup d'entre eux, ce dernier-né de la dynastie était la cause des malheurs de l'Empire. Certes, depuis 840, Charles s'était assuré l'appui d'un certain nombre de magnats de France et de Neustrie. Mais ceux-ci entendaient se faire payer cher. Charles devrait commencer par conquérir les deux tiers de son propre royaume : et l'autre tiers — qui lui servirait de base de départ — lui présenterait un jour la lourde note de l'opération. Les conséquences de cette situation initiale pèseront sur tout le règne ; la plus lointaine d'entre elles, un siècle et demi plus tard, sera l'avènement des Capétiens.

Fustel de Coulanges écrivait : « Charles le Chauve fut un chef de fidèles, auquel les fidèles firent la loi. » Il serait plus juste de dire que Charles, conscient du rapport des forces, essaya d'en tirer une règle personnelle de conduite. On ne peut, il est vrai, lui attribuer précisément une grande idée politique. Les documents sont trop fragmentaires pour nous renseigner à cet égard, et trop de violences extérieures contrarièrent le caractère réfléchi de ce roi. Du moins, à travers les événements que relatent les annalistes, on voit constamment Charles miser sur un double facteur de cristallisation nationale : la valeur sacrale de sa dignité royale, et la solidité des liens vassaliques. Il sait qu'il vit en un siècle où tout problème se pose au niveau de l'individu ; où le chef est un homme concret, revêtu d'un manteau dont on sait la couleur, porteur d'un sceptre avec lequel il peut frapper des crânes, du haut de son trône. Il siège sur un coussin de soie brodée, ou sur la selle, son œil vous voit, et c'est pour cela qu'il est possible de lui obéir.

Physiquement, si nous en croyons Nithard, Charles était beau ; de taille moyenne, élégant, et présentant cette tournure que nous appellerions sportive. Son surnom n'indique pas une calvitie naturelle, mais remonte à une plaisanterie des contemporains, Charles s'étant fait un jour raser la tête en signe d'humilité lors de la dédicace d'une église de Soissons. Une peinture de la *Bible* qui fut exécutée pour lui vers 846 le représente dans ses atours royaux (voir illustration) : le miniaturiste n'a sans doute pas entendu composer un portrait proprement dit ; néanmoins, une comparaison entre les divers personnages du tableau, ainsi qu'avec le Lothaire figuré sur l'*Évangéliaire* de celui-ci (voir illustration) permet certaines remarques : le nez droit et long, le menton carré, semblent des traits familiaux ; le crâne paraît haut ; le buste, allongé ; le geste, plein d'affabilité. Une mince moustache et une barbe en collier encadrent un visage intelligent et énergique. Hardi, généreux, mais pondéré, agréable causeur, Charles possédait les qualités qui séduisent. La plupart de ceux qui le fréquentèrent subirent son charme. Sa finesse d'esprit attirait les lettrés. Mieux que Charlemagne, il sut entretenir, dans ses rapports avec ceux-ci, l'*urbanitas,* la *dulcedo* qui forment l'idéal de l' « honnête homme » dans la civilisation carolingienne. Excellent cavalier, grand chasseur, Charles s'est constitué des réserves personnelles dans les forêts situées à proximité de ses *villae ;* à Quierzy, en Soissonnais ; à La Selve, près de Laon ; à Compiègne ; à Aire, sur la Lys ; à Attigny, sur l'Aisne ; à Verneuil. Le nombre de ces domaines atteste une richesse considérable. Celle-ci ne suffira pourtant pas à assurer à Charles une position indiscutée : la puissance économique ne consiste plus guère que dans la possession de biens de consommation immédiate, dont l'échange — par commerce ou par don — a un caractère individuel et local. De ce côté encore, la seule possibilité d'action repose sur l'attachement d'homme à homme. Il reste que l'étendue des domaines de Charles l'assurera, aux pires moments de son règne, d'un minimum de collaborateurs (domestiques et soudards : serfs, colons, paysans et artisans de ses terres) lors même que tous ses vassaux lui refusent le service. En ce sens, et dans ce cas particulier, le lien vassalique est, en somme, moins sûr que le droit du propriétaire : la richesse de Charles lui permit de « tenir » dans les crises les plus graves qu'il traversa, et durant les vacances même de son autorité.

Nous sommes mal renseignés sur la vie familiale de Charles. Elle semble avoir été triste. Une certaine mélancolie, sinon une amertume, apparaît croissante au cours des années, chez ce roi. La reine Ermentrude, d'un caractère apparemment effacé, joua dans plusieurs circonstances un rôle discret de conciliatrice. Dévouée, célèbre par son habileté aux travaux de broderie, elle fut — jusqu'au drame final (voir p. 206) — liée à son époux par un amour fidèle et partagé. Mais de cruelles déceptions vinrent au couple royal de la part de ses enfants. En vingt-sept ans de mariage, Ermentrude eut successivement une fille, quatre fils, et encore une fille . L'aînée, Judith, fut successivement fiancée, pour des raisons d'utilité publique, aux rois anglo-saxons Ethelwolf et Ethelred, avant d'épouser contre la volonté de son père le comte Baudouin de Flandres (voir p. 179). Charles, né en 847, reçut à dix-sept ans une blessure dont les suites firent de lui un débile mental, et il mourut prématurément. Lothaire, né boiteux, enfant très doué, héritier des qualités intellectuelles de son père, fut, à cause de son infirmité, destiné au cloître, mais mourut avant d'avoir atteint sa majorité, en 865. Carloman, qui lui succéda dans les ordres — il fut abbé de Saint-Germain-d'Auxerre — montra très tôt un caractère violent, rusé, antipathique, et finit comme une sorte de bandit de grands chemins (voir pp. 233, 240). Le premier des fils, Louis, né en 846, affligé de troubles de la parole qui lui valurent le surnom de « le Bègue », fut toujours suspect à son père, et l'événement prouva que l'intuition de celui-ci ne l'avait pas trompé.

Autour de ce cercle étroit, gravite le vaste clan des cousins et alliés (voir note généalogique). Dans une grande mesure, la politique du règne sera une politique de famille ; en ce sens du moins que Charles, pris entre les deux factions hostiles qui se sont créées parmi ses proches, sera amené à s'appuyer de plus en plus sur l'une d'elles, le lignage de sa mère Judith, dont les principaux représentants sont désormais fixés en Bourgogne et en France. Ne disposant, pour rétribuer les services rendus, que des hautes charges du royaume et de quelques « bénéfices » ecclésiastiques, Charles finira par en conférer, bon gré mal gré, à ces descendants des Welf, une sorte de monopole. Le lignage d'Ermentrude s'insurge contre une telle faveur ; de temps en temps, force est à Charles de lâcher de ce côté-là aussi un morceau. En pratique, le clan privilégié de Judith groupe les seuls fidèles sur lesquels le roi puisse en toute occasion s'appuyer. Celui d'Ermentrude introduit dans l'État un élément de trouble et de marchandage. Hugues l'Abbé, Conrad Ier, Raoul, de la famille Welf, compteront parmi les plus puissants personnages du règne. Au premier rang des opposants, figureront Alard et Robert le Fort. Ce dernier, souche des futurs Capétiens, disputera longtemps à Louis le Bègue la souveraineté ducale sur les territoires situés entre la basse Seine et la basse Loire — territoires d'autant plus importants pour la stabilité du royaume qu'ils seront bientôt les plus menacés par les Normands et par les Bretons.

Ces divisions, non moins que le repliement des magnats locaux sur leurs terres et que le caractère même de Charles, expliquent que celui-ci ait cherché — et trouvé — son principal appui dans l'épiscopat. Le haut clergé de France se rangera presque constamment derrière le roi, pour le soutenir ou dans l'espoir de le manœuvrer. Dès avant 843, un véritable « parti ecclésiastique » s'oppose ainsi au « parti laïc » : et Charles jouera souvent de ces rivalités pour imposer, en qualité d'arbitre, son opinion propre. Certes, la correspondance d'un Loup de Ferrières, d'un Prudence de Troyes, d'un Hincmar, témoigne qu'aux yeux de ces prélats Charles n'était pas le souverain idéal : les rêves qu'avait éveillés la fermeté des premières années de Louis le Pieux ne s'étaient pas encore entièrement dissipés. Mais, d'une part les accords de Verdun apparaissaient comme le seul fondement solide de la paix, et Charles en était l'un des garants ; d'autre part, lui seul, par sa présence même, s'opposait à une domination incontrôlée des Grands laïques qui eût signifié la liquidation pure et simple du royaume et l'effondrement de la chrétienté telle qu'on la concevait depuis un siècle.

Un roi lettré

Sur l'intelligence précoce de Charles, l'influence de Walafrid Strabon (voir p. 52) s'était fortement marquée. Charles gardera, des neuf années — de 829 à 838 — où il reçut les leçons de ce maître, un goût artistique sûr et un vif intérêt pour les choses de l'esprit. Il est sensible aux arguments dialectiques, se passionne pour les questions disputées des lettres, de l'histoire, de la théologie. On constate chez lui une dissociation entre le domaine de l'action et celui de la pensée abstraite. Sans doute il en souffre. D'une égale bonne volonté dans l'un et dans l'autre, il est plus maître de lui dans le second. Ses qualités majeures étaient celles d'un roi de paix. Son destin fut de régner dans l'un des siècles les plus tumultueux de notre histoire. Un esprit que séduisaient aisément les vastes perspectives idéologiques, est prisonnier d'une époque de transition où rien ne se fait d'efficace qui ne repose sur un compromis. Au milieu d'un royaume menacé de l'extérieur et de l'intérieur, où les moindres droits du pouvoir central ne sont maintenus que par une lutte quotidienne acharnée, la cour de Charles est un centre brillant de culture : de beaucoup

101

plus brillant, vivant et original que ne fut, dans la paix et la stabilité, celle de Charlemagne. Le royaume possède une nombreuse élite de lettrés indigènes, souvent d'une grande audace intellectuelle — freinée, il est vrai, dans son expression, par une pesante tradition scolaire. En dépit des frontières nouvelles, la cour de Charles reste le centre spirituel de l'empire entier. Encore faut-il s'entendre sur le sens du mot « cour », qui n'a rien alors de louis-quatorzien ! La « cour », c'est moins le rassemblement d'un personnel fixe qu'un réseau d'échanges épistolaires et d'incessantes visites. La cour est mouvante, autant qu'itinérante ; mais ainsi mieux apte à drainer tout ce qui, à travers l'Occident, vit de l'intelligence et de l'art. Le rôle cristallisateur que dut jouer la personnalité de Charles dans la formation de ce milieu choisi, ressort de l'effondrement culturel rapide qui suivra sa mort.

L'œuvre qui s'élabore ainsi autour de Charles présente un caractère surtout pragmatique ; on vise moins à la beauté comme telle qu'à l'immédiatement utile. C'est là un signe de ce temps, et qu'un Loup de Ferrières déplore pour sa part. Alors que, trente ans plus tôt, le grand problème intellectuel était de recréer les formes d'expression, ce qui importe maintenant c'est le contenu d'une pensée, et de la mesurer au monde réel. D'où une tendance à l'inventaire, à la nomenclature, au juridisme. Les recueils d'extraits patristiques constitués alors fourniront à la future scholastique une bonne part de ses « autorités », et exerceront par là une influence non négligeable sur le développement des philosophies modernes. Il semble par ailleurs que Charles — comme son frère Louis — , sans avoir hérité du piétisme de son père, trouva ou crut trouver dans les préoccupations théologiques des clercs un facteur de concorde et de paix. Quelque cinquante ouvrages nous sont restés, dédiés *Vestræ Magnificentiæ* — « A Votre Majesté », formule sans doute courante du protocole d'alors pour désigner Charles. Leur diversité de sujets et de ton témoigne de la variété des goûts du roi. Je citerai, à titre d'exemples : en 840, le *De cultu imaginum* de Jonas d'Orléans, dernier écho des querelles iconoclastiques ; — en 844, un poème anonyme, *De exordio gentis Francorum,* panégyrique des ancêtres des Carolingiens ; — vers la même époque, le *De fide,* de Ratbert de Corbie, analyse de la notion de foi ; — en 850, l'ouvrage de Ratramne sur la prédestination ; — vers 855, la *Vita sancti Amandi,* de Milon de Saint-Riquier ; — en 859, la traduction du pseudo-Denys l'Aréopagite ; — avant 870, le traité de cosmographie de l'Anonyme dit de Leyde ; — en 873, l'épopée d'Heiric d'Auxerre sur saint Germain, l'une des œuvres littéraires les plus caractéristiques de l'époque ; — à une date incertaine, le récit de la légende syriaque de Théophile (une sorte de Faust oriental), traduite par Paul de Naples... Les poèmes de salutation, d'éloge, de remerciement, adressés à Charles par ses amis ou ses protégés, sont extrêmement nombreux ; parmi eux se rangent bien des *tituli* décorant les peintures illustratives de manuscrits, ou des « étoffes historiées » (broderies qui tenaient lieu de tapisseries). Le style de ces œuvres poétiques est caractérisé par la fréquence des jeux de sons et de mots. Une tendance s'accuse, qui durera jusqu'à l'époque baroque, et resurgit de nos jours : le jeu de mots, de lettres, l'écho provoqué des syllabes, exprime une tension de l'esprit, suggère des significations associées, invite à deviner l'envers des choses.

Dans le domaine intellectuel, le plus grand titre de gloire de Charles est sans aucun doute l'amitié qui le lia à

Scot Erigène. Celui-ci, prénommé Jean, est resté dans l'histoire connu sous son double surnom : *Scotus,* sobriquet qui durant plusieurs siècles désigna sur le continent les Irlandais émigrés ; et *Eriugena,* « natif d'Érin ». Sans doute arrivait-il d'Irlande quand il apparut en 845 à la cour de Charles. Aussitôt un vif sentiment d'admiration réciproque et de sympathie rapprocha les deux hommes. Il est probable que dès cette époque Scot se signalait par son immense culture. La manière dont il s'exprime envers Charles atteste que celui-ci appréciait particulièrement chez lui la connaissance qu'il avait du grec, langue tombée en oubli depuis longtemps chez les Occidentaux. Esprit vraiment philosophique, Scot s'affirme avec hardiesse contre la tradition rhétorique et formaliste de ses contemporains. Il livre à ceux-ci des traductions du grec qui pourraient renouveler la plupart de leurs positions dialectiques, mais qu'il reste seul à comprendre. Parti des thèses augustiniennes relatives à la christianisation de la pensée antique, il s'oriente peu à peu vers un plotinisme qui culmine dans son commentaire de saint Jean. Il a retrouvé la notion du Logos, grâce à une exégèse qui ne procède pas, comme celle d'un Raban Maur, de rapprochements symboliques, mais d'une étude sémantique des textes originaux. Sa pensée est si peu conforme aux canons de son temps, que ses contemporains le soupçonnent de nier le principe d'autorité. Il reste isolé, mal vu, et c'est seulement aux XIIe-XIIIe siècles, sur certains scholastiques, que se marquera l'influence de son « hellénisme ». Mais, d'une autre façon encore, Scot est un isolé : c'est un simple laïc, et qui jamais ne fut revêtu de charges publiques ; la faveur et les générosités de Charles lui permirent de mener une vie entièrement consacrée aux études, comme maître à l'école palatine. Rarement mécénat fut plus éclairé, et céda moins à la mode régnante.

C'est sous le règne de Charles, vers 850 peut-être, que fut écrit le curieux texte intitulé *Ecloga Theoduli,* dont certains ont voulu faire honneur à Gottschalk d'Orbais (voir pp. 125-129). Ce poème allégorique, visant à rien de moins qu'à établir une série de parallèles entre les récits bibliques et la mythologie grecque, restera jusqu'à la fin du Moyen Age le premier livre de lecture imposé aux enfants dans les écoles. Il fut traduit en français vers 1350, et sous cette forme poursuivit longtemps encore sa carrière.

Les œuvres de la pensée et de l'art constituent, autour du prince qui sait les goûter, les promouvoir et souvent les orienter, un facteur d'unité morale et de prestige. Si même les événements réduisent provisoirement l'importance réelle de ce facteur, un germe est semé, qui lèvera tôt ou tard. L'essor du moyen âge « classique », tel qu'il se dessine dès l'an 1000, s'appuie, dans ses tendances essentielles, sur les acquisitions du IXe siècle. Et au IXe siècle, le cœur où s'animèrent, le foyer où se forgèrent les éléments les plus durables de la culture carolingienne fut le royaume de Charles le Chauve. L'humilité même, le caractère scolaire et obstinément traditionaliste de cette culture contribua à sa survie et à son efficacité. Des bâtiments robustes, aux matériaux repris à l'antiquité, aux lignes aisément analysables, restèrent, à travers la décadence et l'anarchie du Xe siècle, sans cesse compréhensibles aux bons travailleurs. Le peu qu'ils impliquaient d'idée et de théorie avait passé dans les formes de la matière, revêtu sa simplicité. Il n'en alla pas autrement de la littérature et de la théologie naissante que des arts plastiques : l'œuvre repose ici sur une technique des mots et de la phrase, sinon du

105

raisonnement. La disparition, durant trois ou quatre générations, de toute culture spéculative n'empêcherait pas la transmission de ce legs. Les lettrés francs des années 820-870 remplirent ce rôle capital : faire passer les trésors, partiellement redécouverts, du grand art antique dans des traditions artisanales qui, elles en maintiendraient envers et contre tout le souvenir et la pratique. Aussi bien, s'il a conservé le dépôt antique et byzantin, le milieu du ixe siècle l'a aussi enrichi sur certains points, et ses initiatives se transmettront à leur tour. Ainsi, en architecture, l'église de Saint-Philibert-de-Grand-Lieu, en 847, celle de Saint-Germain d'Auxerre, en 859, comportent des ébauches de déambulatoires à chapelles rayonnantes, de triples absides accolées ; on commence à utiliser une décoration d'arcatures aveugles, inspirée par les monuments de Ravenne : tous éléments caractéristiques du futur style roman. Nous verrons de même en littérature se manifester, dans le troisième quart du siècle, un souffle épique qui annonce la prochaine émergence d'une grande poésie de langue vulgaire.

Les documents de la peinture monumentale ont beaucoup souffert. Mais les fresques de la crypte de Saint-Germain d'Auxerre — annonçant de loin celles de Saint-Savin, et faites peut-être d'après les miniatures d'un manuscrit de Saint-Denys — attestent une étonnante maîtrise dans la composition et un don de vision admirable : la puissance des époques classiques. Un autre secteur de cet art nous est mieux accessible, sur lequel l'influence personnelle de Charles, prince bibliophile, a pu se marquer : les illustrations de manuscrits. La *Bible* que l'on fit pour lui en 846, le *Psautier* qu'il commanda, vers 860 peut-être, au scribe Lieutard, le *Sacramentaire* dit d'Autun, d'environ 845, sont des chefs-d'œuvre d'un art original, évadé du décor trop exclusivement symbolique des années précédentes, et marchant vers une redécouverte de l'humain, une recherche de précision concrète, du geste révélateur, de la scène réaliste. La magnifique peinture représentant, dans la *Bible,* la remise du manuscrit au roi (voir p. 97) constitue, dans l'histoire de la peinture européenne « moderne », le plus ancien tableau connu inspiré par un événement actuel. L'art du Livre, auquel le texte est incorporé, et dont la littérature n'est que l'un des aspects, est le grand art. Le sujet des illustrations opère un passage entre le texte et le monde extérieur, établit un courant d'échanges entre celui-ci et le Livre. Le beau *Psautier* dit d'Utrecht, décoré de dessins à la plume, commente par exemple le verset *Sicut audivimus sic vidimus in civitate Domini* en figurant une église heptagonale, autour de laquelle se déroule une danse populaire sur la berge du fleuve ; le verset *Fundatur exsultatio universæ terræ,* en figurant une dame noble — l'Église — et un paysage montagnard au flanc duquel deux sages-femmes recueillent l'enfant d'une accouchée... Chacun de ces détails avait sans doute, pour les contemporains, un sens emblématique ; mais en même temps il signifiait la vie, dans sa réalité quotidienne. L'équivalence symbolique était à double sens. Dans ces années où toute stabilité matérielle est menacée, le Livre, objet fragile entre tous, devient joyau, chose totale, dans sa forme achevée, son poids propre d'univers complet. Sa lumière et sa densité sont uniques, comparables seulement à celles du vase de bronze, du sceptre émaillé, de la statue d'ivoire ou d'or, de l'église, du palais. Tout l'effort d'un siècle et d'une société s'y épanouit.

Politique intérieure

Dans l'automne de 843, Louis le Germanique est occupé à la pacification de la Saxe. Lothaire, qui vient d'obtenir la soumission du comte de Bénévent, s'installe à Aix-la-Chapelle, d'où il ne sortira plus guère : une période prospère et relativement paisible commence pour lui, qui durera douze années. Le pape le soutient. Walafrid lui adresse ses vœux :

Spes in te patriæ, spes in te maxima regni...

« En toi l'espoir de la patrie, en toi la plus haute espérance de l'empire. » En même temps, l' « empereur » verse dans la dévotion. Le traité de Verdun l'a libéré des pires soucis du règne, a tranché pour lui le réseau des plus complexes intrigues. De l'opération de 843, il a tiré le bénéfice immédiat.

A quelques dizaines de lieues de cet homme vieillissant, son jeune frère Charles se débat avec un royaume hésitant ou rebelle. En novembre, avant que son armée ne se disperse pour l'hiver, le roi de France convoque le plaid au Mans. Il cherche un compromis entre les partis ecclésiastique et laïque, voudrait définir sa propre position entre eux. Le Mans, dont l'enceinte ne contenait pas plus de dix hectares, apparut trop petit pour héberger la troupe des Grands et des évêques. On dut se réunir sur les terres de la *villa* de Coulaines, près de là. Les résolutions qui furent prises alors forment une véritable constitution du royaume. Pour une part, elles légalisaient un état de fait ; mais aussi, elles impliquaient l'acceptation par Charles d'un certain nombre de principes juridiques qu'il ne remettra plus jamais en question. Ce texte capital commence par un préambule notant que le traité de Verdun n'a pas résolu le problème de la paix publique : il convient donc de l'assortir d'accords assurant l'unanimité des esprits. Suivent six longs articles.

1. Les personnes et les biens d'églises seront assurés contre tout arbitraire ; ils conserveront les privilèges acquis sous les règnes précédents.

2. Tous les Grands devront au roi « la sincérité et l'obéissance que l'on doit à son seigneur ».

3. Le roi s'engage à n'enlever à aucun d'eux les « honneurs et dignités » dont il jouit.

4. Les membres de l'assemblée promettent collectivement de s'opposer à tout acte royal qu'ils jugeraient contraire à la raison et à l'équité.

5. Il en résulte pour les Grands un devoir de conseil ; pour le roi, de réparation éventuelle.

6. Toute rupture de ces engagements sera punie de façon appropriée.

L'ensemble de ces mesures est présenté comme une codification de la coutume franque. En réalité, elles proviennent d'une accommodation des idées — singulièrement dépassées — de Louis le Pieux à un certain nombre d'ambitions personnelles. Pour le roi de vingt ans qui se voyait en proie à ces dernières, il n'y avait pas de choix. Du moins, son pouvoir bénéficiait-il ainsi d'un minimum de définition. Or, c'est sur ce point que les accords de Coulaines innovent de façon lourde de conséquences. Ils fondent le droit royal sur un contrat identique à celui qui lie le seigneur à son vassal. Pratiquement, le roi ne pourra plus agir sans l'avis de ses Grands, et ceux-ci resteront juges des conditions de rupture du pacte. On constate qu'à partir de ce moment le plaid annuel sera convoqué, non plus quand il convient au roi, mais régulièrement au mois de juin — fixité qui souligne son caractère institutionnel. Le roi cessait de dominer la communauté du royaume, se résorbait en elle comme le premier d'entre des pairs. Au reste, cette notion nouvelle triomphait, dans les mêmes années, en Germanie et en Lotharingie non moins qu'en France. Mais seul Charles, l'érigeant en principe, tentait de rendre, grâce à elle, un fondement théorique valable à sa fonction de roi.

Parmi les signataires du traité figuraient des hommes tels qu'Alard, dont le caractère et les agissements rendaient improbable l'application honnête de ces conventions. Durant une dizaine d'années, encore, Charles va s'épuiser en tractations et transactions de toute espèce. Non que la validité de l'acte de Coulaines soit contestée ; mais les problèmes demeurent entiers sur le plan pratique. Le plus grave est d'ordre économique, mais les moyens par lesquels on s'efforce de le résoudre restent presque exclusivement politiques. C'est là une erreur de perspective — inévitable à une époque totalement dépourvue de science économique — d'autant plus tragique que la politique interne du royaume ne constitue pas un domaine d'action autonome : elle s'inscrit dans le cadre plus vaste des relations de Charles avec ses frères, spécialement avec Lothaire.

Relations avec Lothaire

Ces relations ont cessé d'être empreintes de l'agressivité qui les caractérisa dans les années précédentes. Néanmoins, des points de friction subsistent. Lothaire entend prendre au sérieux son titre impérial. Dès la fin de 843, il obtient du pape Serge II, qui vient d'être élu, la désignation de son demi-frère bâtard Drogon comme vicaire du Saint-Siège en Gaule et en Germanie. Par le biais de l'administration ecclésiastique, Lothaire tentait ainsi de rétablir son contrôle sur les États concédés à ses frères. Or, une telle mesure se heurtait à l'hostilité de l'épiscopat lui-même, qui n'envisageait plus l'unité de l'empire que comme le fruit d'une harmonie personnelle entre les rois. Les Grands laïques, las des guerres, penchaient à la même opinion. L'idée d'une simple confédération des royaumes issus de l'empire de Louis le Pieux ralliait la majorité des « fidèles », dans tous les camps. Une conférence tenue à Yutz, près de Thionville, par les trois frères, en octobre 844, aboutit, sous la pression des évêques, à la proclamation d'un principe d'entraide et de non-agression. Ce principe, qui, durant une trentaine d'années, resta considéré — souvent non sans arrière-pensées — comme le fondement de toute politique dans les États carolingiens, reçut l'appellation de *confraternitas* ou *concordia*. Ces termes impliquent une reconnaissance de fait : le seul lien qui unit encore l'Occident est celui du lignage issu de Charlemagne. L'unité de l' « Europe » se mesure à l'aune d'une fidélité familiale.

Du moins, la situation se stabilisait provisoirement. L'année 845 vit le règne effectif de la « concorde » confédérale. Mais dès le début de 846, un incident d'ordre privé la mit rudement à l'épreuve.

Un certain Gilbert, vassal de Charles, enleva une fille de Lothaire, sans doute abbesse de quelque monastère, s'enfuit avec elle en Aquitaine et l'y épousa. Dans son ressentiment, Lothaire s'en prit au suzerain du ravisseur. Louis le Germanique s'associa aux protestations de Charles. En vain. Lothaire laissa un groupe de ses fidèles exécuter une razzia dans la région de Reims, et offrit refuge à des rebelles aquitains. Au bout d'une année, l'affaire traîne encore. Louis tente de s'entremettre.

111

Mais Lothaire refuse la réconciliation. En février 847, une entrevue a lieu pourtant, à Meersen. Lothaire évite de s'engager. Louis a pris ouvertement le parti de Charles, et affecte de croire à la volonté de paix de leur aîné. L'engagement de « confraternité » est renouvelé ; mais toute cordialité a disparu. Un an plus tard, Lothaire intrigue pour détacher Louis de Charles. Louis fait la sourde oreille, se retranchant derrière le traité de Verdun.

Une inquiétude en effet ravage l'esprit de Lothaire. Il craint l'isolement. La méfiance qui lui est naturelle s'est aigrie. Il cherche un allié. Il songe à la mort, et redoute que ses enfants ne soient un jour spoliés par leurs oncles. Depuis deux ans, d'autre part, un nouveau souci provient pour lui des pirateries mauresques en Méditerranée. En 846, des bandes arabes se sont avancées jusqu'à Rome, ont pillé Saint-Pierre, et Saint-Paul-hors-les-murs, battu l'armée du duc de Spolète. Le pape Léon IV, dès 848, devra réparer les murailles de la ville, et entourer de fortifications le faubourg du Vatican (ce sera la « cité léonine »). Il est vrai qu'en 849 les Campaniens anéantiront une flotte arabe devant Ostie ; en Provence, Girard, marquis du Lyonnais depuis 844, conduira contre ces pillards plusieurs expéditions heureuses. N'empêche qu'en 848, Marseille est mise à sac. Les papes commencent à s'émouvoir ; l'idée d'une guerre sainte contre les Musulmans prend corps dans leur entourage : premier prodrome des futures Croisades...

Puisque Louis est sourd à ses avances, Lothaire tente d'une alliance avec Charles. Il pardonne à Gilbert, donne son consentement au mariage de sa fille. Au début de 849, il rencontre Charles à Péronne, et se réconcilie solennellement avec lui. Pourtant, Charles n'est pas dupe. Dans le même temps, il resserre les liens qui l'unissent à Louis : les deux frères vont jusqu'à se confier mutuellement la protection de leurs femmes et de leurs enfants. Par ce détour, la concorde renaissait. Un second colloque réunit à Meersen, dans l'été de 851, les trois frères. La règle de confraternité y est pour la seconde fois confirmée. Le discours prononcé à cette occasion par Charles souligne la responsabilité personnelle que portent les rois dans les maux qui déchirent l'empire.

Au début de 852, Lothaire rend visite à Charles à Saint-Quentin, chasse avec lui, et accepte de tenir sa seconde fille sur les fonts baptismaux. La paix va régner enfin... Cependant, Louis le Germanique, — subodorant dans l'amitié de frères jusque-là ennemis une conspiration contre lui, et désireux de rappeler sa présence par quelque menace — accepte de recevoir une ambassade de notables aquitains (v. p. 141). Il se laisse arracher par eux un engagement, et expédie, sous la conduite de son fils, une petite armée qui s'avance, au printemps de 854, jusqu'à Limoges. Charles, avec la bénédiction de Lothaire, monte en selle, suit à la piste l'envahisseur. Expédition de pillage plus que de guerre, et qui finit en queue de poisson, chacun se retirant de son côté. Mais, d'un coup, toutes les méfiances avaient resurgi.

Peu après, Lothaire tomba gravement malade. Il sentait venir sa fin, avait cessé de croire à l'empire. Dans l'été de 855, il partage ses États entre ses trois fils : à Louis — le Louis II de l'histoire —, alors âgé de trente-trois ans, il laisse l'Italie et le titre impérial ; à Lothaire II, âgé de dix-huit ans, la partie septentrionale et centrale de la Lotharingie ; quant à Charles, dit le Jeune, encore enfant — et atteint d'épilepsie —, il lui donne la

« Provence » (au sens large, du Léman à la Méditerranée), sous la tutelle du marquis Girard. Ces mesures prises, le 22 ou 23 septembre, le vieil empereur se retire au monastère de Prum. Six jours plus tard, il y meurt. Il avait soixante ans.

Difficultés économiques et politiques

Deux ans après celle de 843, une nouvelle famine ravagea le nord du royaume jusqu'à la Loire. L'abandon total où désormais sont tombés les travaux publics accroît l'effet de tels malheurs, en rendant pratiquement impossible l'acheminement de secours. Les Grands eux-mêmes se cramponnent au sol, s'accrochent à leurs domaines. Ce fait explique en partie la disparition des guerres généralisées. Le seigneur supporte de plus en plus malaisément de se rendre à l'ost au-delà du cercle étroit de collines ou de forêts où il a fixé sa vie. La dépendance croissante de l'homme à l'égard de son terroir entraîne dans certaines régions des conséquences d'une gravité et d'une complexité particulières. C'est ainsi qu'en Septimanie se pose un problème aigu, dont Charles s'occupe dans l'été de 844, au cours de l'expédition qu'il mène dans le Midi (voir p. 135) : celui des réfugiés espagnols. Cette province, dévastée à la fin du VIIIe siècle, et presque entièrement désertée, se repeuplait peu à peu d'Espagnols fuyant la domination arabe. Leurs travaux de défrichement, et sans doute leur dénuement, l'absence de protecteurs légaux, faisaient d'eux une proie enviable et facile pour les rares indigènes demeurés sur place, ou pour les fonctionnaires de passage. On les assimilait, du point de vue fiscal, à des serfs... si même on ne revendiquait pas, au nom de titres suspects, les terres qu'ils avaient rendues à la culture. Après avoir ordonné un certain nombre de mesures de détail pour redresser les torts les plus criants, Charles publia, le 11 juin, un capitulaire constituant une véritable « charte des réfugiés ». Matériellement, il renouvelait ainsi deux décisions prises par son père en 815 et 816. Formellement, il s'attaquait de front à un problème d'importance capitale, puisqu'il ne s'agissait de rien de moins que de rendre à des conditions de productivité normale toute une vaste et fertile région. Les immigrés, décrète Charles, sont placés sous la sauvegarde personnelle du roi, et ils jouissent du statut des hommes libres ; ils sont exonérés du cens ecclésiastique et du tonlieu ; leurs colonies disposent de l'autonomie judiciaire, selon leur droit civil propre (la « loi wisigothique »), sauf dans les causes criminelles majeures ; les réfugiés acquièrent le droit d'attirer sur leurs terres les fermiers et colons dont ils auront besoin ; tout défrichement fait par eux leur crée un droit de possession absolue du terrain, sous la seule réserve des obligations dues au fisc royal ; à ce droit est assorti, selon le vieil usage, celui de pâture, bûcheronnage et puisement d'eau dans les endroits déserts ; les libres cadeaux que les réfugiés pourraient faire aux comtes ne devront jamais être transformés par ceux-ci en coutume et redevance périodique ; les réfugiés ont enfin toute liberté de se lier à qui ils l'entendront par vasselage.

Ce document témoigne indirectement de la situation qui régnait dans les campagnes. On sait, par un capitulaire de Lothaire, daté de 850, qu'un peu partout comtes et évêques fermaient les yeux sur un brigandage devenu endémique, et dont parfois ils partageaient les bénéfices. « Brigandage », c'est-à-dire oppression de l'économiquement faible, pillage des biens publics, dégradation absurde des ouvrages d'utilité commune, ponts, routes, édifices. Le texte de Charles nous éclaire sur un phénomène moins voyant mais plus menaçant pour l'avenir : la pression économique des grands propriétaires — presque tous revêtus de privilèges politiques et judiciaires concédés ou accaparés — engendre une coutume contraignante. Le système tend ainsi à se fermer sur lui-même. Charles sera le dernier roi à tenter, en maintenant un minimum de droit écrit, d'empêcher la clôture juridique totale des collectivités domaniales.

Au reste, la confusion n'est pas encore opérée tout à fait entre le lien vassalique et la concession d'une terre. En ce sens, l'expression de « régime féodal » est impropre dans son application au haut Moyen Age. Le « fief » en effet, la terre remise en « bénéfice », n'est que l'une des formes du droit réel, parmi d'autres. Le fief est une réalité économique, qui ne recouvre pas, en tant que telle, la réalité sociale — dont Charles vise à faire une réalité politique — du vasselage. Dans la société complexe de ce temps, un même individu peut être propriétaire d'une terre libre, vassal d'un Grand, et titulaire d'une fonction administrative dépendant directement du roi. Chez les petits paysans seulement ces divers statuts sont déjà sans doute, au ixe siècle, confondus : l' « hommage » que le « manant » rend à son seigneur est de plus en plus considéré comme définitif, engageant le lignage paysan entier, et n'exigeant donc pas de renouvellement à chaque génération. Ce trait sera, au xe siècle, l'origine d'une distinction de classe, encore peu sensible à l'époque de Charles le Chauve (voir p. 54).

A l'assemblée de Coulaines, Charles s'est institué lui-même « seigneur » de ses sujets. A la conférence de Meersen en 847 (voir p. 112), il a fait un pas de plus : essayant d'introduire plus d'ordre dans le réseau de ces liens coutumiers, il en a proposé une codification. On le sent alors soucieux de démêler, parmi les coutumes déjà établies, quelques tendances générales susceptibles de fournir un critère et une norme. Il en relève cinq dont il propose la définition suivante :

1. Tout homme libre a le droit de se choisir pour seigneur qui bon lui semble, du roi lui-même ou de l'un des fidèles de celui-ci.

2. Nul ne doit sans motif sérieux rompre le lien vassalique.

3. Nul n'acceptera l'hommage d'un vassal parjure.

4. Le seigneur a le devoir strict d'agir selon la justice envers ses vassaux.

5. Le roi laisse aux seigneurs le droit de disposer personnellement des services de leurs propres vassaux, mais il se réserve la convocation directe du « peuple » entier à l'ost dans les circonstances graves.

Charles s'engage donc, en sa qualité seigneuriale, à *ne léser en rien ses vassaux.* Cette assurance, il la renouvellera plus tard. Il s'est manifestement donné pour tâche d'incarner une droiture dans laquelle il voit la justification pratique et la force morale du système. Les événements l'ont contraint d'abandonner la conception ancienne du pouvoir monarchique. Il fait, en faveur de cet abandon, un pari. Sans doute n'en prévoit-il pas les conséquences. L'homme du haut Moyen Age manquait totalement du sens des enchaînements historiques. Les vicissitudes de l'existence collective ne *s'expliquent* pas, à proprement parler, pour lui. Simplement, elles *impliquent* à ses yeux une moralité conçue en termes simples : un tel fait le bien — on dit « la justice » — ; tel autre, le mal — « l'injustice ». Et cette antinomie facile s'appuie sur de grands mots pour lesquels le cœur s'enthousiasme peut-être, mais que l'intelligence souvent laisse vides. Le

117

mal cause le malheur ; le bien fait l'harmonie. D'où la rhétorique des textes officiels, noyant des décisions, parfois très précises et d'une remarquable habileté, sous un flot de prétextes pompeux.

Cette boursouflure stylistique — dont il est difficile de juger jusqu'à quel point elle détermine les formes mêmes de la pensée — est particulièrement frappante dans les documents relatifs aux affaires ecclésiastiques. De tels documents sont nombreux dans les premières années du règne de Charles. En 843, le jeune roi se trouvait en effet à l'égard de son haut clergé dans une situation délicate, tenant à l'existence d'un problème économique pratiquement insoluble : les intéressés posaient ce problème en termes de droit et de morale, apparemment incapables d'en concevoir la vraie nature. La vieille habitude carolingienne de puiser dans les immenses domaines ecclésiastiques de bonnes terres à distribuer en « bénéfices » aux fidèles laïques, avait pris plus d'ampleur que jamais durant les guerres de succession. L'impérieuse nécessité de s'attacher par le seul salaire alors valable — la concession d'une terre — les fidèles indispensables ; la rareté des terrains défrichés encore disponibles ; la rapacité enfin de quelques magnats comme Alard : tout contribuait à rendre le mouvement irréversible. C'est ainsi qu'Alard détenait les abbayes de Saint-Martin de Tours et de Marmoutier ; le marquis Guérin, qui commençait à l'éclipser dans la faveur de Charles, celle de Flavigny. La complexité des relations de fidélité provoqua des spoliations à l'intérieur même de l'Église : le domaine de Pocé, propriété de Saint-Maurice d'Angers, concédé à un laïc, lui fut repris pour être partagé entre les moines de Saint-Maur et ceux de Saint-Philbert de Grand-Lieu ; plusieurs clercs étran-

118

gers à l'évêché de Reims reçurent des domaines enlevés à celui-ci...

Autour de Charles, le parti laïc entend obtenir de lui le maintien de ses bénéfices ; le parti ecclésiastique, le retour des terres usurpées et le redressement de la discipline cléricale. Mais, de l'une et de l'autre part, Charles a des susceptibilités à ménager. Il y va de son pouvoir, totalement dépendant de la puissance économique de ses vassaux des deux ordres. Ce problème sera agité à tous les plaids et conférences qui se succéderont de 843 à 850. Des restitutions partielles seront opérées, en même temps que de nouvelles usurpations. Sur le plan des principes, rien de positif ne sortira jamais des décisions grandiloquentes périodiquement formulées. Durant les premiers mois du règne, on voit une cohorte d'évêques suivre pas à pas l'armée royale, dans l'espoir de s'imposer à l'une de ses assemblées. A Coulaines, à Yutz, ces prélats obtiennent de Charles l'engagement solennel de mettre un terme aux pratiques qu'ils condamnent. En décembre 844, un synode propose la promulgation de mesures propres à resserrer l'unité du clergé et à accroître l'autorité de ses chefs : établissement d'un inspectorat des mœurs conventuelles ; condamnation des clercs gyrovagues, mariés ou batailleurs, ainsi que des ravisseurs de nonnes — le rapt des religieuses semble avoir été fréquent — ; punition des moniales qui, par un vœu d'humilité mal entendu, s'habillent en hommes et se coupent les cheveux ; exemption, dans certains cas, du service militaire pour les évêques... Charles laissa en portefeuille ces objurgations. Sans doute y flairait-il une tentative de mainmise sur certaines de ses prérogatives ; mais surtout les Grands laïques, se sentant indirectement visés, s'opposèrent à tout début d'application. Le synode de Beauvais, en 845, et celui de Meaux qui le suivit de près, revinrent sur la question des biens d'église. Mais les promesses arrachées à Charles restèrent vaines. Une conscience aiguë de leur droit, mais aussi, chez certains, une assez basse cupidité, poussent les représentants de l'épiscopat. Le langage chrétien dans lequel ils s'expriment, leurs références constantes à des vérités de foi alors incontestées, leur assurent un facile triomphe dans les palabres des assemblées. Mais la réalisation des mesures proposées supposerait un véritable renversement du mouvement historique. Le problème que le clergé voudrait résoudre est un problème structurel du monde féodal en formation, et ne sera tranché que par l'écroulement de celui-ci, au-delà du xiie siècle.

Le seul document concernant l'Église que Charles ait établi de sa propre volonté est d'une tout autre nature. Il s'agit d'un édit publié en 844 en faveur du bas clergé de Septimanie. Ce texte est, dans son esprit, unique au Moyen Age. Les articles en sont assez révélateurs pour mériter un résumé.

1. Défense aux évêques d'inquiéter, ouvertement ou par le biais de mauvaises querelles, les prêtres sur qui ils ont juridiction ; défense, en particulier, de sévir contre ceux qui viennent, à leurs risques et périls, d'exposer leurs doléances au roi lors de son passage dans le Midi (voir pp. 115 et 135).

2. Fixation précise du maximum de redevances que l'évêque peut exiger du prêtre de campagne : un muid de froment, un d'orge, et un cochon de lait, ou l'équivalent en espèces jusqu'à concurrence de deux sols, en monnaie d'argent.

3. La collation de ces redevances est à la charge de l'évêque dans les paroisses situées à plus de cinq milles de la cité épiscopale ; il est interdit aux agents intermé-

diaires, sous peine de punition grave, d'exiger des pourboires ou de se livrer à quelque vexation que ce soit.

4. La charge la plus lourde pour les petites paroisses étant l'hébergement de l'évêque et de sa suite lors des tournées pastorales, ces tournées seront réorganisées de façon que les frais de chaque étape se répartissent sur cinq paroisses, dont les prestations sont exactement définies : au total cinquante pains, deux muids de vin, cinq cochons de lait, dix poulets, cinquante œufs, cinq muids d'avoine pour les chevaux, du bois et les ustensiles nécessaires. L'évêque sera responsable des dégâts commis à la maison et aux haies de son hôte.

5 et 6. Ces tournées seront limitées à une par an. Si celle-ci ne peut avoir lieu, défense est faite à l'évêque d'imposer une compensation financière. La suite de l'évêque devra ne compter qu'un nombre limité de domestiques et de chevaux : il est apparu en effet que certains évêques emmènent avec eux de véritables troupeaux de chevaux, qu'ils nourrissent aux frais de leurs curés, et qu'ils vendent en cours de route.

7. La création de nouvelles paroisses n'est autorisée que dans les régions trop peu sûres pour que le curé y puisse circuler sans danger, ou bien à la demande expresse des populations. Il est interdit à l'évêque de fonder des paroisses dans le seul but d'en percevoir les redevances. Si, en revanche, sur le territoire d'une paroisse, la distance, une rivière, une forêt rend difficile aux paysans d'un domaine écarté la fréquentation de l'église, une chapelle vicariale sera élevée sur ce domaine.

8. L'évêque ne pourra pas convoquer ses prêtres en synode plus de deux fois par an, aux époques canoniques, et pour un temps court.

9. L'évêque n'est pas la source du droit canon, mais il

121

est soumis à celui-ci ; cela est particulièrement vrai en ce qui concerne l'emploi des dîmes.

Dans ses tractations et ses conflits avec le haut clergé, l'une des forces de Charles provenait de l'appui que lui apportaient plusieurs clercs de son entourage : l'archichapelain Ebroïn de Poitiers, le chancelier Louis, Loup de Ferrières, et un prêtre depuis longtemps attaché à la cour, Hincmar. La carrière exceptionnelle de ce dernier prend, au cours des synodes de l'année 844, son essor définitif. Hincmar a déjà une quarantaine d'années. Entré très jeune au monastère de Saint-Denys, il s'y était lié avec Hilduin, qu'il avait suivi à la cour en 822. Revenu à Saint-Denys après 830, il avait collaboré à la réforme disciplinaire de l'abbaye. Vers la fin du règne de Louis le Pieux, on le rappela à la cour, où l'on appréciait son intelligence, ses connaissances juridiques et son expérience des affaires. Dès 840, il avait acquis la confiance du jeune Charles. Lorsque l'épiscopat, à l'assemblée de Ver, en décembre 844, fit pression sur celui-ci pour qu'il pourvût le siège métropolitain de Reims où Lothaire tentait d'imposer l'un de ses fidèles, Ebbon, c'est sur Hincmar que tomba le choix royal. En moins de deux ans, le nouvel archevêque sut gagner la faveur de Lothaire de façon à faire cesser toute contestation à ce sujet.

Comme évêque, Hincmar rétablit le prestige et la puissance de Reims. Véritablement amoureux de cette ville, dont il fera un éloge magnifique dans sa *Vita sancti Remigii,* il en édifie la première cathédrale, y crée — ou y développe — un atelier de calligraphie et de miniature qui devient rapidement l'un des centres artistiques du royaume. Lui-même se pique de poésie ; il passe en cela son talent : petit côté d'un très grand homme ! Pasteur attentif, administrateur de génie, Hincmar se méfie des intermédiaires qui, sous le couvert de multiples liens personnels, faussent les rouages de la machine à laquelle il préside. Il parle lui-même à ses ouailles, intervient dans la vie de son clergé pour en exiger une haute tenue. Partageant les soins de Charles — qui, de son côté, tente de restaurer le réseau des hôtelleries monastiques dans son royaume —, il travaille à ranimer les œuvres d'utilité publique laissées par la tradition à la responsabilité de l'Église : il installe à Reims un hôpital, insiste pour que les paroisses consacrent une part de leur revenu à l'entretien de leurs pauvres, dont le curé doit tenir registre. En même temps, il réussit à récupérer les terres de son église usurpées par d'autres. Sa conduite personnelle reste au-dessus de tout soupçon. On sait que, archevêque, il a gardé l'austérité du moine réformateur. Tempérament ardent, agressif, intelligence claire, il est homme d'action plus que théoricien ; mais un perpétuel souci de doctrine donne parfois une apparence papelarde aux raisons qu'il se croit tenu d'invoquer pour justifier les retournements de sa politique. Trop original dans sa conception de l'Église et de l'État pour être tout à fait représentatif de son siècle, il devient pourtant, passé 850, quelque chose comme la conscience vivante de l'épiscopat « français ». Le hasard qui bientôt mettra en présence, puis aux prises, un Hincmar et un Nicolas Ier sera déterminant pour l'histoire occidentale. Dans une très grande mesure, ces deux hommes imprimèrent à l'Église catholique certains de ses traits les plus durables : des traits qui, par-delà les siècles médiévaux, la caractérisent aujourd'hui encore, dans beaucoup de ses attitudes d'esprit et de ses tendances institutionnelles.

Du jour où, vers 850, la situation officielle d'Hincmar fut bien assise, on vit l'archevêque de Reims prendre la plume. Son œuvre écrite est considérable, par son volume et sa continuité d'intention. Chacun de ses livres naquit d'une polémique, d'une discussion, d'une question posée par Charles. L'ensemble constitue un miroir complet de ce siècle. Ses parties théologiques, écrites surtout lors de la querelle érigéniste (voir pp. 210-212), sont, il est vrai, d'une dialectique contestable ; elles témoignent d'une lecture immense, de vigueur d'expression, mais d'une sorte de crainte envers l'abstraction, sinon de suspicion envers l'intelligence individuelle. Pour Hincmar, proche en cela d'un Alcuin, d'un Raban Maur, l'évolution du dogme chrétien s'est définitivement achevée avec les Pères du ve siècle. L'œuvre canonique d'Hincmar s'est principalement constituée lors de l'affaire du divorce de Lothaire II, à partir de 860 (voir pp. 189-198). Il est remarquable que nombre des formules que l'archevêque de Reims suggéra à cette occasion, touchant le rapt, l'inceste, la liberté du consentement conjugal et l'indissolubilité du mariage, passèrent plus tard dans le droit canon romain, réprimant les coutumes locales divergentes. Mais la part de loin la plus importante de l'œuvre hincmarienne est formée par ses opuscules politiques. La série en paraîtra après 860 : nous verrons dès lors Hincmar fournir à la pensée de Charles un aliment idéologique qui infléchira peu à peu son action, et donnera à la seconde moitié du règne un style assez différent de la première. A cette époque, Hincmar sera devenu le premier personnage du royaume.

Certes, l'ascension du moinillon de Saint-Denys vers les sommets du pouvoir n'aura pas été fulgurante. Elle aura exigé vingt-cinq ans d'efforts patients, d'intelligence tenace, et un énorme travail. C'est seulement à la dernière étape que le rythme de cette carrière va soudain s'accélérer... grâce à un scandale qui éclata en 849 :

l' « affaire Gottschalk ». Celle-ci permit à Hincmar de déployer tout à coup, sur une scène étendue à l'empire entier, ses qualités de perspicacité et d'énergie, et de révéler une intransigeance implacable, une volonté dont on prit peur. Gottschalk menaçait, il est vrai, dans une certaine mesure, l'unité de la foi, ce qu'un esprit de ce temps considérait comme un crime contre la société. Mais on ne peut s'empêcher de penser que l'autoritaire archevêque de Reims tint à faire un exemple dont on se souvînt.

L'affaire Gottschalk

Officiellement, tout commença lors d'un concile tenu à Mayence, en octobre 848. Gottschalk, fils d'un comte saxon, avait alors une quarantaine d'années. Confié, encore enfant, pour son éducation aux moines de Fulda, il avait fini, sous la pression de Raban Maur, par embrasser la vie monastique. Incapable de supporter une règle trop contraire à son tempérament, il introduit en 829 une action auprès du tribunal ecclésiastique compétent. Il est en première instance relevé de ses vœux. Mais Raban en appelle à l'empereur : Gottschalk, cette fois condamné, se voit transféré par punition au monastère d'Orbais, dans le diocèse de Soissons. Il y reçoit la prêtrise. Quelque temps après, il parvient à s'évader. Il mène dès lors une existence de prédicateur errant, propageant des doctrines contre lesquelles, de Fulda, Raban fulmine. Des années durant, on vit ainsi Gottschalk parcourir la Lombardie, le Frioul — où Raban le fit chasser de la cour du marquis Evrard, — la Dalmatie, l'Autriche. Ce long circuit le ramena en

125

Germanie où, vers 847 ou 48, il poussa jusqu'à Fulda, défiant à la controverse son ancien maître.

D'une grande culture, doué pour la musique, les lettres et la dialectique, ami de Walafrid, Gottschalk s'était initié à Orbais à la philosophie augustinienne. Esprit inquiet, chercheur, d'une indépendance intellectuelle rare en son temps, il répugnait aux méthodes scolaires ; la pensée d'un Scot Erigène l'attirait davantage : Hincmar lui reprochera comme une tare d'avoir, dès sa première jeunesse, manifesté l'amour des nouveautés. C'était bien une tare en effet, dans ce siècle où l'on n'innova jamais qu'au nom de la tradition ! Une sensibilité à vif, une passion jamais contenue, une sorte d'intransigeance du cœur, font de Gottschalk une proie désignée pour l'appareil coercitif d'un épiscopat préoccupé plus que jamais de discipline dogmatique.

La doctrine que colporte Gottschalk n'est pas absolument nouvelle en Occident. En son essence, elle se ramène à un augustinisme plus ou moins gauchi dans le sens d'un pessimisme total : l'homme est prédestiné, salut ou damnation échappent au mérite ou au démérite, constituant pour chaque individu un destin providentiel que la grâce du Christ ne corrige pas, car le Christ n'est mort que pour ceux que le Père avait élus de toute éternité. On reconnaît là une tendance fondamentale du christianisme occidental, à laquelle le catholicisme romain s'est constamment opposé, mais propre à séduire des âmes particulièrement sensibles au pathétique de la condition humaine et rebelles à l'ascétisme monacal.

Raban Maur s'inquiète, s'énerve. Dans l'automne de 848, il prend sur lui de faire arrêter Gottschalk, et le défère aux évêques de Germanie. Ceux-ci le renvoient à Hincmar de la juridiction métropolitaine duquel dépend Orbais. Première confrontation à Mayence : Hincmar questionne, croit sentir un mouvement de révolte chez l'accusé. Il le convainc d'hérésie, le condamne aux verges et, d'accord avec Raban, décide de faire juger le cas par une cour spéciale formée de prélats « français ». Entre temps, Charles, toujours soucieux de probité intellectuelle, demande à un moine de Corbie, célèbre par sa science, Ratramne, de se pencher sur les aspects dogmatiques du problème. Au printemps de 849, Gottschalk comparaît, à Quierzy, devant une vingtaine d'évêques, présidés par Hincmar et en présence du roi. Hincmar désirait obtenir de l'assemblée une prise de position théorique sur l'ensemble des questions soulevées par la dissidence et la prédication de Gottschalk. Il semble qu'on ait hésité à le suivre. Une majorité se trouve néanmoins pour affirmer contre Gottschalk la vocation universelle de l'humanité au salut. Gottschalk refusa de souscrire à cette déclaration. Rothade même, évêque de Soissons, supérieur direct de Gottschalk, ne lui donnait pas expressément tort. Hincmar, résolu — il l'avouera plus tard — à l'emporter envers et contre tous, passa outre aux réserves de la minorité. Gottschalk fut solennellement proclamé hérétique, dégradé du sacerdoce, flagellé sur la place publique, et condamné à l'emprisonnement et au silence perpétuels. Comme il protestait de son innocence, on le contraignit à brûler ses livres, séance tenante, de sa propre main. Par prudence, Hincmar n'hésita pas à le soustraire à l'autorité de Rothade, et le fit enfermer au monastère de Hautvillers, dans le diocèse de Reims.

Gottschalk sacrifié, restait une forte opposition de la part de théologiens aussi fameux que Prudence de Troyes, Ratramne, et Loup de Ferrières, tous très éloignés de l'aversion éprouvée par Hincmar et Raban pour l'augustinisme du condamné. Ces prélats réprouvaient les déclarations du concile de Quierzy. Loup de Ferrières eut, dans l'hiver 849-850, des entretiens à ce sujet avec Charles. Il en résuma les conclusions dans un court traité qu'il lui adressa peu après. C'est alors que parut enfin l'ouvrage commandé à Ratramne : sa position, pour être plus nuancée, n'en est pas moins assez proche de celle de Gottschalk. L'épiscopat entier s'agite autour de ce problème. On reproche ouvertement à Hincmar sa maladresse et son manque de jugement : dans sa précipitation à faire condamner une erreur, n'a-t-il pas ouvert la porte à une erreur contraire ? A vrai dire, l'opposition qui se manifeste ainsi contre Hincmar tient autant ou plus à des antagonismes personnels que doctrinaux : ses principaux adversaires se recrutent soit dans la province métropolitaine de Sens — que menace la puissance grandissante de Reims —, soit dans celles de Lyon et de Nîmes, où Ebbon, évêque de Grenoble et neveu du concurrent rémois d'Hincmar, estime avoir un compte à régler avec ce dernier.

Hincmar ne se sent pas tranquille : le lièvre levé par Gottschalk risque d'ameuter le royaume entier ; il faut couper court. Peut-être Hincmar ne se sent-il pas de taille à lutter sur le terrain purement spéculatif. Il imagine de lancer dans le débat l'autorité de Scot Erigène. Celui-ci acquiesce. En 851, il publie un *De prædestinatione*. Mais Hincmar a commis ainsi une faute de tactique : l'indépendance de pensée de Scot est suspecte à trop de gens. Ganelon, l'archevêque de Sens, s'empare aussitôt de l'opuscule, et en tire un certain nombre de formules douteuses qu'habilement il transmet, pour réfutation, à Prudence de Troyes. L'affaire transpire : Loup de Ferrières décèle chez Scot un anti-augustinisme qu'il juge aussi dangereux que son contraire. A Lyon, on fait écho : l'archevêque Amulon, le diacre Florus, émettent de fortes réserves. La querelle a rebondi ; mais elle traîne en longueur, et le prestige d'Hincmar n'en est pas grandi. Abandonnant Scot Erigène à son destin, Hincmar condense en quatre articles ses positions personnelles sur la question de la prédestination, et les fait promulguer, en 853, par un deuxième concile de Quierzy. Contre ce coup d'autorité, se forme une sorte de ligue des évêques du Sud-Est. La situation s'aggrave. Irait-on vers un schisme au sein de l'église franque ? Un concile dissident se réunit à Valence, en 855, et, réfutant les articles de Quierzy, condamne en même temps comme hérétique le livre de Scot. Les opinions apparaissent tellement enchevêtrées que la querelle n'est plus dès lors qu'une querelle de mots. Hincmar reprend la balle : en 856, il dédie à Charles un gros ouvrage destiné à confondre Scot Erigène ; en 859, un second. Après avoir éliminé sa gauche, il écrase sa droite. En 860, l'événement lui donnera raison : tout le monde est las de ces polémiques. Les condamnations successives de Gottschalk et de Scot ont refait l'unité. Le concile de Tusey opère la réconciliation, et charge Hincmar de rédiger le document synodal qui la consacre.

Dans la même année, Hincmar revient à Gottschalk. Il publie son traité *De una et non trina Deitas,* par lequel il entend réfuter un ouvrage déjà ancien du moine d'Orbais sur la Trinité. L'argumentation est faible ; faute de formation philosophique vraie, Hincmar manque son but. Du moins constate-t-on qu'il n'a pas désarmé. Depuis onze ans maintenant, Gottschalk est prisonnier à Hautvillers, dans une dépendance de l'abbaye. Son régime est matériellement convenable, Hincmar tient à le faire savoir : même nourriture et même boisson que les frères ; on lui fournit du bois pour sa cheminée ; on va jusqu'à lui procurer chaque jour des vêtements propres et à lui offrir des bains. Mais — Hincmar s'en indigne — il refuse les uns et les autres. Il ne se lave plus, et plutôt que d'accepter les habits qu'on lui propose, préfère demeurer *comme Adam avant le péché,* comprenons : en guenilles. Ce misérable, dit Hincmar dans une lettre à son ami Egilon, a toujours été malpropre ; mais si aujourd'hui il devait comparaître devant un synode, il soulèverait le cœur de ses juges. Et puis, il est atteint de tics, de manies ; et comme chacun sait, ce sont là des signes de possession démoniaque... On pressent, à travers cette description, un horrible drame de la solitude, un effondrement progressif dans la séquestration.

Pourtant, au début du moins, le sort du malheureux a ému quelques âmes pitoyables. Gottschalk compte des amis secrets, et même des disciples. Hincmar lui-même avouera au pape, en 866, que les partisans de l'hérésiarque restent nombreux dans le clergé. Un homme même comme Prudence de Troyes fait partie de leur bande. La prison et l'humiliation n'ont pas empêché Gottschalk de poursuivre ses méditations théologiques. Quelque chose en transpire çà et là. Mais sa santé ne résiste pas. Passé 860, il est malade. Il sent l'approche de la mort. Le voici qui change d'attitude. Il réclame une pelisse, un chauffage plus confortable. Puis il se met, au fond d'une solitude devenue totale, à écrire, dit Hincmar, *beaucoup de choses ridicules, frivoles... des contes de bonne femme.* Il faut sans doute entendre par là des poèmes musicaux tels qu'il en composait dès l'époque de son errance. Quelques-uns d'entre eux nous ont été conservés, et suffisent à donner à leur auteur un rang exceptionnel parmi les poètes lyriques du haut Moyen Age. Ce sont, dans la littérature assez terne et toute didactique de ce siècle, d'admirables fleurs, étonnamment modernes par l'intensité affective et la liberté du ton. Parfaitement maître des ressources de la rhétorique, Gottschalk sait en subordonner les effets aux jeux d'une sorte d'incantation rythmique, de forme allusive et telle qu'il n'est pas interdit de penser qu'elle doit quelque chose à une poésie populaire, pour nous perdue. Leur inspiration se ramène à quelques thèmes tout à fait intériorisés : son « exil », son humiliation, les amitiés perdues et sa foi, dans leur pure subjectivité, dépourvues de toute charge dogmatique :

> *Ut quid jubes, pusiole,*
> *quare mandas, filiole,*
> *carmen dulce me cantare,*
> *cum sim longe exsul valde*
> *intra mare ?*
> *Or cur jubes canere ?*
>
> *Magis mibi, miserule,*
> *flere libet...*

écrit-il pour un jeune disciple secret. « Pourquoi, mon petit, pourquoi me demandes-tu de composer pour toi une chanson, alors que si loin et depuis si longtemps me voici dans un océan de solitude ? O pourquoi m'inviter à chanter ? J'aimerais mieux pleurer ma misère... »

En 865, 866, les jours de Gottschalk semblent comptés. Un complot se trame à Hautvillers. Un ami compatissant, le moine Gombert, s'est résolu à faire l'impossible pour obtenir *in extremis* une réhabilitation de celui qu'il considère comme son maître. Hincmar vient de subir un échec diplomatique (voir p. 193). Ses adversaires reprennent cœur. Gombert décide de partir pour Rome, soumettre au pape le dossier. Il réunit les chevaux, les vêtements et les livres indispensables. Hincmar l'apprend : pour lui, Gombert est un voleur et un moine fugitif. Il écrit en hâte pour qu'on lui interdise l'accès de la Curie. Simultanément, il adresse à Nicolas Ier un mémoire sur les erreurs de Gottschalk. Il écrasera celui-ci...

Gottschalk était mourant. Ses gardiens transmettent à Hincmar une requête où il demande de recevoir les derniers sacrements. Consultation de Raban Maur. Les deux prélats sont irréductibles : pas de sacrements sans absolution ; pas d'absolution sans rétractation. Ils rédigent un ultimatum. Gottschalk le repousse. Défense est donnée par Hincmar aux moines de Hautvillers de l'assister et de l'ensevelir en terre sainte.

Gottschalk mourut ainsi, probablement le 30 octobre 866. Hincmar triomphait. Désormais sa position ne sera plus contestée dans une Église où il apparaît comme le pilier de l'orthodoxie. Sa victoire le rend clément : il permet que l'on dépose le corps de sa victime dans un coin écarté du cimetière conventuel. *C'est ainsi*, écrit-il en matière d'oraison funèbre, *qu'il finit dignement une vie indigne, et prit place dans le lieu qui lui convenait.*

Est-ce la conséquence directe de sa réussite — et de l'influence politique que dans le même temps, il vient de prendre grâce à la querelle suscitée par Lothaire II ? En 861-862, Hincmar est chargé de remplacer Prudence de Troyes comme rédacteur des *Annales* dites *de Saint-Bertin*, continuation, pour le royaume de Charles, des anciennes *Annales impériales*. De l'important recueil dont il va durant une vingtaine d'années assurer la collation, il fera, autant qu'une œuvre historique, le journal de ses luttes personnelles et de ses rancunes.

Les ennemis extérieurs

Si l'on prend l'expression dans son sens le plus strict, les « ennemis extérieurs » du roi Charles sont les pirates scandinaves. Pourtant, compte tenu de la position personnelle de Charles dans la « confédération » impériale issue des traités de Verdun, de Yutz et de Meersen, on peut étendre cette désignation à deux nations restées, l'une en droit, l'autre en fait, en marge du royaume, et dans leur majorité hostiles au gouvernement des Francs : la Bretagne celtique et l'Aquitaine.

C'est ainsi de trois côtés que, dès 843-44, l'autorité de Charles, déjà vacillante dans les territoires de la France et de la Neustrie, est sapée par des entreprises étrangères. Chacune d'elles a, certes, un caractère bien marqué. Les Normands sont considérés comme de vulgaires bandits ; mais leur audace et leur force croissante désorganisent l'économie de provinces entières, avant d'y bouleverser le système même des relations vassaliques. Les Bretons, alors conduits par un chef à poigne, Nominoé, jouent les pêcheurs en eau trouble, suscitant et exploitant tour à tour les rivalités entre Charles et ses vassaux du Maine et de la basse Loire. Les Aquitains sont les révoltés de toujours, les mal assimilés, champions depuis deux siècles d'une cause qui a toutes les apparences d'être bonne : ils luttent pour l'obtention d'une dynastie propre, qui ferait d'eux, au sein de l'empire, les égaux des Saxons, des Italiens et des Francs.

Les Aquitains

Le long séjour qu'avait, du vivant de Louis le Pieux, fait en Aquitaine son fils Pépin, avait fini par créer à

133

celui-ci, aux yeux des indigènes, un droit. La spoliation du jeune Pépin II au profit de Charles le Chauve (voir p. 66) apparaissait comme une iniquité, sinon un parjure. Repliée sur ces terres du Midi auxquelles l'attachaient maintenant les liens du cœur, de la coutume et de l'intérêt, la famille des Pippinides y faisait figure de symbole national.

L'Aquitaine, certes, du fait de son étendue même, était parcourue par des tendances divergentes. A Charles de jouer de celles-ci. Dans la boucle de la Garonne, les Vascons, en majorité de langue basque, nourrissaient une hostilité irréductible envers tout ce qui venait du Nord. Au sud-est, la Septimanie ne pouvait, dans l'état de dévastation où elle se trouvait encore, se passer du secours des Francs. Le territoire que dominaient les Pippinides embrassait les régions centrales, du Poitou au Bourbonnais, au Périgord et au Toulousain. Mais, dans ces limites mêmes, peut-être les mouvements séparatistes se fussent-ils moins accusés sans l'influence de l'homme néfaste que fut Bernard de Septimanie. Celui-ci, écarté du pouvoir en 833, mais encore puissant par ses relations personnelles, rongeait son frein, tour à tour excitant l'ambition de Pépin II et soutenant les revendications de Charles, dans l'espoir de se tailler un jour la part du lion : un beau royaume à cheval sur les Pyrénées orientales. Paradoxalement, l'épouse de Bernard, Duoda, venait d'écrire, entre 840 et 843, un *Liber manualis* destiné à leur fils aîné, Guillaume, et qui formulait — dans un étrange enchevêtrement de conseils, de poèmes et de méditations — une sorte de code d'honneur et de morale : Duoda insistait sur la double fidélité qui liait le jeune homme à son père et au roi Charles... L'intérêt de Bernard était d'empêcher que le roi de France ne prît solidement pied au sud de la

Loire. Autour de lui, un groupe de seigneurs locaux se réclamèrent, pendant plusieurs années, après 840, au nom de l'unité impériale, de la suzeraineté directe de Lothaire.

Sans doute, Charles comprit-il que la condition préalable d'un succès en Aquitaine était d'abattre Bernard. Mais il avait des motifs personnels de haine contre celui-ci : de mauvaises langues avaient fait naguère courir le bruit que lui, Charles, était issu des amours adultérines de Bernard et de Judith (voir p. 59).

L'affaire ne traîna pas. Dès février 844, Charles rassemble quelques troupes, et descend sur Tours et Limoges. Au début de mai, il met le siège devant Toulouse. Que s'y passa-t-il ? On voit Bernard se présenter un jour au camp royal. Continue-t-il son double jeu, ou bien Charles l'a-t-il attiré par traîtrise, nous ne savons. Le roi le fait saisir, juger par un tribunal improvisé, et décapiter sur-le-champ. Le coup frappa les imaginations au point de rallier aussitôt à Charles toute la Septimanie. Charles s'attarda durant six semaines devant une Toulouse imprenable ; tranquillement, il légifère pour les provinces soumises (voir p. 115 et p. 120), attendant l'arrivée de renforts.

Ceux-ci progressaient à petites étapes, par l'ouest. Ils atteignent Angoulême lorsqu'une armée aquitane levée par Pépin II et Guillaume, fils de Bernard, se jette sur eux et les écrase. Ce fut une épouvantable débâcle. Aucun des fidèles de Charles engagé dans l'affaire n'en réchappa. Parmi les morts, on compta plusieurs de ses proches parents : Hugues, abbé de Saint-Quentin, fils naturel de Charlemagne et les deux neveux bâtards de Louis le Pieux, Rigbodon et Nithard (voir note généalogique). Prisonniers, les amis sûrs, Ebroïn de Poitiers, Loup de Ferrières, et une demi-douzaine d'autres. La mort de Hugues, personnage particulièrement illustre et sympathique, inspira peu après à un moine anonyme une pathétique lamentation, document important de l'histoire littéraire (voir p. 217) :

Hug dulce nomen, Hug propago nobilis

« Hugues le Débonnaire, Hugues issu de nos rois... »

sed cur adire Karolum prœsumeres ?

« pourquoi donc as-tu commis l'imprudence d'aller rejoindre Charles ?... *Pépin lui-même pleura quand il trouva ton cadavre dépouillé* (par les écumeurs de champs de bataille), *honteusement nu dans la poussière...* »

Cette bataille eut une conséquence morale, qui certainement pesa lourd sur les événements des années suivantes : une armée royale, entièrement composée de « Français », était battue presque sans combat par une poignée de Méridionaux, et fuyait ignoblement...

Il ne restait à Charles qu'à composer avec Pépin II. Une entrevue eut lieu, durant l'hiver de 845, à Saint-Benoît-sur-Loire. Accord de dupes : Pépin II prêtait hommage à Charles, sauf pour le Poitou, la Saintonge et l'Angoumois, que le roi se réservait. En conséquence, écrit l'Annaliste de Saint-Bertin, tous ceux des Grands d'Aquitaine qui s'étaient déjà ralliés à Charles se retournèrent vers Pépin, devenu leur seigneur légitime.

Mais les trublions aquitains n'inquiétaient pas le seul Charles. Sur le revers méridional des Pyrénées, un chef wisigothique islamisé, Mouça, était en train de se constituer une principauté indépendante, appuyée sur Tudèle, Saragosse et Huesca, mais qui déjà remontait dangereusement vers le nord, à la faveur de l'anarchie qui y régnait. Dans les derniers jours de 846, après une longue errance, à travers le nord de son royaume, avec sa femme et son fils Louis à peine âgé de six semaines, Charles s'arrête à Reims pour y célébrer la fête de Noël. Là, on lui présente une ambassade envoyée par le Calife de Cordoue, Abd-er-Rhaman II. Celui-ci proposait une action commune contre Mouça, dont les entreprises menaçaient directement ses États. Charles, bien incapable de donner suite à cette demande, la laissa sans réponse. Mais, à côté du message officiel, il en recevait un autre. Les chrétiens espagnols qui servaient d'interprètes aux ambassadeurs lui adressaient en effet, au nom de leurs coreligionnaires, une supplique le conjurant d'intervenir auprès du Calife pour faire cesser la persécution dont ils étaient depuis quelque temps victimes. Ils exprimaient le vœu que le roi de France obtînt l'extradition du prêtre alémanique Bodo, émigré en Espagne, converti au judaïsme, et considéré comme l'instigateur de cette persécution. A cette requête non plus, Charles n'avait aucun moyen de répondre. Toutefois, sans doute devenu conscient du facteur d'insécurité que constituait le désordre régnant aux confins navarrais et castillans, il entretiendra désormais des relations épisodiques avec divers princes espagnols.

Une année s'écoule. La situation aquitane semblait définitivement réglée. Or, voici qu'au cours de 847, une flotte normande vient mettre le siège devant Bordeaux. Cette ville relevait, en vertu des accords de 845, de Pépin II. Mais celui-ci ne bouge pas. Il ne quittait plus guère son Limousin, son Auvergne, son Berry. Charles voulut-il se substituer à son vassal défaillant, ou fut-il appelé par les Bordelais ? En février 848, il descend jusqu'à la Dordogne, sur laquelle il s'empare de neuf navires normands. Mais il échoue devant Bordeaux, et l'abandonne à son triste sort. Peu après, la ville tombera aux mains des Normands... *livrée par les Juifs,* affirme Prudence de Troyes, cédant apparemment à une manie antisémite commune alors à beaucoup de chroniqueurs ecclésiastiques.

Pourtant, le seul fait que le roi n'ait pas hésité à venir au secours d'une population délaissée par son seigneur direct, provoqua en sa faveur un nouveau retournement dans l'opinion aquitane. La fidélité aux serments et l'intention de droiture influençaient davantage les esprits que le succès ou l'insuccès même. A l'assemblée tenue pour Pâques à Limoges, évêques et Grands laïques renouvelèrent leur hommage au roi de France.

Cette circonstance donnait à Charles l'apparence d'un pouvoir enfin stable et non contesté. Il est probable que le ralliement de l'Aquitaine, et la forte impression qu'il produisit, furent la cause immédiate de l'acte accompli le 6 juin 848. Une cérémonie solennelle réunit ce jour-là dans la cathédrale d'Orléans la presque unanimité des évêques, abbés et grands vassaux du royaume. Selon la vieille tradition, Charles est « élu » roi par cette foule — élection qui, plus qu'une simple formalité protocolaire, impliquait l'adhésion personnelle et libre des électeurs à un état de fait. Puis Ganelon, archevêque de Sens et métropolitain d'Orléans, consacra par l'huile bénite, la couronne et le sceptre, le « nouveau » roi.

Les *Annales* du temps, chose curieuse, ne consacrent que quelques lignes à cet événement. Tout, cependant, indique que la portée en fut considérable. Jusqu'ici, Charles avait tenu son pouvoir de la volonté de son père, du consentement de ses frères, et de la bienveillance de ses fidèles. Si son autorité avait été fortement assise, nul sans doute ne se fût avisé de ne pas s'en tenir là. Aucune tradition n'existait encore dans la famille carolingienne en ce qui concernait le couronnement des rois. Louis le Germanique semble ne jamais avoir été sacré ; son fils Louis II le fut en revanche dès 844 comme roi d'Italie. Charles et ses conseillers — au premier rang desquels Hincmar — entendirent consolider une monarchie branlante en lui conférant le caractère liturgique qui, pensait-on, la rendrait inviolable. Par ailleurs, si la situation eût été mauvaise en 848, les fidèles se fussent mal prêtés à ce plan. Le sacre de Charles constituait à la fois la reconnaissance publique d'une autorité devenue réelle, et une assurance pour l'avenir. Le choix d'Orléans était significatif, car cette ville était considérée comme le point de concours de l'Aquitaine, de la Neustrie et de la Bourgogne.

Aussitôt après, Charles redescend en Aquitaine. Pépin II, abandonné par ses hommes, réduit à vagabonder dans les montagnes d'Auvergne, traqué par les fidèles du roi, disparaît pour plusieurs années de la scène. Seule la ville de Toulouse résiste encore. Dans l'été de 849, Charles s'y rend. Chemin faisant, il capture un jeune frère de Pépin II, nommé Charles, qu'il fait sur-le-champ tonsurer et qu'il expédie sous bonne garde au monastère de Corbie. Reçu partout en triomphateur, il se jette sur Toulouse, y pénètre en incendiant l'une des portes... C'est le moment que choisit Guillaume, fils de feu Bernard de Septimanie, pour rallumer la guerre dans la région pyrénéenne. D'Abd-er-Rhaman, sans doute déçu par le rejet de ses offres de 847, il a obtenu quelques troupes mauresques, avec l'aide desquelles il s'empare d'Ampurias et de Barcelone, théoriquement sujettes de Charles le Chauve. Celui-ci s'avance jusqu'à Narbonne ; mais, après accord avec les Grands de la région, se retire, préférant ne pas recourir aux armes.

Retenu par de fortes pluies, il ne repasse la Loire qu'en février 850. Jamais encore son pouvoir n'a été aussi réel. Au prix d'un abandon de la Catalogne à Guillaume, il a totalement acquis l'Aquitaine. La Catalogne même ne va pas tarder à lui revenir : Guillaume mourra bientôt, exécuté par le comte Aleran qui se sera emparé de sa personne. En Gascogne, le duc Sanche a recueilli Pépin II. A l'instigation de celui-ci, il brise avec Charles. Mais ce mouvement de révolte est vite étouffé : dès juin 850, on voit une ambassade navarraise traverser tranquillement le pays et se présenter au plaid de Verberie. En septembre 852, Sanche lui-même se saisira de Pépin II, et le livrera à Charles, qui l'enfermera à Saint-Médard de Soissons. *Nunc autem aperiente se gratia pacis,* écrit Loup de Ferrières, « maintenant qu'enfin nous est donnée la grâce de la paix... »

Il est vrai que les difficultés rebondirent l'année suivante. Tandis que, sur le flanc méridional du royaume, la Navarre se rend indépendante, un groupe de partisans de Pépin demande l'intervention de Louis le Germanique (voir p. 113). Pendant cette brève campagne, Pépin II réussit à s'évader de Saint-Médard, et rentra clandestinement en Aquitaine. Charles eut l'habileté de fermer les yeux. Pépin II s'était discrédité définitivement. Les Aquitains, dans leur grande majorité, n'en voulaient plus. En octobre 855, Charles revient à Limoges, et y fait solennellement sacrer roi d'Aquitaine son jeune fils Charles, dit l'Enfant.

Les Bretons

La presqu'île d'Armorique était depuis les ve-vi^e siècles peuplée de tribus celtiques émigrées de la Grande-

Bretagne d'où les avaient chassées les Saxons. Pépin le Bref, puis Charlemagne les avaient soumises. Un vague lien tributaire les attachait à l'empire. Sous Louis le Pieux, des révoltes avaient éclaté, en 817, en 824. L'empereur avait jugé habile de donner au chef local du Vannetais, Nominoé, le titre de comte. Mais dès 826, Nominoé parvenait à grouper sous son commandement l'Armorique entière et s'en fit appeler duc.

Quoique chrétiens de vieille date, et fortement marqués par l'influence latine, les Bretons apparaissaient aux Francs comme un peuple inquiétant. Une langue barbare, très éloignée à la fois du germanique et du roman, ne les distinguait pas moins que des mœurs étranges, rudes, un caractère insaisissable, une réputation de brutalité et d'extrême sauvagerie. Seule la force ou la crainte contenait leur turbulence en deçà des frontières naturelles de la Vilaine et du Couësnon. Après 840, Nominoé, feignant, à la manière de certains Aquitains, de ne reconnaître que l'autorité impériale de Lothaire, avait boudé Charles, sous le protectorat duquel il aurait dû tomber. Personnage haut en couleur, d'une indéniable intelligence, tenace et brave, mais rusé, cruel, affichant un mépris hautain des clercs, cupide et absolument dénué de scrupules, Nominoé épouvanta bien souvent son peuple même dont il rêvait de faire la grandeur. Pour Charles le Chauve, il fut l'adversaire le plus déterminé, le plus personnellement haïssable. Une idée occupait l'esprit du Breton : devenir totalement maître chez lui, couper les derniers liens fragiles qui le retenaient à l'Empire, peut-être constituer, à partir du Vannetais, un royaume de l'Extrême-Occident.

Une maladresse de Charles lui donna des armes. Le comte franc de Nantes étant mort à la bataille de Fontenoy, deux candidats briguaient sa succession : le

Poitevin Renaud ; et un certain Lambert. Ce dernier, parent de l'ancien fidèle de Lothaire (voir pp. 64 et 76), s'était acquitté récemment avec succès d'une mission auprès de Nominoé, et pensait avoir des titres à la reconnaissance du roi. Méfiant, Charles nomma Renaud, en 842. Aussitôt, Lambert se retira en Bretagne. Il révéla à Nominoé la faiblesse du pouvoir central, et le décida à tenter une aventure. Celle-ci durera un bon demi-siècle, sous trois ducs consécutifs, et fera de la région qui va de Nantes au Mans et au Cotentin la partie la plus troublée du royaume.

Au début de 843, une sanglante vendetta y oppose Renaud et son lignage à Lambert soutenu par une bande bretonne que conduit Erispoé, fils de Nominoé. En mai, Renaud et plusieurs de ses compagnons sont massacrés. En juin-juillet, les Nantais, pressés par une attaque de Normands et ne pouvant recevoir de secours de Charles, trop occupé en Aquitaine, s'adressent en désespoir de cause à Lambert, l'homme fort de la province. Lambert s'installe à Nantes, et partage les comtés environnants entre ses parents, en propriétaire. Ce n'est qu'en décembre que Charles put prendre l'affaire en main. Redoutant d'attaquer de front Nominoé et son allié, il se contenta de confier à des hommes sûrs la garde de la Touraine et du Poitou : il pensait ainsi endiguer l'avance bretonne. Mais la digue comportait une large brèche : le Maine. Dans l'été de 844, Nominoé lance une razzia en direction du Mans. Charles comprend l'urgence qu'il y a d'organiser cette région aussi. Il s'y rend et y passe toute la belle saison de 845. Il voudrait frapper un grand coup. Mais la famine qui règne en Neustrie retarde indéfiniment l'arrivée des troupes fraîches nécessaires. En novembre, exaspéré, Charles prête l'oreille à un bruit peut-être répandu par ses adversaires : une révolte

aurait éclaté en Armorique contre Nominoé, les rebelles
seraient prêts à appeler le roi de France. Celui-ci se
décide. Avec une armée dérisoire, il passe la Vilaine.
Nominoé l'attend, louvoie, l'attire dans les marécages de
Ballon, et l'y encercle, le 22 novembre. La cavalerie
légère des Bretons écrase sans peine le lourd bataillon
des Francs. Charles échappe de justesse, et s'enfuit.
Pendant quelque temps court la nouvelle qu'il est mort.
Sur le plan des techniques militaires, cette défaite
contribua à accroître le prestige de la cavalerie qui, avant
longtemps, sera définitivement considérée comme la
seule arme efficace. Quant à Charles, avec la présence
d'esprit dont il témoigne inlassablement dans ses revers,
il se retire sur Le Mans, y rassemble quelques troupes ;
puis, jugeant la situation désespérée, engage des négo-
ciations avec Lambert, depuis peu brouillé avec Nominoé, et qu'il finit par charger officiellement de défendre
toute la basse Loire contre les attaques bretonnes....

C'était là une mesure dilatoire. Elle permit du moins
de gagner une année. Dans l'été de 846, Charles se sent
assez fort pour gagner la Bretagne à la tête d'une armée
véritable. Mais il évite le combat, car l'ardeur guerrière
de ses fidèles est vacillante. Et puis, Lothaire commençait à montrer les dents. Charles préféra amener Nominoé à composition, fût-ce en jetant du lest. Un traité put
tant bien que mal être mis sur pied : dans les limites de
ses frontières, moyennant un hommage à Charles, le duc
breton était assuré d'une autonomie de fait. Nominoé
avait la partie belle : Charles parti, il s'en fut saccager
Bayeux. L'hommage qu'il avait prêté ne tirait pas à
conséquence. Un seul lien réel subsistait, empêchant
l'indépendance totale de la Bretagne : il résidait dans
son organisation ecclésiastique. Désormais Nominoé se
sentait assez fort pour s'attaquer à ce problème. Les sept

évêchés bretons dépendaient du siège métropolitain de Tours, contrôlé par le roi de France. Leurs titulaires, nommés plus ou moins grâce à Charles, lui restaient dévoués. Nominoé joua des querelles de personnes. L'abbé de Redon, Conwoion, était en mauvais termes avec l'évêque de Vannes. Nominoé obtint de lui l'appui nécessaire pour lancer contre les prélats francophiles une accusation de simonie. Un synode local, réuni en 848, s'avoua trop inexpert en droit canon pour trancher la question, mais, sans passer par Tours, s'adressa directement au pape. Nominoé joignit Conwoion à l'ambassade. La réponse de Rome, matoise, acceptait les griefs mais exigeait un jugement par un tribunal ecclésiastique si étendu que l'Armorique n'aurait pas suffi à en fournir les membres. Aux prélats qu'il n'avait pas, Nominoé substitua des laïcs. Quatre évêques sur sept furent expulsés, en mars 849, et remplacés par des hommes sûrs. Nominoé refusa de recevoir l'envoyé de Rome qui apportait une protestation.

Les mains libres, il reprend les armes, et va ravager l'Anjou, tandis que Charles chevauchait à travers l'Aquitaine. Cependant Lambert, pour d'impénétrables raisons personnelles, se rapproche en 850 de Nominoé. Toutes affaires cessantes, Charles vient camper en Anjou avec son armée. Un concile d'évêques francs se tient en sa présence pour formuler une admonition relative au schisme breton. C'était une mise en accusation, violente dans les termes mais assez bénigne quant au fond, du vieux Nominoé, que l'on tentait d'effrayer par l'idée de sa mort prochaine et de sa probable damnation...

La réponse fut une expédition-éclair conduite par Nominoé et Lambert contre Rennes, puis Nantes — dont ils démantèlent les remparts pour empêcher un retour offensif de Charles —, puis Le Mans. Partout les Francs capitulèrent. Le nombre des prisonniers fut tel que le Breton dut en relâcher la plus grande partie, et ne garder que les otages de marque. Charles va, vient, consulte ses Grands, débordé. L'hiver se passe. Et voici que, le 7 mars 851, à Vendôme jusqu'où il venait de pousser une nouvelle razzia, Nominoé meurt subitement. Cette disparition parut providentielle aux Francs. La main de Dieu avait frappé cet *ange d'iniquité,* voué à l'exécration du peuple chrétien. Une légende s'accréditera peu après : saint Maurille, protecteur d'Angers, serait apparu au Breton, en vengeur céleste, et l'aurait assommé de sa crosse...

Débarrassé, Charles ne l'était toutefois qu'en partie. Nominoé laissait un fils digne de lui, Erispoé ; et Lambert brigandait en Neustrie, à la tête d'une bande bretonne. Quelques mois plus tard, vaincu à Juvardeil par Erispoé, Charles devait consentir à céder aux Bretons les comtés de Nantes, de Rézé et de Rennes.

Les Normands

Depuis le début du siècle, les régions côtières de l'empire voyaient de temps à autre surgir des navires scandinaves dont les équipages, après avoir pillé quelque abbaye, incendié des maisons, redisparaissaient, parfois pour plusieurs années (voir pp. 33, 47, 55, 67, 74, 82, 86). Personne, du temps de Louis le Pieux, n'imagina que ce banditisme pût un jour menacer l'empire. Après 843, en même temps que leur fréquence s'accroît, ces raids prennent un caractère à la fois mieux organisé et plus mordant. Les dix années qui suivent convainquent les populations de l'Empire de l'immensité du fléau.

145

Passé 855, s'établira pratiquement un état de guerre permanent entre deux mondes désormais conscients de leur hostilité radicale : celui des « chrétiens » et celui des « hommes du Nord ».

Au reste, c'est là, du moins avant 860-870, si peu une guerre au sens où l'entendent traditionnellement les Francs, que la défense a du mal à s'organiser. Cheminant par petits groupes, dans les fourrés, les forêts, à l'abri des voies creuses, les pillards s'insinuent, se dispersent, se rassemblent, tombent à l'improviste sur les habitations isolées, les voyageurs ; s'ils sont en force, sur les couvents, bientôt sur les villes. Insaisissables, trop peu nombreux pour que les coups de l'armée franque portent sur eux, les Normands entretiennent une insécurité croissante, qui paralyse à la fois le commerce, les travaux des champs et les cœurs.

Les « longues nefs »— *drakkars* — amènent, au printemps, chacune quarante à soixante hommes à l'embouchure d'un fleuve. Elles le remontent lentement. Les hommes guettent les cités des rives. Ils jettent l'ancre dans quelque anse déserte, y campent, et de là rayonnent à pied, pistant les ornières tracées dans la boue par les chariots des marchands. Le vent ne suffit-il plus à leurs voiles, la profondeur de l'eau à leurs rames, ils recourent au halage, ou bien sortent du navire principal une flottille de petits canots plats, barques qui peuvent charger huit guerriers et leurs bagages. Parfois, la troupe se scinde : une partie navigue, l'autre suit sur la rive. Bientôt, instruits par leurs propres victimes, les Normands se procureront des chevaux, et risqueront de plus vastes randonnées terrestres.

Le but de leurs expéditions — étant faite la part d'une certaine exaltation et à la coutume des entreprises audacieuses — est économique, du moins à l'origine.

146

C'est là sans aucun doute la raison du retard que l'on mit en Occident à comprendre la réalité du danger. Ce que recherchent les pirates, dans ces terres à leurs yeux fabuleusement riches, c'est le métal précieux. D'abord, ils pratiquent le vol pur et simple. Mais bientôt ils apprendront aux dépens de Charles le Chauve un procédé plus subtil : la rançon. Il leur faudra dès lors prendre des hommes. Passé 860, l'extension de ce nouveau système aboutira à faire de certains Vikings de véritables trafiquants d'esclaves, vendant en Irlande des noirs raflés au Maroc, en Espagne des Francs.

Les principaux détenteurs de richesse métallique sont les grands monastères. Les Normands s'en sont rendu compte dès leurs premières expéditions en Frise, vers 810 : proie d'autant plus aisée qu'en général dépourvue de défense militaire. D'où la panique des moines. L'approche des pillards les chasse de leurs cloîtres ; ils fuient sur les routes, emmenant leurs plus précieux trésors : en particulier les reliques de leurs saints, que l'opinion générale considère comme des espèces de protecteurs magiques et dont les Normands, à ce titre, sont parfois friands. Après 850, une véritable migration de reliques se dessinera dans tout le royaume, favorisant les vols, les confusions, les faux, et — lorsqu'il s'agira de reliques armoricaines — la diffusion d'une hagiographie étrange, véhiculant les résidus d'une vieille mythologie celtique.

Une réputation d'atroce cruauté précède les Normands. Sans doute, chez ces hommes rudes, l'appât du gain facile suscita-t-il souvent de brutaux appétits sensuels, le goût du sang et le pur besoin de détruire. Les orgies qui suivent une victoire se terminent par des rixes, des meurtres gratuits. Une saga islandaise nous parle d'une coutume héroïque consistant à embrocher des enfants sur une lance. Abbon rapporte que l'on tuait les chrétiens à coups d'étrivières. Pourtant, les Normands ne sont aucunement des sauvages. C'est un peuple de bûcherons, de forgerons, de paysans, autant que de guerriers. Leurs navigations saisonnières remplissent une fonction, dans un cadre sociologique déterminé. En Scandinavie, des principautés, des royaumes s'organisent, sur lesquels le modèle carolingien influe en quelque manière. Le besoin d'une certaine stabilité institutionnelle agit sur les jeunes Normands, et très tôt les poussera à se fixer çà et là, en véritables colonies, où aboutiront désormais les nefs venues chaque année du Jütland ou de Scanie. Dès 843 une bande hiverne à Noirmoutier (voir p. 86), île où depuis plusieurs années les Normands sont les maîtres. Puis ils s'aventureront sur le continent. Vers 850, les rois de Lotharingie leur abandonneront la majeure partie de la Frise. Une principauté normande s'y constituera, attachée à l'empire par une fragile relation de vassalité. La dynastie de ses seigneurs Vikings ne s'éteindra qu'en 885. Certains Normands amènent dans leurs camps d'hivernage leurs femmes, leurs enfants. Ces nids de brigands prennent l'allure de villages. Les paysans francs des environs s'y risquent, un embryon de commerce prend forme. Des tentatives de conversion au christianisme s'ébauchent. Les Normands y offrent une résistance inégale. Joignant une robuste simplicité d'esprit à beaucoup de réalisme, ils se laissent séduire à l'occasion, quitte à revenir à leurs idoles à la saison suivante. Un Viking païen, tombé malade, invoque saint Riquier, protecteur des lieux qu'il ravagea ; un autre, converti, jure par le dieu Thor dans les circonstances difficiles. Une femme normande achètera de l'eau d'un puits considéré comme miraculeux et que vend aux malades un prêtre de Paris.

Pourtant, à l'époque de Charles le Chauve, l'habitude n'a pas encore assez endormi chez les Francs le pur effroi pour les rendre sensibles aux aspects humains de leurs adversaires. Chez les seigneurs responsables de la défense armée, non moins que chez les paysans et les clercs, la réaction unanime est la peur. Une peur fondamentale, instinctive, celle du primitif devant le monstre. C'est ainsi que s'explique l'incroyable pleutrerie des armées royales engagées contre les « brigands : certes, les Francs, depuis leur établissement en Gaule, passèrent toujours pour peu belliqueux. Dans leurs luttes intestines ils témoignèrent pourtant, souvent, d'une réelle bravoure. Mais devant le Normand, *chacun prend la fuite,* constate le moine Ermentaire. Loup de Ferrières, dans une lettre à Hilduin, en 854, exprime le souci que lui donne sa totale impuissance : cependant, son monastère compte alors soixante-douze hommes d'âge mûr. *On n'a jamais rien vu de pareil, même dans les histoires des livres ;* c'est le cri du jour, vers 850. Qu'une bande de pillards soit anéantie quelque part, et le poète Sedulius consacre à cet événement une ode triomphatrice.

Les rois s'efforcent de coordonner les rares efforts positifs de défense. Charles créera, dans les territoires les plus menacés, des « ducs » possédant de pleins pouvoirs administratifs et militaires. Dérisoirement, ses clercs tentent de l'aider en lui fournissant une doctrine militaire : Frechulph réédite pour lui le vieux traité de Romain Végèce ; Raban Maur en fera bientôt autant pour Lothaire II. Les moines de Saint-Omer entreprennent de fortifier leur monastère. De proche en proche, on les imite. Des villes comme Reims, qui sous le règne précédent, avaient démantelé leurs antiques murailles, les réédifient.

Tous les chroniqueurs du temps insistent sur l'étendue des destructions et l'importance des déplacements de populations qu'elles provoquent. Des régions entières se vident, comme le bas Limousin ; le gouvernement royal fait l'impossible pour renvoyer, l'alerte passée, les paysans fuyards à leur charrue. Souvent en vain. Les plaines, naturellement, se désertent plus que les hauts-lieux. Le nombre des villages abandonnés dépassa certainement celui des agglomérations incendiées par les Normands. La coupure historique que produit ainsi, entre 850 et 900, ce bouleversement, marqua plus profondément l'histoire occidentale que ne l'avaient fait les invasions du ve siècle. L'insécurité généralisée précipita l'évolution qui repliait peu à peu depuis cinquante ans l'existence humaine sur ses cellules les plus étroitement locales. Sans elles, la politique d'un Charles le Chauve, d'un Lothaire, eût peut-être évité la constitution définitive d'un séparatisme féodal, ou du moins l'eût gauchi dans le sens d'une monarchie modérée, et d'une fédération véritable, étendue de la Méditerranée aux confins slaves, sinon mongols. Les Normands brisèrent le pouvoir royal, ne lui laissant la possibilité de se ressaisir que dans le cadre limité d'États coupés les uns des autres.

Sur la pratique quotidienne de l'autorité, leur influence explique sans doute la plupart des faiblesses, des retournements, des flottements que l'on constate alors dans la conduite des rois et de leurs principaux conseillers. Pour une grande part, les alternatives incessantes des relations entre membres de la famille carolingienne remontent à cette cause ; de même, souvent, l'apparente pusillanimité d'un Charles vis-à-vis d'adversaires somme toute aussi peu redoutables que les Aquitains et les Bretons.

Mais l'effet le plus profond des ravages normands se marqua sur la vie économique de l'Empire. Accroissement du nombre des terres en friches, que ne compenseront jamais les conquêtes opérées ailleurs sur la forêt. Réduction catastrophique du commerce. Enfin, fuite des métaux précieux : la plupart des pièces d'or carolingiennes que nous possédons ont été retrouvées en Scandinavie... souvent travaillées en joyaux — indice qui atteste une civilisation étonnamment sûre d'elle-même ! Les rançons et tributs, versés de plus en plus fréquemment, à partir de 845, par les princes, sont payées par leurs vassaux. Un drainage de la richesse occidentale s'opère ainsi vers le Nord. On en viendra, vers 870, à prévoir ce phénomène dans les contrats de bail ou les testaments : loyers suspendus, dotations retirées en cas de pillage des terres intéressées.

Au reste, entre 843 et 855, les ravages sont encore localisés — sur de vastes étendues, il est vrai : dans le royaume de Charles, basses et moyennes vallées de la Seine, de la Loire et de la Garonne ; dans celui de Louis le Germanique, l'Elbe inférieur ; en Lotharingie, les bouches de la Meuse et du Rhin. En revanche, les régions qui furent les premières menacées — entre l'Escaut et la Somme — connaissent un temps de paix relative. Des pillages côtiers y sont signalés en 845, 850, 851, 852 ; mais rien de trop grave n'y survient avant 858.

La chronologie des plus grandes razzias normandes est éloquente.

En 844, une flottille cingle vers le sud, remonte la Garonne, jusque près de Toulouse, et pille la région. Une autre atteint — pour la première fois — l'Espagne, et de là descend sur le Maroc où elle engage sans succès le combat avec des chefs musulmans locaux.

En 845, déçue, la bande remonte vers l'Aquitaine,

vainc et capture le duc des Vascons, ravage la Saintonge et s'y établit pour quelque temps. Une autre flotte, commandée par le roi du Danemark en personne, Horic, descend du Jütland, surprend et incendie Hambourg. Une troisième sévit sur les rivières des Pays-Bas. Mais le plus grave se produit sur la Seine. Le royaume de Charles aura toujours le triste privilège de recevoir les coups les plus durs. Au mois de mars, cent vingt barques apparaissent vers Caudebec. Elles sont conduites par un chef danois particulièrement audacieux et tenace, Ragnar, en rupture avec Horic. Elles remontent le fleuve, se jettent au passage sur Rouen qu'elles incendient. Dans les campagnes riveraines, la panique se répand. Charles se hâte, convoque d'urgence l'ost en aval de Paris. *Beaucoup vinrent, mais non pas tous,* écrivent les Annales. Le roi a fait le vœu de défendre coûte que coûte l'abbaye de Saint-Denys ; il interdit aux moines de mettre leurs reliques en lieu plus sûr, et ordonne à un détachement de passer sur la rive gauche, à la hauteur de Bougival, dans l'intention d'attaquer les Normands avant qu'ils n'atteignent Paris. Quelques fidèles obéissent, les autres se dérobent. Les Normands passent sans difficulté, s'avancent au-devant de l'armée royale, sur la rive droite, et par bravade pendent sous ses yeux un groupe de onze cents captifs. L'armée refuse le combat. Les Normands débarquent sur la rive gauche, où les Francs de Bougival prennent la fuite. Charles, ainsi privé de tout moyen d'action, se retire de quelques kilomètres. Les Normands sont sous les murs de Paris. La ville s'est vidée de ses habitants. Le matin de Pâques, Ragnar y pénètre sans combat, organise un sac méthodique, qu'il étend à Saint-Germain-des-Prés.

La prise de Paris frappe les esprits comme une catastrophe universelle. Charles lui-même est maintenant prêt à tout. Ses Grands lui conseillent d'acheter le départ des envahisseurs. Il mande à Saint-Denys Ragnar, qui pose ses conditions : il exige sept mille livres d'argent, moyennant quoi, lui et ses compagnons jureront sur leurs dieux et leurs talismans de disparaître à jamais du pays. Selon un on-dit incontrôlable, Charles repoussa cet ultimatum. Mais quelques-uns de ses fidèles, achetés par Ragnar, le pressèrent tant qu'il se résigna.

Pour rassembler une telle somme en espèces, il fallait des semaines, sinon des mois. En avril, mai, juin, Charles ne quitte pas la région qui s'étend de l'Oise au Maine : sans doute collecte-t-il les impôts nécessaires. Pendant ce temps, les Normands campent sur la basse Seine, attendant le versement intégral. Ils ne se retirent qu'au début de l'été, ravageant sur la route du retour les côtes de la Manche et la Frise. Au reste, l'affaire finit pour eux, au Danemark, par un brutal règlement de comptes. Ragnar, désirant éblouir le roi Horic, lui présenta les ferrures des portes de Paris, qu'il avait ramenées en trophées. Mais Horic ne pensait qu'à se venger d'un rival. Tandis que Ragnar mourait mystérieusement, il renvoya les captifs chrétiens et une partie du butin fait sur la Seine à celui des rois carolingiens dont il était le plus proche : Louis le Germanique. Cet épilogue témoignait du moins qu'aux yeux des Scandinaves l'Empire formait encore un tout.

En 846, c'est le tour de la Lotharingie, où des bandes sillonnent les Pays-Bas, visant le grand port fluvial de Duurstede, l'une des dernières places commerciales du nord de l'Empire. En revanche, Charles obtient quelque répit. Les Normands de Noirmoutier lèvent l'ancre après avoir incendié leur camp, et regagnent la Baltique, rappelés par une crise intérieure du royaume danois.

En 847, une flotte aborde en Armorique, dès janvier ou février. Elle inflige une défaite à Nominoé, et poursuit sa route vers le sud, poussant des pointes en Saintonge, où Saint-Philbert-de-Grand-Lieu est incendié. Puis, remontant la Gironde, les pirates vont, dans l'été ou l'automne, cerner la ville de Bordeaux (voir p. 137). Ils ravagent le plat pays, détruisent l'abbaye de La Réole.

En 848, ils s'emparent, au printemps, de Bordeaux, mettent cette ville à sac, capturent le duc des Vascons. Dès lors, pendant une dizaine d'années, ils ne quitteront plus l'Aquitaine. La terreur que répand leur présence explique sans doute le ralliement de cette province à Charles.

En 850, la basse Seine est de nouveau troublée : les moines de Saint-Denys emmènent précipitamment leurs reliques à Nogent.

En 851, — fait unique dans cette histoire — les Saxons du Kent livrent une bataille navale contre une flottille scandinave. En vain. Une colonie de Normands hivernera aux bouches de la Tamise, d'où elle reviendra plus tard sur le continent.

En 852, vers la fin de l'année, la bande du Viking Gottfried remonte la Seine. Charles s'approche du fleuve, tente de placer un dispositif tactique sur chaque rive afin de couper la voie aux pillards. Mais ses fidèles refusent de combattre, et l'abandonnent. De nouveau, Charles paie : il achète le retrait de Gottfried, ce qui n'empêche pas les compagnons de celui-ci de ravager le pays sans rencontrer de résistance.

En 853, ils se regroupent, se rembarquent, vont en juillet piller Nantes, s'installent solidement sur la Loire inférieure, de là remontent vers Tours, y brûlent l'église de Saint-Martin et poussent une pointe jusqu'à Orléans.

154

Leur base restera désormais, durant plusieurs années, le Nantais, où ils formeront une colonie considérable, entretenant des relations cordiales avec le comte breton.

En 854, ils vont incendier Angers.

En 855, ils partent à pied vers le sud, se dirigent sur Poitiers au nombre de trois cents. Une petite armée d'Aquitains a la chance de les surprendre et les massacre. C'est la première victoire remportée sur les Normands dans le royaume de Charles.

Bilan

C'en est fait de l'empire. Le traité de Verdun a mis un point final aux tentatives unitaires. La mort de Lothaire annonce à brève échéance l'abandon même de l'idée fédérative. Ce n'est plus désormais que dans l'esprit de l'Église que survivra entre les peuples christianisés une certaine unité d'intention. Ce fait nouveau libère, dans les États héritiers de Charlemagne, leurs tendances vitales divergentes. Mais, en même temps, il va profondément affecter les formes du christianisme occidental. Dans la faible mesure où elle subsiste, l'unité de la chrétienté latine dépendra entièrement de la force de conviction de l'Église. D'où la tendance grandissante du catholicisme romain — perceptible concrètement dès les années 860-870 — à recourir à des moyens d'action lourds, coercitifs et par là même politiques. L'Église catholique y prendra rapidement cet aspect de grande puissance temporelle qu'elle n'a plus dépouillé depuis lors. Dans un monde de plus en plus particulariste, où les différenciations sociales, économiques, intellectuelles, affectives, linguistiques, s'accusent et engendrent des processus imprévisibles, l'Église catholique maintiendra,

155

avec une constance et un empirisme subtils, l'idée qu'elle avait failli faire triompher en couronnant Charlemagne.

Comment, dans cette perspective — qui engage le plus proche avenir — le bilan, pour Charles le Chauve, s'établit-il douze ans après Verdun ?

L'actif, en dépit des apparences, est considérable. Un État existe, qui comme tel ne sera plus contesté : ce que bientôt on appellera — du nom d'une de ses parties devenue géographiquement et politiquement son centre de gravité — la France. Certes, les limites en sont mouvantes, la disparition de Lothaire va les remettre en question au nord et à l'est ; Aquitains et Bretons les rendent incertaines ailleurs. Pourtant, il reste un droit, que Charles, en dépit d'abandons forcés, a su faire triompher, et maintenir à l'égard de ses frères et de ses vassaux. De la Flandre à Toulouse et de Lyon à Rennes, il est le roi. Son pouvoir est bafoué, son administration impuissante, ses armées ont cessé d'exister ; mais un principe, sur le plan international, est posé ; et ce principe, par-delà l'effondrement politique et social du xe siècle, constituera le fondement réel de la France médiévale, puis moderne. Le sort de la Lotharingie — et, d'une autre manière, celui de l'Allemagne — illustre assez ce qu'eut en cela d'exceptionnel le phénomène « français ». Il est indéniable que l'influence personnelle de Charles le détermina.

En second lieu, la fonction royale, dont les guerres civiles avaient semblé manifester l'inanité, a reçu une définition — au moins implicite. En dépit du sacre et des doctrines auxquelles l'interprétation de celui-ci donnera naissance, le roi n'est plus la source du pouvoir. Le pouvoir est le fruit d'un pacte collectif de paix, dont le roi est simplement le garant. Si Dieu est partie à ce « contrat social », c'est en sa qualité de juge suprême,

Louis le Pieux († 840). Folio 3 du *Liber de Caudibus Crucis*.
École de Fulda (vers 831-840). *Vienne, Bibliothèque nationale.*
Photo © Bildarchiv der Östr. Nationalbibliothek.

Louis le Pieux. Avers d'un denier
d'argent. *Paris, Bibliothèque
nationale, Cabinet des Médailles.
Photo B.N.*

Lothaire vers 850. Miniature de
l'*Évangile* de Lothaire (milieu du
IXe siècle). *Paris, Bibliothèque
nationale. Photo B.N.*

Le texte des serments prêtés à Strasbourg le 14 février 842 par Charles le Chauve et Louis le Germanique contre leur frère Lothaire. *Paris. Bibliothèque nationale. Photo © Giraudon.*

La plaque de reliure en ivoire du Psautier de Charles le Chauve (vers 850). Les registres superposés évoquent la résurrection; au centre, un groupe de soldats équipés et armés à la carolingienne. *Paris, Bibliothèque nationale. Photo B.N.*

Charles le Chauve et son entourage. Miniature extraite de la *Bible* de Charles le Chauve
(école de Tours), œuvre exécutée vers 846 pour le roi lui-même. Ce folio est la plus
ancienne reproduction d'un événement contemporain qui ait eu lieu en Occident.
On voit le comte Vivien, abbé laïque de Saint-Martin de Tours entre 844 et 851
remettre au roi le volume écrit et décoré pour lui. Vivien est au milieu de ses moines,
Charles est sur son trône, il tend les mains vers la Bible que trois moines lui apportent,
les mains respectueusement voilées. *Photos B.N.*

Deux sceaux de Charles le Chauve : en haut en roi ; en bas en empereur. *Paris. Archives nationales. Photo © Giraudon.*

Un acte du synode de Soissons (862) par lequel une quarantaine d'évêques (dont Hincmar de Reims) et abbés partagent les biens de l'abbaye de Saint-Denis entre l'abbé et les religieux. Parmi ces souscripteurs on en retrouve plusieurs de ceux qui ont déposé Louis le Pieux. *Paris. Archives nationales. Photos © Tallandier.*

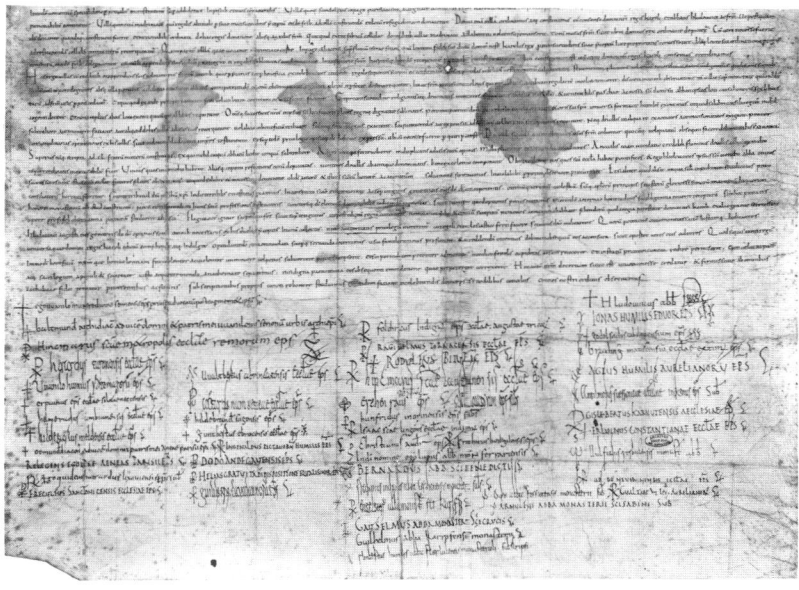

Charles le Chauve vieilli tenant les emblèmes de la souveraineté.
Miniature du Psautier de Charles le Chauve. *Paris, Bibliothèque nationale. Photo B.N.*

La crypte de la cathédrale Saint-Germain d'Auxerre, qui possède encore de nombreux éléments du IXe siècle. *Photo © Lavaud.*

Une fresque de la crypte Saint-Germain d'Auxerre (IXe siècle).
Photo © Archives Photographiques.

Détail d'une page de la Bible de Charles le Chauve : saint Paul au chemin de Damas.
Paris, Bibliothèque nationale. Photo B.N.

non de législateur. De là une tendance « démocratique » profonde de la monarchie française qui la caractérisera jusqu'à la veille de la guerre de Cent Ans. Sur ce point encore, la Lotharingie et le royaume germanique se séparent historiquement de la France. C'est ainsi qu'une civilisation originale se constitue en pays gallo-roman. Encore mal distincte, dans certains secteurs, de celle de la Germanie occidentale ou de l'Italie du Nord, elle est pourtant en possession déjà de ses caractéristiques fondamentales : politiques et sociales, mais aussi artistiques et doctrinales.

Le passif ? Il ne ressort que trop du détail de cette histoire. Les hommes du ixe siècle n'ont pas — sous la pression d'événements dramatiques, et faute d'instruments adéquats de jugement — « pensé » leur temps. Leurs malheurs leur apparaissent confusément comme le fruit d'une crise quasi cosmique. Ils se sentent en proie à la colère de Dieu. Nous ne possédons, il est vrai, de cet état d'esprit, que des témoignages cléricaux. Mais leur nombre et leur unanimité sont significatifs. Dès 846, dans l'émotion que provoqua le sac de Rome par les Maures (voir p. 112), Lothaire édicte un capitulaire où il attribue cette catastrophe aux péchés des chrétiens. La vertu est le ciment de la paix. En 847, une femme de Mayence, nommée Thiota, se mit à parcourir le pays, annonçant la fin du monde et traînant à sa suite une foule de pénitents. L'épiscopat la fit taire, pour des raisons de doctrine. Pourtant, en 855, écrivant aux évêques d'Italie et de France, Loup de Ferrières les adjure : *Bien que le monde tende à sa fin, je ne doute pas que dans le cœur des élus ne brûle l'amour...* A Héribold, évêque d'Auxerre, il lance un pathétique appel, le conjurant de ne pas céder au désespoir : *Il faut craindre que, d'aventure, la détresse de vos frères, obscurcissant votre esprit et vos intentions droites, ne vienne à provoquer ainsi la colère de Dieu... de ce Dieu du jugement de qui nous approchons chaque jour... et qu'elle ne précipite l'irrévocable vengeance.* L'instrument de cette vengeance divine, ce sont les Normands d'abord. Mais aussi les luttes qui déchirent les royaumes chrétiens. Il est malaisé de faire, dans ces textes, la part d'une rhétorique bien pensante. Cette part ne peut être que limitée. Les premières douleurs qui annonçaient la naissance d'un monde, on les prenait pour celles d'une agonie.

IV

Les ambitions
d'un homme mûr
(855-867)

Le traité de Verdun avait lié la stabilité politique de l'Occident aux relations personnelles de rois parents. Mais ses auteurs, soucieux de courir au plus pressé, et peut-être prisonniers d'une vieille tradition franque, n'avaient rien prévu pour le cas où s'ouvrirait, dans l'un des royaumes, une succession. La mort de Lothaire constituait ainsi, paradoxalement, un événement hors cadre, qui menaçait de remettre en question les bases juridiques sur lesquelles reposaient les États issus de l'Empire. On allait retomber dans une ère de compromis, d'à-peu-près et de situations de fait toujours contestées. Le hasard voulait qu'à Rome même personne ne s'imposât dans ce moment critique. Le pape Léon IV était mort deux mois avant Lothaire, et son successeur, Benoît III, élu dans des conditions étranges, pouvait passer pour une créature de Louis II. L'histoire anecdotique rappellerait à ce propos la légende — au reste, dénuée de tout fondement — de la « papesse Jeanne » :

ç'aurait été, selon une fable qui courut à la fin du Moyen Age, entre les pontificats de Léon IV et de Benoît III qu'une femme de Mayence, déguisée en homme, aurait été portée sur la chaire de saint Pierre, dont l'auraient peu après fait descendre les douleurs de l'accouchement...

Lothaire, avant de mourir, avait tenté de prévenir les conflits. Dans son esprit, sa disparition ne devait affecter que ses seuls États, à l'égard desquels il s'estimait entièrement maître de tester. Entre ses trois fils, il avait partagé la Lotharingie en lots à peu près égaux (voir p. 113). Mais, si Louis II et Lothaire II, adultes, semblaient en mesure de défendre leur part, il n'en allait pas de même de leur frère mineur, Charles le Jeune.

Ce dernier, que l'âge et la maladie rendaient impropre à l'exercice des fonctions royales, était confié aux soins du marquis Girard. Élevé désormais dans les villas de celui-ci, à Mantaille, en Viennois, ou à Tramoyes, près de Trévoux, Charles le Jeune apparaissait dès 855-856 comme une quantité négligeable et une victime désignée. Les Grands de Provence et du Lyonnais ne tiennent à lui que parce que sa présence écarte celle de ses frères. Et puis, Girard veille : son heure est venue. Avec l'application têtue et l'honnêteté qui sont le fond de son caractère, il règne pour son pupille. Or, ses fiefs personnels, situés pour une part dans l'Avallonnais, — région qui fait partie du royaume de France —, le mettent en relations directes avec Charles le Chauve. Mais celui-ci ouvre un œil complaisant sur ce beau royaume du sud-est, son voisin. Il y possède des amis, des partisans. Une cupidité s'éveille : la « Provence » paraît être à qui voudra la prendre. Une partie serrée va s'engager avec Girard. Elle ne durera pas moins de vingt ans. L'un des épisodes en sera la fondation, en 858-859, de l'abbaye de Vézelay : Girard, faisant don de ses domaines avallonnais à la communauté bénédictine qu'il y attirait, s'en réservait l'usufruit tout en les plaçant sous l'autorité administrative directe de Rome, et enlevait ainsi au roi de France le gage qu'il détenait.

Avec Louis II, maître de cette péninsule italienne que le rétrécissement des horizons politiques éloigne de plus en plus des royaumes occidentaux, le titre impérial devient dérisoire. *Empereur d'Italie,* écrira Hincmar avec mépris. Reste l'État de Lothaire II, étiré de la Frise au Jura, amputé de ses prolongements normaux vers le Midi, à peine viable, tampon insuffisant entre Charles le Chauve et Louis le Germanique. Ceux-ci vont mener le jeu, soudain face à face, l'un et l'autre se soupçonnant (à tort sans doute, du moins au début) de mauvais desseins. Beaucoup plus que le simple désir de conquête, un obscur instinct les pousse à abolir, conformément à la géographie des grands fleuves et des plateaux qui les dominent, le *no man's land* médian auquel s'était accroché Lothaire... et d'où la famille carolingienne tirait son origine. Par la diplomatie, la guerre, et en utilisant les armes que leur fournissent les imprudences de leurs neveux, ils réussiront, en une dizaine d'années, à éliminer de l'Occident la Lotharingie. Ils se trouveront alors tête à tête, ayant substitué — sans le vouloir — à l'empire franc le couple voisin et hostile de l'Allemagne et de la France.

Lothaire s'était maintenu grâce à la pondération dont, depuis Verdun, il avait fait preuve. Lui mort, on se rendit compte à quel point cette personnalité douteuse avait été celle d'un arbitre de paix. Au temps même des pires désordres, Lothaire était demeuré l'aîné, le chef de famille, et finalement, à ce titre, son droit était un droit naturel. Sur cette base, un équilibre s'était établi.

161

Louis II, en revanche, Lothaire II, Charles le Jeune, sont d'abord, aux yeux de Louis le Germanique et de Charles le Chauve, les derniers-nés de leur clan, avec lesquels il convient — malencontreusement — d'envisager les modalités d'une redistribution du bien patrimonial. Un fait domine absolument la situation : parce qu'ils appartiennent à une génération plus âgée, et que la coutume, par là même, joue en leur faveur, Louis le Germanique et Charles le Chauve font figure de puissances assises, de piliers de l'ordre : les jeunes ont contre eux le tort d'être nouveaux.

Le cours pris par les événements s'accompagne chez Charles le Chauve — il vient d'entrer dans sa trente-troisième année — d'une évolution psychologique dont les effets se manifesteront surtout après 860 : l'intelligence se durcit, les idées cherchent à dominer les situations, et perdent parfois le contact avec la réalité concrète de celles-ci ; la volonté a moins de souplesse. Ce sont là, non des traits absolument nouveaux chez le roi, mais des tendances qui, latentes jusqu'alors, commencent à s'accuser, avec la maturité physiologique. L'influence de l'entourage y est pour quelque chose aussi. Simultanément, un certain changement corporel se manifeste. Le *Psautier* dit « de Charles le Chauve », exécuté quinze ou vingt ans peut-être après la *Bible* (voir p. 97), contient parmi ses illustrations un portrait de Charles (voir illustration) : celui-ci y apparaît vieilli, le corps s'est tassé, les cheveux grisonnent ; l'expression générale est celle d'un homme fatigué. Il est vrai que la barbe a disparu, que les moustaches sont plus fournies ; d'autre part, le dessin a une structure carrée — non plus rectangulaire, comme dans le tableau de la *Bible* : une exacte comparaison entre ces deux portraits est donc difficile. Un détail caractéristique : au-dessus de la tête

LES AMBITIONS D'UN HOMME MÛR

de Charles, le *Psautier* écrit ces mots emphatiques, correspondant bien à certaines idées répandues parmi les familiers de la cour aux environs de 865 : *Cum sedeat Karolus magno coronatus honore est Josuæ similis parque Theodosio,* « lorsque Charles trône dans sa gloire royale il est semblable à Josué, égal à Théodose... »

La crise « française » (855-865)

Les données psychologiques du problème lotharingien étaient d'une telle évidence que la réaction des Grands fut immédiate. Dans chacun des royaumes, la mort de Lothaire parut menacer à plus ou moins brève échéance, la position personnelle du roi. Certains des Grands purent craindre que leurs propres privilèges n'en souffrissent ; d'autres voir dans dans cette circonstance une occasion d'accroître leur puissance personnelle. Dans les six mois qui suivirent (septembre 855), des désordres éclatèrent partout. Tandis que Louis se débattait contre les Tchèques, Charles devait faire face à un soulèvement des deux tiers de son royaume. La terre semblait tout à coup se dérober sous les pieds de ce roi à l'heure même où, dans sa pleine maturité intellectuelle et physique, il pensait avoir trouvé son assiette.

Mais ce n'est pas seulement par la guerre qu'elle rend inévitable que cette crise va marquer profondément le règne. L'enchaînement complexe de ses nécessités imposera définitivement Hincmar comme conseiller permanent, comme premier ministre sans titre, à Charles. Après 855, l'archevêque de Reims entre ainsi dans le domaine qui est vraiment le sien : la politique. Dès maintenant, sur les problèmes de l'État, de la souveraineté, de l'exercice personnel de l'autorité, sa pensée est

163

fixée pour l'essentiel. Son point de départ, somme toute banal, est la notion — traditionnelle depuis plusieurs siècles — des « deux pouvoirs » : le spirituel et le temporel. Mais il l'interprète. Pour lui, seul le spirituel est source réelle de puissance ; le temporel tire de lui sa légitimité. Pourtant, cette distinction n'implique point, par nature, un conflit : pouvoir spirituel et pouvoir temporel sont deux données immédiates, concrètes, aspects complémentaires d'une unité vivante, incarnée dans une nécessaire pluralité d'individus. Les abus de pouvoir, de part et d'autre, apparaissent comme des heurts de personnes, non de principes mêmes. En ce sens, la vieille conception carolingienne de l'*Imperium* reste vivace chez Hincmar. Celui-ci ne pressent aucunement qu'un jour une lutte ouverte se déchaînera entre les puissances de l'Église et celles du siècle. Et pourtant, sur un point capital, il fait litière de la tradition : il renonce à l'idée d'Empire. Spirituel, ou temporel, un pouvoir n'est réel à ses yeux que s'il porte sur la communauté particulière et distincte qu'est une nation. Et les « nations », ce sont les royaumes issus de l'empire de Charlemagne, et dont l'essence réside dans la personnalité du lien y attachant chaque homme libre à un roi déterminé, à l'exclusion de tout autre. De ces prémisses découlent, en ce qui concerne le gouvernement ecclésiastique, un gallicanisme de fait et, d'une manière générale, la conviction que les droits de Rome sur les épiscopats nationaux gagnent à être strictement limités. C'est sur ce point que les adversaires d'Hincmar l'attaquent avec le plus de succès. Avant 860, se répand, sous le nom d'Isidore, une collection canonique apocryphe, d'inspiration agressivement unitariste, due à un faussaire de la région du Mans : ces « Fausses Décrétales » longtemps prises pour authentiques, stoppèrent, jusqu'au xve siècle, tout mouvement gallican. Au reste, pour Hincmar, l'unité chrétienne n'est pas entamée, car elle réside dans la seule unanimité de la foi, et reste, pour ainsi dire, externe au pouvoir de juridiction que celle-ci engendre. Une image idéale séduit Hincmar : celle d'un royaume de dimensions moyennes, à la portée d'un monarque unique, défini par des frontières non contestables, et intégré, comme un membre autonome, dans une plus vaste communauté d'esprit. L'une des chevilles de l'organisme politique ainsi conçu par Hincmar semble bien avoir été le sacre royal : cet acte en effet, fondant un droit temporel, implique la priorité du spirituel. A plusieurs reprises, Hincmar reviendra sur ce principe : pour faire un roi, il faut un prêtre. Mais aussi, il insistera sur la distinction de ces deux personnes. Il répugne à considérer, comme le veut la tradition, la royauté sous son aspect sacral. Les fonctions de roi et de prêtre sont providentiellement associées, mais incompatibles dans les mêmes mains. De quelque manière qu'on l'envisage, cette doctrine aboutit à une conclusion pratique : Dieu a remis le soin du royaume de France à ses deux élus, Hincmar et Charles.

Qu'Hincmar ait eu conscience, entre 855 et 875, d'être l'homme indispensable, n'est guère douteux. Les circonstances suffiraient à l'en convaincre. Les plus importantes correspondances diplomatiques passent par ses mains. C'est à lui que s'adressera, en 860, Girard, désireux de connaître les intentions du trône de France sur la Provence. Pourtant, du vivant de Charles, jamais Hincmar ne tentera de s'emparer personnellement du pouvoir temporel. Il fait plutôt un effort pour tirer, d'une situation publique déplorable, les seuls moyens d'efficacité qu'elle offre encore. D'autre part, on constate, chez cet esprit étonnamment réaliste, un souci constant de garder le contact avec les faits, d'éviter l'alibi des théories. Enfin, l'amitié qui unit Charles à son conseiller explique pour une grande part la nature de leur collaboration... et la nature même des doctrines d'Hincmar.

Au reste, Hincmar ne se confine pas au domaine de la grande politique. Il se pose des problèmes particuliers, relatifs aux structures sociologiques du pays où il vit. Il redoute le triomphe d'un droit purement coutumier : il voit dans celui-ci le véhicule de traditions étrangères à ce qu'il appelle la « rectitude chrétienne » ; il lui reproche son excès de « cruauté » : entendons qu'il proteste contre une domination rigoureuse du groupe social, privant l'individu des sauvegardes de l'équité. Il est vrai que cette tendance même pousse parfois Hincmar à formuler des recommandations qui, en définitive, renforceront encore le caractère coutumier du système vassalique. Ainsi, il fera admettre qu'un seigneur commet une injustice en ne prenant pas à son service, comme remplaçant d'un vassal âgé, le fils de celui-ci. L'application de ce principe conduira, quelques générations plus tard, à l'hérédité des droits féodaux.

Tout n'est pas parfaitement cohérent dans la pensée d'Hincmar, ni dans l'action par laquelle il tente, aux côtés de Charles, de faire passer ces idées dans les faits. Du moins, le roi de France a trouvé maintenant un serviteur — indiscret mais fidèle — dont la vigueur d'esprit et la force de décision l'aideront à tenir pendant les terribles années qui viennent : affirmeront — toujours plus haut à mesure que l'événement semble le démentir — la valeur absolue de son droit ; et par là même, feront de lui — au prix de certains reniements de ses actes antérieurs — le dernier roi prestigieux de la dynastie.

166

Situation politique et sociale

Dès le début de 856, le royaume est en pleine fermentation. Les facteurs de trouble sont nombreux et complexes. Le parti aquitain relève soudain la tête. Tombé au rang de chef de bande, de hors-la-loi redouté, Pépin II a juré de chasser Charles l'Enfant (voir p. 140). Les Bretons d'Erispoé reprennent l'offensive. En Neustrie se déchaîne une vendetta qui ensanglantera le pays durant des années. Lors des premières révoltes du Maine (voir p. 142), Charles le Chauve avait fait mettre à mort un certain Gauzbert, dont le lignage détenait d'importants « bénéfices » entre Loire et Seine. Le moment paraît propice, aux membres de cette famille, pour venger le supplice de son chef. C'est Charles qu'ils visent, à la fois comme homme et comme roi. Des clans se heurtent, que leur tradition excite aux violences héréditairement poursuivies. Autour des Gauzbertides, la plupart des lignages seigneuriaux de l'Ouest — du Cotentin aux approches de l'Aquitaine — vont faire bloc contre le Carolingien. La famille de la reine Ermentrude depuis longtemps hostile à Charles (voir p. 99), passe aux révoltés, avec qui la lient géographiquement ses « honneurs » : Eudes est comte d'Orléans ; Alard, de Paris ; Robert le Fort a de gros intérêts dans les territoires mêmes où dominent les Gauzbertides ; il mêle aux leurs ses intrigues et ses rancunes personnelles. Les seuls fidèles sur lesquels Charles puisse sérieusement compter sont les Welf, auxquels du reste Hincmar semble désormais lié. Dans la mesure où le clergé dispose de quelque influence sur les événements qui vont suivre, Charles aura son appui. Toutefois, en 858, une défection importante se produira : Ganelon, l'archevê-que de Sens — qui naguère sacra Charles le Chauve — rompra bruyamment avec lui, peut-être par hostilité envers Hincmar.

Au cours de l'année 856, les soudards de Pépin II et ceux qui soutiennent Charles l'Enfant se cherchent à travers les forêts et les maquis de l'Aquitaine. Charles, craignant que les Bretons n'exploitent cette situation, mais incapable d'intervenir lui-même au sud de la Loire, fait des avances à Erispoé. Une rencontre à lieu, le 10 février, dans le Roumois. Désireux de s'attacher le Breton, Charles propose de fiancer son fils Louis à la fille d'Erispoé. En contrepartie, celui-ci accepte la désignation de Louis le Bègue au commandement du duché de France. Pour Erispoé, traité en égal, l'affaire était bonne. Mais la nomination de Louis le Bègue lésait directement les intérêts de Robert le Fort et des Gauzbertides. Aussitôt, ceux-ci tentent de renouveler à leur profit le coup qu'avaient manqué les Aquitains deux ans plus tôt : leurs émissaires vont relancer Louis le Germanique, le prient de remettre de l'ordre dans le royaume de son frère. Le Germanique, trop occupé avec les Slaves, évite de répondre à cette invitation. Charles, mettant à profit le délai qu'on lui laisse, adresse aux plus compromis une promesse d'amnistie, les convoque à une conférence. Personne n'y vient. Le mouvement de révolte a dépassé le cadre régional ; les Francs rebelles ont pris contact avec les Aquitains et font pression sur le parti de Charles l'Enfant pour l'amener à rallier Pépin II. Cependant, celui-ci ne craint pas de s'associer aux Normands pour piller les biens de ses adversaires.

L'état du royaume, en quelques mois, est devenu lamentable. C'est à peine si l'on ose encore se risquer sur les routes. Loup de Ferrières, écrivant à son ami Reginb, le dissuade de commettre une telle imprudence. *Nous vous conseillons de choisir avec la plus grande précaution un chemin sûr : par suite de la révolution qui ravage les terres du roi Charles, le banditisme s'y est généralisé, on ne compte plus les actes de violence et de rapine. Cherchez donc des compagnons de voyage assez nombreux et assez braves pour que leur troupe puisse effrayer les bandits, et, s'il le faut, les combattre avec succès.*

En février 857, Charles expédie, de Quierzy, une circulaire aux *missi* et aux comtes du royaume. C'est un appel pressant, conjurant ces fonctionnaires, chargés de l'exécution des lois, de remplir leur mission avec la plus extrême rigueur. Suivent des menaces qui constituent comme un embryon de code pénal, relatif au délit de rébellion. Mais de telles proclamations ne suffisent pas à stopper le cours des événements. Au début de 858, Erispoé, sans doute suspect de tiédeur envers la cause des dissidents, est assassiné. Peu après, les Francs de France et de Neustrie, entraînant les Bretons à leur suite, chassent de leurs terroirs Louis le Bègue, qui doit chercher refuge auprès de son père. Charles s'est résolu à lancer une offensive militaire. Mais il lui en faut laborieusement trouver les moyens. Eudes et Alard, prévenant sa décision, se rendent eux-mêmes chez Louis le Germanique, et le requièrent une nouvelle fois d'intervenir.

Le document de Quierzy présente pour nous un intérêt particulier : il témoigne du changement que la crise a commencé d'opérer dans l'attitude de Charles. On y perçoit un effort pour rendre au droit royal, spécialement dans sa forme écrite, la prééminence qu'il a perdue. La rébellion se définit par rapport aux décrets royaux moins qu'aux relations de fidélité. De plus, formellement on en étend la notion : sera considéré

169

comme rebelle quiconque aura provoqué des troubles visant à nuire, non seulement au roi Charles, mais à son frère ou à l'un de ses neveux. Le roi de France ressentirait-il soudain la nostalgie de l'ère impériale ? Il semble qu'instruit par ses déboires, il juge maintenant d'un œil plus sévère, et lui-même et son royaume. Autour de lui, la décomposition d'un monde politique s'accélère dramatiquement. Le pari que naguère il a accepté de faire en faveur des structures féodales naissantes semble avoir abouti à une catastrophe. Peut-être se tourne-t-il vers le passé. Peut-être médite-t-il sur la destinée de son frère Lothaire. La basse ambition, la rouerie, puis l'indifférence hautaine de celui qui jusqu'au bout, en dépit de tout, resta l'empereur, ont peut-être caché une intelligence profonde de son temps. Peut-être Lothaire mieux que Louis le Pieux avait-il incarné les vertus brutales et peu aimables de la race des Pépin et des Charlemagne, rusée et violente, généreuse et cruelle, impitoyable ? Prisonnier d'un tempérament trop impressionnable et d'un milieu trop riche d'idées, Lothaire avait partiellement échoué. Du moins, il avait fait, à sa détestable manière à lui, l'impossible pour maintenir une forme apparemment désuète de pouvoir personnel ; il avait, avec un succès inégal, tenté de dire non. Et, fait troublant, les territoires sur lesquels il avait régné étaient les seuls à connaître aujourd'hui, à peu près, la paix...

Le document de Quierzy, dans son irréalisme, est révélateur. Durant les années qui suivront, on verra à travers les actes diplomatiques et les correspondances, deux tendances — mal compatibles — se marquer chez Charles et dans son entourage immédiat. Entre elles, le roi se trouve pris, et il hésite à choisir. D'une part, l'épiscopat, dominé par Hincmar, affirme son droit de contrôle sur les actions royales : droit, il est vrai, non point naturel ni définitif, mais provisoirement justifié en pratique par la gravité de la situation. Cette idée est largement répandue chez les clercs des cinq royaumes. Mais c'est autour de Charles le Chauve qu'on la formule le plus vigoureusement. Le désir s'ébauche, d'une sorte de vaste confédération occidentale à direction cléricale, dont Charles pourrait devenir, non certes le chef, mais le gendarme. Il s'agit là, moins d'un plan précis que d'un faisceau de jugements dont l'ensemble finit par constituer l'amorce d'une doctrine. On verra celle-ci se préciser, tout en se modifiant, après 860, et aboutir, en 875, à l'accession de Charles à la dignité impériale. Mais d'autre part, les engagements pris à Coulaines (voir p. 109) ne sont pas restés lettre morte. Le roi se lie bel et bien, de façon toujours plus étroite, à ses vassaux. En 858, quand il lui sera devenu nécessaire de réunir une armée contre Louis le Germanique, Charles, exigeant de ses hommes le renouvellement de leur serment de fidélité, renouvellera de son côté ses engagements de 843, en en précisant très concrètement la portée. *Moi aussi, pour autant que je le saurai et le pourrai, avec l'aide du Seigneur, j'honorerai chacun de vous selon sa condition et sa personne ; je veillerai à son salut sans fraude ni tromperie ; je lui maintiendrai sa loi propre et son droit...* Par « son salut » il faut sans doute comprendre « intégrité économique » ; par « sa loi propre », la coutume locale ; par « son droit », les privilèges concédés. Ce contrat répond si bien aux exigences de l'époque que l'on commence alors à l'appliquer aux évêques nouvellement consacrés. Hincmar proteste en vain : cette pratique ruine dans l'œuf sa politique de rassemblement sous l'autorité de l'Église. Pour dominer ce monde et le mener vers la fin qu'elle croit discerner, l'Église doit

171

rester extérieure au système vassalique. Un synode provincial de 858 s'occupe de ce problème. Mais il est trop tard déjà pour revenir en arrière.

Une évolution plus grave se dessine qui, après quelques générations, achèvera de désintégrer la société carolingienne et donnera naissance à ce que nous appelons proprement le « régime féodal » : les « honneurs » commencent à se confondre avec les « bénéfices ». Les premiers exemples nets de cette confusion remontent aux années 850-865. Le comte se prend à considérer le territoire de son comté comme un « bénéfice » personnel. L' « honneur » même, quoique juridiquement individuel, devient — du fait des résistances qui se marquent à tout transfert, de l'enracinement des hommes dans le terroir, et du laisser-aller administratif — bien souvent héréditaire : le comte d'Autun, Bernard, révoqué en 864 par Charles, refusera de laisser la place à son successeur, sous prétexte que la charge était depuis quatre générations dans sa famille. En 867, Charles ne parviendra pas à enlever à son siège le comte de Bourges. Ce n'est qu'à la veille de sa mort que Charles se résignera à légaliser, dans certaines conditions, cet état de fait (voir p. 262, 264). Mais dès le milieu du siècle, des cas de ce genre durent être assez fréquents. Au reste, le comte — à la différence des simples vassaux bénéficiaires, des simples propriétaires fonciers — dispose dans son comté, en tant que délégataire du roi, de pouvoirs administratifs, judiciaires, militaires pratiquement illimités. Il se produit ainsi un accaparement, à l'étage local, des pouvoirs légitimes. Dès 850-860, on voit des comtes, devenus en fait inamovibles, cumuler plusieurs comtés. En 862, à Clermont-Ferrand, pour la première fois un comte impose au diocèse un évêque de son choix. Quatre ou cinq générations encore, et les titulaires des titres de comte, duc, marquis, ne formeront plus qu'une classe de super-seigneurs, dominant la masse des vassaux fieffés.

Certes, dans les années où nous sommes, cette évolution, pour être irrévocablement engagée, est loin encore de son aboutissement. Les fictions administratives subsistent et le roi peut compter sur un petit nombre de fonctionnaires à peu près fidèles. Pour limité que soit son pouvoir, le roi n'est pas encore le personnage quasi symbolique, le chef illusoire que seront les lointains successeurs de Charles, au xe siècle. Jusqu'à sa mort, Charles poursuivra une œuvre législative considérable ; et si le plus grand nombre de ses capitulaires demeure inappliqué, la cause en réside davantage dans la conjuration des événements et la pusillanimité des Grands que dans un épuisement de la notion royale.

Nous sommes moins bien renseignés sur les difficultés économiques auxquelles, dans ces mêmes années, le royaume fut aux prises. L'édit promulgué par Charles le Chauve, à Pistres, en 864, jette néanmoins une lueur sur le genre de problèmes qui se posaient à lui — et qu'il entendait maintenir dans sa compétence. Il y rappelle l'obligation qui pèse, dans chaque comté, sur tous les hommes libres assez riches pour entretenir un cheval, de suivre le comte à la guerre. Ce sont là trois indications en une : fuite générale devant le service militaire ; prédominance absolue de la cavalerie comme technique guerrière ; appauvrissement des petits vassaux. Puis, Charles fixe à neuf le nombre des ateliers de monnayage autorisés : preuve de l'accaparement des fabrications de monnaie, et de la désagrégation du système monétaire. Enfin, il ordonne aux paysans de ses domaines l'organisation de corvées pour le charroi de la marne — alors utilisée, selon une vieille technique romaine réapparue au VIIIe siècle, pour l'amendement du sol — : besoin d'accroître la productivité agricole, gravement compromise par l'insécurité régnante. Compromise par les Normands surtout, et non seulement du fait de leurs déprédations, mais aussi par suite des incendies de moissons et des destructions de bétail que provoquent les soldats francs pour affamer l'adversaire. Plus qu'aucune autre classe de la population, la paysannerie se trouvait périodiquement acculée dans des situations de désespoir. En 859, on verra des bandes de paysans pauvres s'organiser, entre Seine et Loire, et courir pour leur propre compte sus aux pillards, qui les massacreront sans peine. Le délabrement de l'agriculture, dans la moitié occidentale du royaume, était sans doute déjà irrémédiable bien avant la fin du règne de Charles.

Les Normands

Les incursions normandes jouèrent un rôle capital dans l'évolution qui conduisit à l'accaparement des pouvoirs comtaux. Dans la calamité qui affligeait les vallées basses et moyennes des grands fleuves, l'homme le plus fort sur le plan local s'imposait, et les nécessités de la défense justifiaient les initiatives de l'ambition.

Durant la décade de 855 à 865, la gravité des attaques normandes s'est terriblement accrue. La correspondance de Loup de Ferrières nous dépeint alors la grande pitié des petits groupes humains isolés, abandonnant demeures et monastères pour chercher protection ailleurs. Un regroupement de population s'opère ainsi : à peu près au hasard, sans autre ordre que celui de la peur ou d'inspirations fortuites, vers la ville comtale, vers la grande abbaye fortifiée, vers le domaine mieux défendu, vers la solitude des montagnes.

En 856, tandis que les Normands campés dans le Nantais vont en avril piller Orléans, une véritable offensive se déclenche dans le bassin de la Seine. Elle se prolongera presque sans interruption durant cinq ans. Le 18 juillet, des observateurs signalent à Charles qu'une flotte scandinave, commandée par le Viking Sidroc, chef qui en 844 et 852 déjà avait dirigé ses bandes dans ces régions, a remonté le fleuve jusqu'à Pistres. Dès le lendemain, le roi convoque l'armée. Neustriens et Francs se dérobent. Un mois passe. Sidroc a jeté l'ancre et pille systématiquement la région de Pistres et de Louviers. Le 19 août, il reçoit du renfort : un autre chef, Bjoern, le rejoint avec ses propres navires. Charles, en désespoir de cause, suivi pas à pas par Hincmar, vient, avec quelques fidèles, observer l'ennemi. Il adresse coup sur coup des lettres de supplication à ses grands vassaux, les conjurant — on reconnaît là le style d'Hincmar — d'*avoir pitié de l'Église persécutée par les païens*. Sidroc et Bjoern, inquiets du voisinage du roi, se procurent des chevaux et dirigent leurs razzias sur les territoires qui s'étendent en direction de la Loire. En septembre, grâce à une trêve survenue en Aquitaine, Charles peut enfin réunir une petite troupe. Il atteint les Normands dans le Perche, les refoule : ils se replient sur Pistres, se rembarquent et vont s'établir dans l'île d'Oscelle, la « Grande île », en face de Jeufosse. Ils s'y fortifient. En peu de temps ils feront de ce repaire un site inexpugnable.

C'est alors que le vieux roi anglo-saxon du Wessex, Ethelwolf, revenant de Rome, rendit visite à Charles, qui lui donna sa fille Judith — âgée d'une douzaine d'années — pour fiancée. Charles obéissait en cela à des motifs de sécurité : menacé lui-même gravement par les Normands, le Wessex disposait sans doute d'une flotte, dont Charles était totalement dépourvu.

Les pillards enfermés dans Oscelle, l'armée royale se dispersa. Malgré l'approche de l'hiver, les Normands profitent de la tranquillité qu'on leur laisse. Le 28 décembre, ils se jettent sur Paris et le brûlent. Durant toute l'année 857, ils lanceront d'Oscelle raid sur raid, à travers la Beauce et les contrées voisines ; en juin, Chartres est prise, l'évêque se noie dans l'Eure en fuyant. Les Normands sont les maîtres absolus du pays. La seconde prise de Paris a porté au prestige chancelant de Charles un coup terrible. La révolte s'est rallumée en Aquitaine, puis en Neustrie. Lothaire II et Louis le Germanique, dont le jeu est d'entretenir le désordre chez Charles, excitent les rebelles. Pour finir, Charles tombe malade.

Soudain, Sidroc se rembarque, et regagne la mer. Pourquoi ? Sans doute estime-t-il n'avoir plus rien à piller. Bjoern, resté seul avec ses hommes, achève de fortifier Oscelle et s'entraîne à l'équitation. A Pâques 858, il attaque Saint-Denys, s'empare de l'abbé auquel il soutire une grosse rançon, échoue devant Saint-Germain-des-Prés, et s'en venge en massacrant les serfs de l'abbaye. Cependant, une autre bande apparaît sur la basse Seine, brûle Saint-Wandrille, se divise : une partie se fait battre près d'Amiens par Eudes, abbé de Corbie, tandis que l'autre entre dans Bayeux.

Au printemps, enfin assuré de la neutralité des Aquitains, Charles tente de monter une attaque en règle contre Oscelle. Il se jette sur Jeufosse. Bjoern — ruse, ou effet mystérieux du prestige royal sur un être fruste ? — vient au-devant de lui, et prête, de bon gré, entre ses mains, des serments de fidélité. Pourtant, Charles se méfie. Son intention est de détruire ce nid de brigands. Il prend contact avec son neveu Lothaire II dont le royaume est lui-même menacé par les pirates. Entouré de ses comtes fidèles, et d'auxiliaires lotharingiens, appuyé par une flottille de barques, Charles met, le 1er juillet, le siège devant Oscelle. C'est le moment que choisissent Ganelon pour l'abandonner (voir p. 168), Eudes et Alard pour relancer Louis le Germanique (v. p. 169). Au bout de douze semaines, aucun résultat n'est obtenu : Charles, dont la santé se rétablit mal, et Lothaire II qui l'a rejoint, s'acharnent en vain devant Oscelle. Pendant ce temps, guidé par Ganelon, Louis le Germanique pénètre en France à la tête d'une armée (v. p. 183). Charles, pris dans cet étau, lance un assaut désespéré contre l'île. Le premier monté sur un ponton, il s'élance, atteint le milieu du bras d'eau, quand ses hommes restés sur la rive, saisis de panique, coupent les cordages qui maintiennent l'embarcation. Charles échappe de justesse à la mort. Le 23 septembre, il abandonne et, laissant Lothaire II rentrer chez lui, se retire en Bourgogne, la dernière de ses provinces dans les Grands de laquelle il ait encore confiance.

Beauvais, Noyon sont ravagés. Bjoern a le champ libre. La population de Neustrie tente vainement d'organiser une auto-défense. Durant toute l'année 859, la région est pratiquement livrée aux Normands. Toute vie y est paralysée, totalement absorbée par cette lutte usante et cette angoisse. Cependant, dès le début de l'année un autre foyer s'est allumé : des bandes scandinaves apparaissent en Brabant et près de Béthune ; une flotte commandée par le Viking Voelundr débarque à l'embouchure de la Somme, ravageant la vallée jusqu'à Amiens, hivernant dans une île de la rivière. Durant les mois qui suivent, Charles, entièrement occupé par son conflit avec Louis le Germanique (v. p. 184), n'a plus le temps d'intervenir. Quand enfin il a les mains plus libres, il manque de troupes. Il s'offre à payer un tribut, mais ne parvient pas à rassembler la somme exigée. Au printemps de 860, Voelundr se rembarque et passe en Angleterre, emmenant des otages francs. Au même moment, une autre bande remonte l'Yser, se jette sur Saint-Bertin — réputée la plus riche abbaye du royaume — la veille de la Pentecôte. Les moines s'enfuient, à l'exception de quatre, sans doute vieux ou malades. Les Normands se saisissent de ces derniers, les torturent, puis commencent le sac du monastère. Les richesses qu'ils y trouvent sont telles que le partage dégénère en rixe sanglante. Ils se retirent, ravageant le plat-pays, et disparaissent.

Simultanément, d'autres bandes sont signalées dans l'extrême sud du royaume : les Normands d'Aquitaine (voir p. 155), ayant levé le camp en 858, sont descendus sur l'Espagne, le Maroc, remontés vers les Baléares d'où leur flotte, repoussée par les Musulmans, se replie, en 859, vers les rivages de Septimanie, et va hiverner en Camargue. Ces pillards poussent des pointes jusqu'à Arles et Nîmes, qu'ils saccagent. Au printemps de 860, ils remontent le Rhône jusqu'à Valence, atteignent l'Isère et détruisent l'abbaye Saint-Bernard de Romans. Le marquis Girard les surprend, et réussit, dans le cours de l'automne, à les rejeter à la mer : ils repartiront vers le sud-est, iront ravager Pise.

Janvier 861 : les Normands de la Seine se remettent en branle. Ils remontent le fleuve, prennent une troisième fois Paris, mais ne s'y arrêtent guère ; ils s'avancent jusqu'à Melun. La terreur se répand jusque chez Loup de Ferrières, en Gâtinais. Où ces gens s'arrêteront-ils ? La réaction de Charles témoigne, cette fois encore, de ce mélange d'obstinée patience et d'astuce qui sont, dans une époque aussi bouleversée, les qualités premières de ce roi. Il sait qu'une rivalité personnelle oppose les chefs normands de la Seine à Voelundr, revenu entre-temps dans son camp de la basse Somme. Charles lui-même est totalement dénué de moyens d'action militaire : il envoie à Voelundr des émissaires, et requiert son aide. Au printemps, Voelundr s'approche de Rouen, avec une formidable flotte de deux cents navires. Il indique son prix : cinq mille livres d'argent, du blé, du bétail. Charles s'exécute. La levée de ce tribut provoque, plus que les précédents, l'horreur des contemporains. Mais on paie. Voelundr s'avance sur Jeufosse, tandis que Charles négocie avec le duc breton Salomon, successeur d'Erispoé. En août, Voelundr finit, non sans peine, par emporter la forteresse d'Oscelle. Il impose, pour son propre compte tribut à ses compatriotes vaincus, et, conformément à sa promesse, redescend la Seine. Mais l'automne est dur, l'hiver précoce. Les Normands ne savent pas, semble-t-il, naviguer par gros temps. Force est de rester en France. C'est une tentation. La flotte remonte la Seine et disperse ses équipages, pour l'hivernage, entre Paris et Melun. Des habitants de cette dernière ville n'hésitent pas à héberger des groupes de Normands, pensant prendre ainsi une assurance contre d'autres risques.

Charles a délégué auprès de Voelundr, comme ambassadeur permanent, Alard, le traître, mais qui a les moyens de s'imposer. Le roi se croit tranquille. Il descend vers la Provence (voir p. 187). Dans son dos, l'un de ses comtes, Baudouin, enlève sa fille Judith et se réfugie avec elle chez Lothaire II. Quant aux Normands, ils pillent Chappes, dépôt des marchands parisiens sur la haute Seine, coupent les ponts et saisissent les barques qu'ils trouvent. Lorsque Charles, dans l'automne de 861, est de retour, il parvient à capturer quelques Normands qui s'étaient aventurés jusqu'à Meaux. Dans l'hiver un coup de théâtre se produit. Voelundr, depuis deux ans dans le pays, cédait au prestige de la civilisation franque. Son désir grandissait, d'y trouver une place et un cadre. En février 862, il rend visite à Charles, lui prête hommage, et reçoit le baptême. Il obtient de ses hommes restés païens qu'ils se rembarquent.

La longue alerte a pris fin. La terreur qu'elle a répandue mettra du temps à se dissiper. Les moines de Paris, ceux de Saint-Riquier, hésiteront des mois encore à ramener leurs reliques. Voelundr disparaîtra en 863, tué dans un duel judiciaire. Du moins, la plus redoutable armée scandinave qui ait menacé le royaume de Charles s'est évanouie... laissant, il est vrai, sur la basse Seine une arrière-garde provisoirement réduite. Le roi ordonne aussitôt la construction de fortifications fluviales à Auvers et à Charenton, ainsi que d'un pont fortifié à Pistres. Ce pont, pourvu de châtelets de pierre à ses extrémités, représentait un ouvrage formidable pour l'époque. Son édification dura des années. Mais, quand il fut achevé, on ne put trouver de défenseurs pour le garnir, et les premiers Normands venus le forcèrent... Aussi bien, si la Neustrie et la France vont connaître quelques années de répit, il n'en va pas de même de l'Aquitaine : de 862 à 866, le Viking Hastings y installe ses guerriers, qui brigandent çà et là. En 863, ils incendient Saint-Hilaire de Poitiers.

Guerre et diplomatie

La partie qui, en 855, s'engage entre les Carolingiens, va se jouer en deux temps. Après d'inutiles tentatives d'arrangement amiable, un duel oppose Charles à Louis le Germanique. Coup nul. Tout rebondit à propos — sous le prétexte — du divorce de Lothaire II dont ses adversaires firent le scandale le plus retentissant du siècle.

Les frères ennemis

Dès la mort de son père, Lothaire II avait compris la nécessité de faire sanctionner diplomatiquement le partage de la Lotharingie. Dans l'automne de 855, il se rendit à Francfort pour solliciter la bienveillance de Louis le Germanique. Cette démarche pouvait inquiéter : Lothaire II méditait-il avec son oncle un coup de force commun contre les États de Charles le Jeune ? L'intervention du pape Benoît III fit prévaloir l'idée d'une négociation préalable entre cohéritiers. En août 856, une conférence se réunit à Orbe, dans le Pays de Vaud. Lothaire II, Louis II et Charles le Jeune, chacun suivi d'un groupe de fidèles en armes, s'y rencontrèrent, en ennemis virtuels. Les discussions s'aigrirent. Il s'en fallut de peu qu'elles ne dégénérassent en rixe générale. Le bruit courut que Lothaire II complotait de s'emparer de Charles le Jeune et de l'enfermer dans un cloître. Seule la fermeté du marquis Girard et de l'archevêque Rémi de Lyon permit l'établissement d'un accord, singulièrement chargé d'arrière-pensées !

En février 857, Lothaire II rend une seconde visite à Louis le Germanique. Il reste inquiet, ou prend de l'appétit. Louis ne semble pas disposé à l'entendre. Dès le 1er mars, Lothaire se tourne vers son autre oncle. Il rencontre Charles le Chauve à Saint-Quentin. Leur conversation donne lieu à un communiqué amène : les accords passés entre Charles et l'empereur défunt étaient renouvelés ; chaque partie protestait de son extrême sympathie pour l'autre ; un geste amical était esquissé en direction de Louis le Germanique ; enfin, on proclamait à nouveau le principe de l'entraide entre rois. Pourquoi cet accord en bonne et due forme, que rien n'exigeait absolument ? Ou bien Charles le Chauve et Louis le Germanique étaient prêts également à acheter l'alliance de leur neveu. Ou bien Lothaire II, pressé de mettre la main sur le Lyonnais et la Provence, tâtait le terrain et requérait un blanc-seing, sinon un appui. De toute façon, aux yeux des signataires de Saint-Quentin, la guerre paraissait inévitable.

Louis le Germanique, de son côté, prenait des précautions. En juillet, il rencontre à Trente son neveu Louis II, le dérisoire empereur. Il tente de contrer Lothaire II et, par une sorte de chantage, de le soustraire à l'influence de Charles le Chauve. Il le convoque pour mai 858, sous prétexte de procéder à un arrangement définitif. Lothaire ne répond pas à l'invitation. Il reste fidèle à Charles, et celui-ci l'engage plutôt à entrer dans un système de pactes bilatéraux : au cours de 858, Charles le Chauve confirme son alliance avec Lothaire II, en annonce une avec Charles le Jeune, tandis que Lothaire II conclut une entente avec ce dernier. Louis II, restant à l'écart, demeurait sous la coupe du Germanique. Deux blocs antagonistes se formaient.

C'est alors que la mission des dissidents français, menée par Eudes et Alard (voir p. 169) parvint chez Louis le Germanique. L'intervention qu'on demandait à celui-ci représentait en même temps pour lui l'aboutissement inévitable de trois ans de méfiance et de jeux de dupes. Au mois d'août 858, tandis que Charles le

Chauve et Lothaire II étaient immobilisés devant Oscelle (voir p. 177), l'armée de Louis le Germanique se concentre à Worms, passe le Rhin, pénètre en Alsace sans rencontrer de résistance, et, par le col de Saverne, atteint Bar-le-Duc et Ponthion. Dans cette localité, un groupe de comtes francs, échappés du camp de Charles, la rejoint et se mêle à elle. A Sens, Louis est accueilli par Ganelon qui, jusqu'à la fin de l'équipée, se fera son « supporter » devant l'opinion publique. Cette promenade militaire se prolonge jusque dans l'Orléanais ; sans doute Louis avait-il l'intention d'y opérer une jonction avec les Bretons, les Aquitains et les rebelles de Neustrie.

Ayant précipitamment levé le siège d'Oscelle, Charles se rend en Bourgogne, où les Welf, fidèles entre les fidèles, ont en majeure partie leurs domaines. Il peut y lever une petite armée, dont le mouvement coupe la retraite de Louis. Celui-ci remonte sur Sens. La rencontre a lieu à Brienne.

Va-t-on combattre ? A la manière carolingienne, on marchande d'abord. Charles dépêche à son frère quatre évêques successivement. Louis reprenant une tactique chère jadis à Lothaire, met à profit ce délai pour débaucher une partie des hommes de Charles : au bout de trois jours, se sentant les mains libres et l'adversaire trop diminué pour tenir, il reprend sa route. Au palais d'Attigny, où il s'installe, il signe un document *l'an premier de notre règne en France*. Il y reçoit son neveu Lothaire II, requis par Ganelon, et n'a pas de peine à obtenir sa renonciation à l'alliance de Charles.

Il se considère comme le maître, et déjà le successeur de son frère. Il désire plus encore : il convoite la consécration ecclésiastique, et l'onction dans cette royauté conquise. Ganelon fait campagne en sa faveur.

L'événement capital se produit alors : l'épiscopat dit non. Aucun doute n'est permis sur ce point. La résistance des évêques, animés par Hincmar, a sauvé le royaume. Le sacre de Louis et le ralliement du haut clergé eussent définitivement rayé de la carte européenne cette unité encore fragile. Certes le réalisme d'Hincmar lui interdisait une rupture violente : pour attaché qu'il fût à Charles, il constatait trop bien la disproportion des forces en présence pour se refuser à toute relation avec Louis. Ferme et souple à la fois, il gagne du temps. Louis l'a convoqué, pour le 25 novembre, avec le clergé des provinces métropolitaines de Reims et de Rouen, en vue de procéder au sacre. Hincmar, de sa propre autorité, réunit ces évêques à Quierzy, et adresse à Louis en leur nom, une réponse. C'est un long rappel des principes mêmes d'ordre public invoqués fallacieusement par l'usurpateur. Mais, à travers ces pages au pompeux style biblique, une affirmation inébranlable se pose : les seuls juges du droit des rois sont les évêques, qui les font. Le clergé de France a consacré Charles, auquel malgré le malheur des temps, aucune injustice ne peut être reprochée. Le jour où ils lui confièrent le pouvoir, les évêques se sont retiré la possibilité de le lui enlever sans jugement motivé. Louis prétend, par sa force, assurer le bien de l'Église. La question n'est pas là. Évincer un souverain légitime est un acte que seule la volonté divine justifierait, et cette volonté ne s'exprime que d'une seule manière : par un vote unanime, dans un concile universel... impossible à réunir dans les circonstances actuelles.

Nous ignorons la réponse de Louis. Durant l'hiver, il revint plusieurs fois à la charge auprès d'Hincmar, en vain. Pendant ce temps, Charles courait la Bourgogne, secondé par son oncle maternel Raoul, et par le comte d'Auxerre, Conrad. Le 15 janvier 859, il lance sa troupe sur Jouy, en Laonnais, y surprend Louis le Germanique, dont l'armée est désorganisée par le retrait hivernal de plusieurs seigneurs allemands. En toute hâte, Louis plie bagage, et s'enfuit sur le Rhin. Cette étrange guerre sans bataille prenait fin. Le seul profit en revenait aux Normands : jusqu'en 860, Charles ne put plus s'occuper d'eux. Après sa victoire, il devait songer à raffermir sa couronne.

Répression et récompenses. Eudes, Alard et quelques-uns de leurs complices furent dépouillés de leurs « honneurs », transmis à Raoul et à d'autres hommes sûrs. Au reste, le subit retournement de la situation déclenchait à travers tout le royaume un mouvement d'opinion en faveur de Charles. Mais un accord explicite avec Louis s'imposait. Lothaire II s'offrit comme intermédiaire. De son côté, Hincmar faisait des plans pour assurer, dans l'établissement du traité à venir, la prépondérance de l'épiscopat. Le 28 mai, il réunit à Metz une assemblée de prélats des royaumes de Charles le Chauve et de Lothaire II : on y envisage les mesures qu'il convient de recommander. Hincmar, secrétaire, en rédige le texte. Une délégation épiscopale sera envoyée à Louis, pour exiger de lui : l'aveu des déprédations commises sur les biens d'église ; la promesse de réparer ces torts ; celle de conclure une paix définitive avec Charles et Lothaire II, et de ne jamais tenter une nouvelle entreprise d'accaparement des couronnes — le texte dit *de schisme de la chrétienté*. Louis devra, enfin, punir les mauvais conseillers qui le poussèrent et, s'il y a lieu, les livrer à Charles ; il aidera d'autre part à la restauration de l'unité morale de l'Église, seule assurance qu'un lien étroit subsiste entre les royaumes chrétiens.

Personne alors ne songe à s'étonner que, par cette initiative, Hincmar se substitue publiquement à Charles : on semble trouver normal qu'une prise de position ecclésiastique précède l'accord des puissances temporelles et en préjuge. Quand, le 4 juin, Louis reçoit à Worms l'ambassade épiscopale, il évite de répondre de façon précise, se retranche derrière la nécessité de consulter ses propres évêques. Certes, il ne se soumet pas ; mais, au lieu de dire non, il louvoie. Cependant, Charles le Chauve, Lothaire II et Charles le Jeune se déclarent prêts à suivre dans la voie de la concorde chrétienne les représentants de leurs Églises. Lothaire II s'offre une nouvelle fois à faire l'intermédiaire. Il obtient du Germanique une entrevue dans une île du Rhin, au début de l'été. La méfiance est telle entre l'oncle et le neveu qu'ils conviennent d'amener chacun un nombre rigoureusement égal de fidèles et de poster des escortes armées de part et d'autre sur les rives !

De délai en délai, la conférence finale entre Charles et Louis put enfin se réunir le 1er juin 860, à Coblence. Elle dura cinq jours, et se tint — fait caractéristique — dans la sacristie de l'église Saint-Castor. L'accord auquel on parvint reproduisait celui de Meersen (voir p. 112), l'assortissant de divers engagements favorables à l'épiscopat. Le serment terminal fut prononcé en langue vulgaire : en germanique par Louis, en roman par Charles : retournement complet de la procédure adoptée en 842 à Strasbourg. Durant ces dix-huit années, les royaumes s'étaient refermés sur eux-mêmes, chaque roi ne s'adressait plus qu'à ses propres fidèles. Mais le fait le plus nouveau était que dorénavant les évêques devenaient, en qualité de modérateurs, les auxiliaires politiques des rois. Nulle part dans les textes on ne parle plus d' « empire », ni même de « royaume franc » au singulier. Il n'y a plus, sur un plan, qu'une mosaïque d'États, et, sur l'autre, l'Église une et indivisible. De l'un à l'autre, par les évêques, passe un courant d'inspiration et, provisoirement, de vie.

De l'affaire, Louis le Germanique sortait humilié, diminué ; Charles le Chauve, sans accroissement réel de puissance, apparaissait comme un restaurateur heureux. Les années 861 et 862, après la liquidation de la grande armée normande (voir p. 180), marqueront pour lui le retour d'une prospérité depuis longtemps perdue.

Celle-ci lui tourne-t-elle la tête ? Ou bien Hincmar lui inspire-t-il le désir de jouer un rôle de justicier du monde chrétien ? Voici le roi de France qui, au risque grave d'indisposer Louis et Lothaire, accueille une ambassade de seigneurs provençaux du parti opposé à Girard : ceux-ci lui demandent de les libérer de la « tyrannie » exercée par le marquis-régent au nom de Charles le Jeune. Charles le Chauve cède. Dans l'automne de 861, il pénètre en basse Bourgogne, y dévaste les domaines de Girard ; celui-ci menace, en représailles, de saisir Saint-Rémi de Provence, propriété de l'église de Reims. Hincmar, furieux, intervient et se désolidarise du roi. Celui-ci se retire. Selon René Louis, il aurait, dans la région de Vézelay, été battu en bataille rangée par Girard. C'est là une simple hypothèse, aucun chroniqueur ne signalant le fait. Pourtant, certaines épopées du XIIe siècle semblent reposer sur une légende locale qui aurait cristallisé autour du souvenir de cette défaite de Charles le Chauve.

Le seul résultat de cette médiocre équipée fut de rapprocher Lothaire II de Louis le Germanique. Ces deux rois font pression sur Charles pour qu'il renonce à toute intervention dans les royaumes voisins, et ils l'accusent auprès du pape de menacer la paix. De son côté, Charles avait depuis peu de graves griefs personnels envers Lothaire. Celui-ci venait en effet d'accorder asile à Judith et à son amant Baudouin (voir p. 179), ainsi qu'à Engeltrude, femme adultère du comte Boson, en fuite avec l'un de ses vassaux, Wanger. Dans un mémorandum rédigé en 862 par Hincmar, Charles proclamait hautement que tout désordre dans la vie privée des rois constitue un crime envers les peuples. Déjà il avait rompu toute relation avec son neveu. Louis le Germanique, redoutant une nouvelle guerre, pour laquelle il n'était pas prêt, intervint. Il parvint à obtenir, le 3 novembre, un renouvellement de l'accord de Coblence. La paix encore une fois était sauvée. Baudouin épousait Judith : dans quelques années, Charles créera pour lui le premier comté de Flandres (voir note généalogique). Il reste qu'on aboutissait en fait à un retournement des alliances et à l'isolement de Charles.

Le 25 janvier 863, mourait Charles le Jeune, au cours d'une crise d'épilepsie. L'équilibre péniblement rétabli allait-il être rompu ? Lothaire et Louis II, s'estimant les héritiers naturels de leur frère, se précipitèrent en « Provence », s'efforçant de s'imposer aux Grands. En avril, ils procèdent à un partage à l'amiable, dont les principes sont dictés davantage par les intérêts vassaliques locaux que par la géographie : Lothaire II reçoit les territoires centraux, Lyonnais, Viennois, Vivarais, Uzèse, où Girard le représentera avec le titre de duc ; Louis II — qui du reste se désintéressera aussitôt de ces acquisitions et abandonnera les indigènes à eux-mêmes —, le nord et le sud : évêché de Belley, Tarentaise, et Provence proprement dite. Restait à faire admettre ce règlement à Charles le Chauve, alors retenu à Senlis avec des ambassadeurs du Calife de Cordoue.

La réponse, assez fuyante, qu'il envoya à ses neveux, contenait une profession de foi qui en dit long sur les déceptions qu'il avait éprouvées : *Charles, écrivait Hincmar, a toujours eu la volonté de maintenir la paix, dans la mesure où le lui a permis la perfidie de ses ennemis...* Tout en protestant de sa bonne volonté, Charles entendait faire savoir qu'il ne laisserait pas porter atteinte à ses intérêts. Dès lors en effet se dessine, face aux neveux, un rapprochement des oncles : avant deux ans, il aboutira à un alliance.

Une grande affaire : le divorce de Lothaire II

Lothaire II avait épousé, en 855, à l'âge de dix-huit ans et, semble-t-il, sous la pression de son entourage, une jeune Valaisane, Teutberge, fille d'un comte ayant des charges en Bourgogne (voir tableau généalogique). Or, depuis quelque temps déjà, il entretenait une liaison avec une nommée Walrade, à qui il était profondément attaché. La situation, pour cet homme tout jeune, ardent et jaloux, était intenable. Dès 857, on le voit délaisser ostensiblement sa femme légitime : sans doute songe-t-il dès lors au divorce. La tension dans le ménage s'accroît du fait que Teutberge est stérile, alors que Walrade a déjà donné naissance à un fils, Hugues. Par là même, les difficultés matrimoniales du jeune roi prenaient un aspect politique : il importait au plus haut point, à Lothaire et à ses fidèles, que Hugues pût être légitimé afin d'assurer la succession. Il n'y allait de pas moins que de l'existence du royaume. En revanche, il ne manquerait pas, dans les États voisins, de hauts personnages désireux de maintenir les droits d'une Teutberge sans descendance... promesse vivante d'une prochaine désa-

189

grégation de la Lotharingie. De 857 à 863, cette affaire dominera entièrement la politique carolingienne.

La nature des relations entre les rois parents exigeait que Lothaire II, pour avoir quelque chance de succès, obtînt l'accord d'une sorte de conseil de famille — de conseil d'Empire ! — avant toute démarche décisive. Il pouvait compter sur la neutralité de ses frères, sans héritiers et dépourvus d'ambitions territoriales. Ses oncles en revanche avaient apparemment tout intérêt à s'opposer au divorce. D'autre part, comme le problème se posait aussi sur le terrain de la discipline catholique, on pouvait prévoir une intervention de l'épiscopat, sinon du pape, intervention que des laïcs se feraient peut-être un devoir, ou un plaisir, de provoquer. Lothaire prend donc des précautions préalables, sans d'abord dévoiler son plan. En 858, il signe avec Charles le Jeune un accord qu'il paie de la cession des évêchés de Belley et de Tarentaise. C'est là une double habileté : il se concilie son frère, et isole géographiquement un personnage redoutable, le frère de Teutberge, Hubert, abbé de Saint-Maurice d'Agaune, et maître de la haute vallée du Rhône. La menace qui pèse sur sa sœur fournit en effet à Hubert la chance que son ambition attendait. Déjà Lothaire avait réussi à extorquer, par force ou par ruse, de son épouse l'aveu qu'elle avait été dans sa première jeunesse, violée par Hubert, puis avait entretenu avec lui des relations incestueuses. Ce fait impliquait, dans le mariage du roi, une erreur sur la personne, qui le viciait canoniquement. Était-ce vrai ? Teutberge paraît avoir été facilement manœuvrée par son entourage, et a pu porter, par crainte, un faux témoignage. Mais la réputation de Hubert rendait l'accusation plutôt vraisemblable, et nul ne douta de la véracité de sa victime.

Clerc tonsuré, Hubert s'était servi de son abbaye de

Saint-Maurice comme d'un tremplin pour sa carrière. Il obtint de Lothaire l' « honneur » du duché de Bourgogne transjurane — la Suisse romande actuelle —, l'un des territoires importants de l'empire, puisqu'il commandait les principales routes des Alpes. Ces routes, pour qui les contrôlait, étaient une source de brigandages fructueux, dont les pèlerins de Rome faisaient les principaux frais. Hubert posait au soudard, étalant avec complaisance une vie scandaleuse. Marié et père de famille en dépit de son rang dans la prélature, entretenant des maîtresses qu'il payait de charges d'abbesses ou de prieures, il courait les routes au milieu de sa soldatesque, descendait périodiquement razzier les vallées de la haute Italie, consacrant les revenus de ses monastères à ses chiens, ses faucons et ses prostituées. Lorsque, en 859, Lothaire II, excédé de cet encombrant personnage, essaiera de s'en débarrasser en cédant à Louis II les diocèses de Genève, Lausanne et Sion, Hubert se découvrira un rôle nouveau : défenseur de sa sœur outragée. Il passera chez Charles le Chauve, qui, par politique, l'utilisera contre Lothaire. Hubert exigera un salaire : en 862, il recevra l'abbaye de Saint-Martin de Tours, en même temps qu'il reprendra pied en Valais, en prêtant hommage à Louis II. En 864, on le trouvera à la riche abbaye de Lobbes, régnant en maître, distribuant à ses hommes d'armes les sommes destinées à la reconstruction de l'église. Lothaire II réussira à l'en chasser, et le refoulera en Transjurane, où cinq évêques simultanément l'excommunieront. Louis II, à son tour, cherchera à s'en défaire : il donnera à Conrad le Welf les terres de Hubert : celui-ci refusera de céder, prendra les armes, et périra, fin 864, près d'Orbe, en combattant l'armée impériale. Mais parmi son lignage, un homme alors percera, que la chance favorisera davantage : son neveu Boson (voir p. 230).

Au cours des années 858 et 859, Lothaire II travaille diplomatiquement sa famille. Il se tient à l'écart du conflit qui oppose Charles le Chauve à Louis le Germanique. A l'un et à l'autre, il fait des avances. La position géographique de son royaume lui permet d'espérer que ses oncles auront besoin de son arbitrage. Mais voici que Charles l'emporte sur Louis, qui cesse toute résistance (voir p. 185). Lothaire juge le moment propice : il fait prononcer par les évêques lorrains, en février 860, la condamnation de Teutberge pour inceste.

A cette nouvelle, Hincmar s'inquiète ; il flaire un piège ou un chantage. Au mois d'août, il se décide à frapper un grand coup : il adresse à Charles le Chauve son mémoire *De divortio Lotharii*. Avec plus de liberté que jamais, il suggère, dicte presque, une conduite à tenir. Désormais, l'affaire Lothaire II devient l'affaire d'Hincmar. L'archevêque de Reims — en qui l'ascète réprouve sans doute sincèrement la conduite de Lothaire — a pesé toutes les possibilités qu'offre la situation. Il a conçu une action politique à longue portée, qui mènera inéluctablement à l'anéantissement de la Lotharingie. Dès lors, l'ascendant exercé par Hincmar sur Charles le Chauve s'accroît encore. Dans le maquis des événements où le roi cherche sa voie, une intelligence et une volonté — auxquelles jusqu'ici les faits ont toujours donné raison — lui imposent leur autorité. Un certain accord des tempéraments cimente l'alliance des deux hommes, et fait prédominer, dans la nature de Charles, les éléments qui lui sont communs avec Hincmar. Jadis temporisateur, Charles devient remuant ; naguère encore prêt à concéder beaucoup à la force des choses, il devient agressif.

La thèse d'Hincmar ne laissait aucune place au compromis : le synode lorrain qui condamna Teutberge est irrégulier ; aucune décision de cet ordre n'est valable si elle n'émane d'un concile général groupant les évêques des cinq royaumes. C'était en fait, dans la conjoncture politique, un refus d'accorder le divorce. Lothaire II prit peur. Hubert entrait en contact avec Charles. Une coalition se formait. Lothaire essaie d'en écarter Louis le Germanique : il lui livre l'Alsace, pour acheter sa complicité. Charles répond par une série de provocations : il donne asile à des vassaux de Lothaire et de Louis en rupture de ban. Il accueille Teutberge affolée, qui a fui son mari et cherche protection contre son frère. Alors enhardi par l'échec de Charles en Bourgogne (voir p. 187), Lothaire II réunit, en avril 862, un second synode local, qui annule son mariage et l'autorise à épouser Walrade.

Teutberge en appelle à Rome. Le pape Nicolas Ier, assailli par les avocats des deux parties, demande le temps d'enquêter. Mais au mois d'août, sans attendre sa réponse, Lothaire II épouse solennellement Walrade, et la fait couronner, avec l'accord de Louis le Germanique.

Cette audace lui venait sans doute de la situation délicate où se trouvait alors Hincmar : celui-ci venait en effet de suspendre, en vertu de son droit de métropolitain, l'évêque de Soissons, Rothade, accusé de fautes administratives. Rothade — qui naguère s'était, par sa sympathie pour Gottschalk (voir p. 127), attiré la haine d'Hincmar — protesta auprès du pape. Hincmar le fait excommunier et enfermer dans un monastère. Pour Nicolas Ier, le cas posait une double question de principe, celle de sa propre juridiction sur les évêques, et celle de la compétence des métropolitains. Le procès traînera trois ans, et s'achèvera par une défaite d'Hincmar — la seule qu'il ait connue. Durant ce laps de temps, de 861 à 864, l'autorité d'Hincmar sur l'opinion publique traversera une éclipse. De cette querelle de clercs, Lothaire II aurait sans doute tiré un avantage définitif si Nicolas Iᵉʳ n'avait — pour des raisons fort différentes — repris bientôt à son compte les thèses d'Hincmar sur le problème de ce divorce.

Nicolas Iᵉʳ, naguère prêtre assez effacé, porté au pontificat en 858 à la demande de Louis II qui escomptait sa docilité, allait se révéler comme un politique d'envergure, le premier des grands papes du Moyen Age. Réaliste d'une rare profondeur de vues, conscient de l'immense force morale dont il pouvait disposer, il était résolu à s'en servir. Le point de départ de son action et de sa pensée lui est fourni par la tradition de son siècle : l'unité impériale ayant sombré, seule reste l'unité morale de la foi, garantie par l'organisation ecclésiastique. Sur ce principe, tout le monde est d'accord. Mais Nicolas Iᵉʳ en tire les conséquences. Son génie fut de donner vie à une conception sociologique nouvelle de l'Église, sans pourtant innover de façon exagérément flagrante, en se pliant au contraire à ce qui pouvait passer pour les besoins essentiels de son temps.

L'affaire de Teutberge lui permettra de tirer avec éclat la conclusion logique des démarches faites auprès de lui par les rois : ceux-ci, en s'adressant au Souverain Pontife, ne lui ont-ils pas reconnu un droit de contrôle sur toute souveraineté ? Auprès du médiocre Louis II, Nicolas a beau jeu de s'affirmer comme le collateur de la dignité impériale elle-même. Impitoyablement, il réprime dans le corps ecclésiastique toute velléité d'indépendance : des querelles de clocher, comme celle que soulève le cas de Rothade, prennent à ses yeux une valeur universelle. Cette valeur, c'est lui qui la leur confère. Les hommes du ixᵉ siècle s'aperçoivent à peine que, dans un monde où les structures administratives éclatent de partout, le resserrement de la discipline ecclésiastique sous la dictature de Rome, fait insensiblement de l'Église le seul facteur réel d'ordre public : facteur dont la puissance propre s'accroît alors que celle des autres diminue.

Mais, dans l'esprit de Nicolas, l'Église bientôt ne *fera* plus seulement l'unité morale du monde chrétien. Elle *sera* cette unité, purement et simplement. Sans doute, l'idée simpliste d'une théocratie reste étrangère à la pensée du pontife. Pourtant, son action n'est pas exempte de nuances théocratiques. L'Église, sous son sceptre, tente de refaire, avec d'autres moyens — moraux certes, mais aussi juridiques et administratifs —, ce que l'empire n'a pu, avec des moyens politiques et militaires, maintenir. Dans une lettre adressée à l'empereur de Byzance, Michel, Nicolas emploie un mot destiné à entrer un jour dans la définition même de la civilisation médiévale : *christianitas,* au sens de « communauté organisée des chrétiens, en tant qu'incarnée sociologiquement et politiquement ». Cette « chrétienté » n'est plus — quoiqu'on ne cesse de se référer à Augustin — la « Cité de Dieu » immanente au monde historique, qu'analysèrent les penseurs du ivᵉ siècle. Elle existe comme corps politisé, sinon politique. Elle repose sur une base territoriale précise : vers 860, on entend parler pour la première fois de la concession qu'aurait faite Constantin au pape Sylvestre de la ville de Rome et d'une partie de l'Italie. Ce document apocryphe est évidemment destiné à fonder, sur un titre incontestable pour les habitudes féodales — et antérieur à la constitution de l'empire franc ! — la royauté temporelle du pape, qui le fait prendre place parmi les chefs d'État.

Sur le plan proprement religieux, Nicolas Ier imprime au catholicisme romain des caractères jusqu'alors beaucoup moins universellement marqués : primat de la tradition, dont le magistère est seul dispensateur ; goût de l'autorité, conçue comme un témoignage de la foi ; attachement aux signes extérieurs de l'unité. D'où une intolérance profonde, plus ou moins accusée selon les circonstances. D'où aussi une inclination au maintien de l'ordre public, poussant à l'intervention directe dans le domaine politique chaque fois qu'une crise grave atteint les États. L'idée chrétienne s'est trouvée ainsi séquestrée au profit d'un rêve unitariste. Il en est résulté, au sein même de l'Église, une longue série de sécessions partielles, dont les premières se produiront dès le xe siècle. Tout mouvement de réforme religieuse se pensera désormais moins par rapport au dogme que comme un retour à la pureté originelle. Les innombrables sectes issues du catholicisme tenteront de restaurer les valeurs mêmes que Rome menace ou condamne : la spontanéité d'esprit, la liberté, l'unité fondée sur la seule foi christique. L'élaboration de la chrétienté médiévale — et l'entrée massive des clercs dans l'ordre féodal — va causer une tension tragique dans les âmes : avec la limpidité spirituelle de la vie divine, l'Église sociologique forme un contraste parfois intolérable ou absurde. Ce n'est pas un hasard que, dès les années 863-867, se soit produite, entre l'Église romaine et celle de Byzance, une rupture qui, après deux siècles d'alternatives, aboutira à un schisme définitif. L'objet du conflit, Photius, personnage peu intéressant, importe peu ici. Dans l'empire byzantin, fortement centralisé, une monarchie bureaucratique puissante avait entièrement mis la main sur l'Église. Rome, en se repliant sur l'Occident, entendait conserver sa liberté d'agir sur le terrain historique en fonction duquel elle était en train de se penser.

En septembre 862, Nicolas Ier, feignant d'ignorer le mariage de Lothaire et de Walrade, décide qu'un concile général se réunira à Metz et formulera un jugement... que lui-même se réserve d'approuver ou de casser.

La mort de Charles le Jeune fit différer jusqu'en juin 863 cette réunion. Lothaire sut exploiter le délai. Le concile, dont il avait acheté certains membres, renouvela la condamnation de Teutberge. Nicolas Ier réagit avec violence. Il destitua séance tenante les archevêques qui lui apportaient la décision du concile, annula le jugement et adressa au roi un blâme d'une extrême rigueur, allant jusqu'à contester la légitimité du pouvoir exercé dans de telles conditions d'immoralité.

Tandis que, perdant la tête, Lothaire tentait de pousser son frère Louis II à occuper militairement la ville de Rome, les archevêques destitués lançaient un pamphlet de protestation. La vigueur de celui-ci indique à quel point d'exaspération passionnelle en étaient venus les acteurs de ce drame. *Cette sentence que tu as lancée contre nous en violation de toute justice, de toute raison, de toutes les lois canoniques, nous refusons de l'accepter ; et, avec l'ensemble de nos frères, la tenant pour non avenue, nous la méprisons... Il nous suffit de nous savoir dans la communion et la société fraternelle de toute l'Église, cette Église que, dans ton arrogance, tu dédaignes, et dont tu te rends indigne par ton fol orgueil...* Nicolas ne sourcilla pas. Sa fermeté fit sur l'épiscopat lorrain plus d'effet que la fureur des autres. Les lettres de soumission commencèrent à arriver à Rome. Lothaire lui-même se désolidarisa des auteurs du pamphlet.

Restait la question de droit. Nicolas se crut assez fort pour convoquer à Rome un concile œcuménique dont l'objet eût été de trancher tous les différends publics en suspens, tant en Occident qu'à Byzance. Le pontife agissait en maître du monde. Les rois carolingiens s'émurent. Ils interdirent à leurs évêques de se rendre à la convocation. Placidement, Nicolas Ier en recula de six mois la date. Charles le Chauve et Louis le Germanique, alarmés par la tournure que prenaient les événements, se réunirent en février 865, à Tusey, sur la Meuse. Tout en minimisant la *faute de jeunesse* commise par leur neveu, ils invitaient celui-ci à mettre un terme au scandale. Leur souci était d'enlever au pape un prétexte trop commode d'intervention politique. En qualité d'aînés, ils tâchaient d'arranger les choses à leur manière traditionnelle, par un marchandage familial. Mais Lothaire se méprit sur le sens de cette invitation. Il y subodora — non sans apparence de raison — le désir de le priver d'héritier. Acculé, pris entre son amour pour Walrade et sa fidélité à son lignage, il n'hésita plus : il s'adressa, par l'intermédiaire de Louis II, à Nicolas Ier lui-même, lui demandant de trancher en définitive. Il cédait. Nicolas atteignit son but. Ce précédent assurerait son autorité sur les trônes temporels.

Il dépêcha outre-monts, avec le titre de légat, son collaborateur Arsène, évêque d'Orta, personnage adroit mais assez louche. Celui-ci fit un voyage circulaire en France, en Lorraine et en Germanie. En juillet 865, il joignit Charles le Chauve à Attigny, pour lui remettre divers documents, dont l'un rétablissait Rothade sur son siège, et un autre invitait le roi, de façon comminatoire, à ne plus intriguer en Lorraine. Puis, Arsène se fit remettre Teutberge, qu'il vint ramener à Lothaire II, après avoir imposé à celui-ci et à ses hommes le serment solennel de n'exercer aucune représaille sur l'épouse désormais restaurée par Rome dans tous ses droits.

Enfin, un pacte de concorde dut être conclu entre Lothaire II et ses oncles. Rentrant alors en Italie, Arsène y traîna Walrade, qu'il fit jeter dans un couvent.

Ainsi s'achevait, par cette stupéfiante intervention papale, une aventure qui avait nourri trop de haines et d'ambitions pour ne pas gravement compromettre le peu qui subsistait, entre les Carolingiens, d'unité d'intérêts. Nicolas Ier triomphait sans réserve. Les rois ne pouvaient point ne pas cruellement le ressentir. Mais à cette heure même chacun d'eux avait, dans son royaume, trop de graves soucis pour viser à assumer la direction générale de l'Empire. Dans une certaine mesure, la dictature pontificale leur rendait service.

Au point mort : 866-867

Le succès de la mission d'Arsène et le rétablissement de Rothade étaient un double camouflet pour Hincmar. Le coup frappait indirectement Charles le Chauve. En 862 encore, Charles s'était publiquement compromis en faveur de son conseiller au moment où l'autorité de celui-ci faiblissait (voir p. 193) ; il avait écrit à Nicolas Ier, tentant de le ramener à de meilleurs sentiments envers l'archevêque de Reims, et avait joint à sa lettre un présent magnifique : un manteau tissé de pierreries, que jadis l'impératrice Judith avait entrepris pour Louis le Pieux, et qu'avait achevé Ermentrude. Nicolas avait sèchement accusé réception de cet envoi, en signalant que le trône de saint Pierre n'était pas à vendre !

Charles maintenant concevait quelque ressentiment contre Hincmar. Des doutes naissaient. De Germanie, de Lorraine, arrivaient des lettres aux allusions transparentes : la retraite d'Hincmar semblait le prix de la réconciliation des rois.

Officiellement, aucune rupture ne se produisit. Mais, durant près de deux ans, Charles va espacer ses rapports avec l'archevêque, et fermera l'oreille à ses avis. Aussitôt, la politique du roi s'infléchit. Elle revient à la conciliation. Une autre influence, plus intime, pousse dans cette voie : celle de la reine Ermentrude, à qui Hincmar ne fut sans doute jamais sympathique, et dont le désir est d'apaiser les haines accumulées depuis des années entre son époux et Lothaire II. Le 14 décembre 865, un deuil a frappé la famille royale : Lothaire, le fils infirme (voir p. 99), est mort. Peut-être, sur des parents très attachés à cet enfant, l'influence d'une grande tristesse se marque-t-elle, engendrant un besoin plus profond de paix.

L'année 866 commence mal. Le 6 janvier, meurt Raoul le Welf, le plus sûr appui du roi. Depuis une semaine, de graves pillages normands sont signalés en Neustrie : le raid part de la basse Loire, remonte jusqu'à la Seine. Les fortifications d'Auvers et de Charenton (voir p. 180), inachevées, n'arrêtent pas les pirates, qui se jettent, près de Melun, sur la troupe commandée par Robert le Fort. Celui-ci s'enfuit sans combattre. Charles, qui passe l'hiver au palais de Senlis, — et qui, peu avant, a révoqué Alard pour son incapacité à refouler les Normands — est une fois encore contraint d'acheter la paix : quatre mille livres d'argent. Le règlement fiscal destiné à recouvrer cette somme nous est resté : chaque manse libre paiera six deniers ; chaque manse servile, trois ; les marchands verseront le dixième de leur avoir ; les prêtres, ce qu'ils pourront ; enfin, tous les hommes libres paieront à titre exceptionnel l' « hériban » — qui en principe était une amende frappant les fidèles qui refusaient de venir à l'ost. La mesure ne suffit pas. Il fallut extorquer un denier de plus par manse, obtenir des vassaux un don gratuit. Mis en appétit, les Normands exigèrent une indemnité supplémentaire pour les parents de leurs morts, et la restitution ou le rachat des serfs qui, faits prisonniers par eux, avaient réussi à s'enfuir. Jusqu'en juillet, ils camperont près de Saint-Denys, dans une île de la Seine, attendant leur paiement.

Contre Robert le Fort, lâche sinon traître, aucune sanction. Bien au contraire, Charles semble faire l'impossible en sa faveur. Il lui donne Saint-Martin de Tours, puis le fait duc de France en remplacement de Louis le Bègue. Sans doute trois motifs dictent cette étrange conduite : Robert est puissant, perfide, et le roi, soudain désireux à tout prix de tranquillité, tient à se l'attacher par les liens de l'intérêt ; d'autre part, Geoffroy, comte du Maine, a repris à son compte les griefs des Gauzbertides (voir p. 167), et Charles entend opposer à son ambition une autre ambition plus agressive encore ; enfin, sa méfiance s'accroît envers son fils Louis le Bègue. Il expédie celui-ci dans le comté d'Autun, cependant qu'il accélère la construction du pont fortifié de Pistres.

En juillet-août, Ermentrude, pensant avoir créé le climat psychologique favorable, amène son époux à recevoir, à deux reprises, Lothaire II. Celui-ci, l'alerte passée, méditait les moyens de retourner sa situation matrimoniale. Teutberge, écœurée, venait elle-même de partir pour Rome afin d'y étudier la possibilité d'une rupture légale. Une ambassade commune des deux rois fut envoyée à Nicolas Ier et chargée de présenter de respectueux avertissements... Quelle était la pensée de Charles ? Ou bien, il renonçait délibérément à tout espoir sur la succession lorraine. Ou bien il escomptait un nouveau refus de Nicolas, qui lui laisserait auprès de Lothaire l'avantage moral de l'avoir soutenu. Déjà il recevait en cadeau, de son neveu, la riche abbaye de Saint-Vaast d'Arras, dont il assuma lui-même l'administration : c'était un acte caractérisé de simonie ; mais le besoin d'argent le pressait.

Entre-temps, une intrigue se nouait à la cour contre Hincmar. Un clerc naguère déposé par ce dernier, Vulfade, intrigant d'une remarquable intelligence, habile à se rendre utile, s'était peu à peu insinué dans les bonnes grâces de Charles. Celui-ci venait de lui confier la charge de précepteur de son fils Carloman. Dans les circonstances présentes, Hincmar redoutait Vulfade à bon droit. Or, une lettre de Nicolas Ier lui parvint, en avril, mettant en doute la validité de la déposition de Vulfade, et exigeant l'examen de son cas par un concile. Les intentions pontificales étaient évidentes : c'était un nouveau coup direct porté à l'archevêque. Hincmar se cabra. Mais Charles s'abstint de le soutenir, et tout à coup l'affaire prit une tournure plus grave. L'évêque de Bourges venait de mourir. Or, son siège présentait une importance vitale pour le royaume. Bourges était la tête de l'Aquitaine. C'est là que résidait Charles l'Enfant. Celui-ci, gravement malade depuis deux ans, n'exerçait plus aucun commandement ; l'Aquitaine retombait à l'anarchie, deux ou trois grandes familles locales s'y élevaient lentement vers une puissance quasi royale. Charles se savait désormais incapable d'agir avec efficacité dans les régions que contrôlaient celles-ci. Cette situation exigeait impérieusement qu'il maintînt, au sud de la Loire, dans quelques postes-clés, des hommes en qui il pût se fier. En toute urgence, il proposa au pape de nommer Vulfade à l'évêché de Bourges.

Le concile demandé par Nicolas Ier se réunit au mois

d'août. Hincmar y fut traité froidement, mais non point condamné. Il en imposait encore. Et les évêques du royaume avaient de plus graves soucis en tête. Le schisme breton (voir p. 144) se prolongeait, le duc Salomon menaçait de mettre la main sur l'évêché de Nantes et rompait tous rapports avec le roi de France : en 867, il annexera la région de Coutances et d'Avranches. D'autre part, l'épiscopat aquitan, alarmé par les guerres privées qui ravageaient certains diocèses méridionaux, venait d'adresser au pape un mémoire sur cette situation. On se sépara donc sans avoir pris de décision concernant Vulfade. Charles sentit qu'un acte d'autorité emporterait la partie. Il fit ratifier la nomination de Vulfade et expédia aussitôt celui-ci à Bourges, escorté par Carloman. A peine Vulfade s'était-il installé dans cette ville que Charles l'Enfant mourut, le 29 septembre.

Cependant, par un étrange scrupule — caractéristique de la crise morale qu'il traversait alors —, Charles avait demandé aux Pères du concile de procéder au couronnement d'Ermentrude et de renouveler le sien propre. Qu'attendait-il de cette double cérémonie ? Sans doute un renforcement sinon de son autorité, du moins de sa confiance en soi. Peut-être aussi, en faisant consacrer son épouse, entendait-il l'associer publiquement au pouvoir, donnant ainsi une légitimité plus éclatante au cinquième fils qu'il désirait ardemment avoir. De ceux qu'il avait eus déjà, aucun ne lui semblait le successeur qu'il eût aimé donner au royaume. Lui aussi, s'inquiétait du sort de sa dynastie. Ermentrude devait avoir dépassé la quarantaine. Le temps pressait.

Le double couronnement eut lieu le 25 août, à Saint-Médard de Soissons. A peine répandue l'huile du sacre, Charles eut à faire face à une vendetta familiale dont les motifs précis et les détails nous échappent. Le propre frère d'Ermentrude, Guillaume, avait pris la tête d'un complot contre le roi. En septembre ou octobre, livré par ses propres vassaux, il fut amené au palais de Senlis. Charles, impitoyable dans ce genre d'affaires, le fit décapiter.

Dans le même temps, un détachement de quatre cents Normands de la Loire venait rançonner Le Mans. Au retour, surpris, à Brissarthe, par une petite troupe que commandait Robert le Fort, les pillards s'enfermèrent dans l'église du lieu. Le soir tombait. Les Francs dressèrent leurs tentes. Dans la nuit, les assiégés firent une sortie, et massacrèrent Robert désarmé. Le reste de la troupe franque se débanda, sans même tenter de résistance. Elle comptait pourtant des braves. Mais, en 866, plus aucun lien n'avait de vérité humaine que celui de la vassalité. Le chef mort, les hommes s'en considéraient comme déliés.

La mort de Robert le Fort donna un retentissement immense à un combat qui, militairement, n'était qu'une escarmouche. Les Normands pouvaient être tentés d'exploiter l'abattement des Grands. Il était urgent de parer à un nouveau coup. Mais Louis le Germanique, en butte à une révolte de l'un de ses fils, allié au prince wende Rastislav, venait d'appeler Charles au secours, en vertu de l'accord de 860. Levant avec précipitation une petite armée, parmi les vassaux de quelques églises, Charles se mit en route pour la Germanie, après avoir confié à son cousin Hugues, abbé de Saint-Germain d'Auxerre, l'homme fort de la famille Welf, la défense du duché de France. Accompagné d'Ermentrude, il se dirigea sur Verdun. Il arrivait trop tard : Louis le Germanique composait avec son fils. Les troupes de Charles, voyant s'échapper l'espoir du butin, se vengèrent sur l'habitant. Prisonnier d'une soldatesque rapace, impuissant à lui imposer la moindre discipline, Charles se replia sur Compiègne, où il célébra la fête de Noël.

Il avait fait un pas de clerc. Du moins, il avait prouvé son attachement au principe de la fraternité des rois. Dans le même esprit, il s'associe, vers la fin de l'année, à l'envoi de vases et d'ornements sacrés que fait son frère Louis au tsar des Bulgares, Boris, baptisé depuis peu. Mais les premiers mois de 867 devaient porter un coup mortel à cette politique renaissante de concorde. A Verdun, Charles avait tenté en vain d'obtenir que Lothaire II lui rendît visite. Toute l'attention de Lothaire était alors occupée en effet par un rebondissement de ses difficultés matrimoniales : il travaillait à extorquer de Teutberge, revenue de Rome, une promesse écrite d'entrer dans les ordres. Nicolas Ier eut beau jeu d'éventer la ruse. En mai 867, il adresse à Lothaire un non catégorique : Teutberge fût-elle morte qu'il interdirait un remariage avec Walrade. Simultanément, Charles était fortement blâmé d'avoir essayé un rapprochement avec son neveu.

Autour de Charles, les partisans du divorce se font pressants. Sans doute, leurs intérêts s'identifient-ils en partie avec ceux du clan Welf. Durant le printemps, de graves divergences de vues se manifestent entre Charles et Ermentrude. Celle-ci s'est rangée à la position la plus sage — mais la moins supportable au point d'échauffement où en sont les esprits. Elle a pris parti à la fois pour la politique de concorde... et pour Teutberge, sa nièce par alliance, l'épouse bafouée. L'influence dont Ermentrude jouit depuis deux ans sur les affaires publiques lui a donné sans doute plus d'assurance. Elle plaide sa cause. Charles résiste. Son caractère s'est durci. Peut-être supporte-t-il malaisément la prépondérance grandissante de la reine dans les conseils. Il refuse de s'engager à fond. A son avis, mieux vaut prendre le vent, et tâcher d'exploiter les incidents qui ne vont pas tarder à se produire. La tension s'aggrave entre les époux. Au cours de l'été 867, l'irréparable s'accomplit. Après vingt-cinq ans de vie commune, ils se séparent. Ermentrude se retire à l'abbaye de Hasnon, près de Valenciennes. Les rêves dynastiques que caressait Charles une année plus tôt se sont évanouis. Son attention est tournée de nouveau tout entière vers la Lorraine qu'il se reprend à convoiter...

Sans doute désire-t-il éviter l'irritation de Rome, et de fournir les motifs d'une nouvelle intervention papale. Il adresse à Lothaire des recommandations. Lothaire les interprète comme un abandon. Il se jette dans les bras de Louis le Germanique. Mais Louis, empêtré dans les difficultés intérieures de son royaume, désire éviter tout engagement à l'extérieur. Son abstention fait le jeu de Charles.

Charles en effet, au cours de l'année, a peu à peu conçu l'idée d'une solution radicale. Il crèvera l'abcès qui infecte la vie internationale... et il profitera de l'opération. Le bruit court que le pape envisage d'excommunier Lothaire. Ne serait-il pas possible de faire prononcer par un concile la déchéance et la déposition de ce roi indigne? Il ne resterait à ses oncles qu'à se partager ses dépouilles. Charles, sans dévoiler son plan, convoque pour le 1er février 868 une assemblée d'évêques à qui il se réserve de soumettre l'ensemble du problème lotharingien. Louis le Germanique donne son accord au projet.

Mais, avant la date prévue, un fait nouveau venait modifier — et simplifier — la situation : le 13 novembre 867, Nicolas Ier mourait.

La pensée et les arts

La génération des lettrés qui illustrèrent l'époque de Louis le Pieux s'est éteinte entre 850 et 865. Walafrid, l'ancien précepteur de Charles le Chauve, est mort le premier, dès 849, au monastère de Reichenau ; Loup de Ferrières et Agobard disparaissent, les derniers, en 862. Mais une nouvelle équipe assure la relève. En 863 arrive à la cour de Charles, Radbod d'Utrecht. Depuis 859 enseigne à l'école d'Auxerre un logicien de grande valeur, Heiric ; il restera une vingtaine d'années en fonctions, secondé à partir de 862 par son élève Rémi (voir p. 211). Ces maîtres ont achevé l'assimilation des sources rhétoriques et doctrinales redécouvertes depuis quatre-vingts ans. La première moitié du ixe siècle avait commencé de les élaborer ; passé 850-860, on travaille pour l'avenir. Les premiers germes de la renaissance philosophique du xie siècle sont semés. Heiric, proche de Scot Érigène, glose le livre des « Catégories » d'Aristote et pose, au mépris des tendances « réalistes » de ses contemporains les fondements de ce qui deviendra deux siècles plus tard le nominalisme. Tandis que, pour le « réaliste » d'alors, les idées comme telles sont une réalité, sinon même la réalité ultime, pour Heiric et les futurs « nominalistes » elles n'ont d'existence que dans l'intellect, et le réel ne réside que dans la particularité des objets. Heiric est, de plus, poète, et l'un des premiers de son temps. Il a conscience de ce que lui-même et ses pairs, au milieu des ruines de l'Empire, ont reçu mission de sauver. Une fierté lui en vient. Dans une lettre qu'il adresse à Charles le Chauve, il exprime une orgueilleuse opinion historique qui peu à peu prendra valeur d'axiome chez les « Français » et survivra — sous

207

une forme altérée — longtemps au Moyen Age : le dépôt de la culture intellectuelle, dit-il, fondement d'une humanité plus haute, fut jadis remis par la Providence aux mains des Grecs ; puis il passa aux Romains ; maintenant, les Francs l'ont repris. Parmi les nations, le royaume de France conserve et protège l'inestimable trésor.

Aux confins de ce royaume, un autre personnage se distingue. Adon, ancien élève de Loup de Ferrières, et qui fut gyrovague dans sa jeunesse, est devenu en 860 évêque de Vienne. On lui doit une *Chronique* exposant toute l'histoire romaine et franque, dans le cadre topique des six « âges du monde ». Cet ouvrage fondamental sera continué chronologiquement, à plusieurs reprises, par des clercs anonymes, jusqu'au xI^e siècle. L'histoire humaine envisagée dans une perspective eschatologique comporte naissance, progrès, mort... et résurrection. Il est remarquable que cette première de nos histoires universelles ait été conçue et exécutée par un évêque dans les années 860-870, qui virent l'écroulement de la Lotharingie et la liquidation du rêve carolingien.

La qualité du raisonnement, l'énergie de la pensée, se sont, depuis vingt ans, accrues chez une petite élite de lettrés. Mais de plus en plus ceux-ci se trouvent géographiquement et humainement isolés. Le niveau général des activités intellectuelles et artistiques a baissé. Les ateliers de copistes, de miniaturistes, d'orfèvres, il est vrai, sont encore nombreux. Le magnifique *Psautier* de Charles le Chauve est exécuté à Reims vers 860. Mais la tradition des techniques artisanales se conserve mieux que les habitudes de l'intelligence spéculative. Loup de Ferrières, Hincmar déplorent le manque d'instruction de beaucoup d'évêques. Les échanges d'école à école se ralentissent. Louis le Germanique doit édicter en 856 un capitulaire pour exiger de ses sujets qu'ils apprennent le *Pater* et s'en fassent expliquer le sens, s'il le faut en langue vulgaire. Il est probable qu'une mesure du même genre n'eût pas été inutile dans le royaume de Charles.

L'historien qui s'attache à suivre le développement de la pensée chrétienne et des arts littéraires relève, au cours des années 855-867, dans le royaume de Charles, trois faits, de nature très diverse, mais également représentatifs du processus de maturation qui s'y accomplit. Le premier de ces faits est une controverse théologique qui, pour ne toucher qu'un nombre limité d'individus, n'en eut pas moins une influence majeure sur l'évolution ultérieure du dogme catholique. Les deux autres faits ne sont rien de moins que l'apparition de documents attestant l'émergence de formes littéraires et musicales entièrement nouvelles.

La controverse érigéniste

La double querelle qui, autour et à propos de Scot Érigène, agita l'épiscopat franc pendant une dizaine d'années, de 858 à 867, fut l'effet dans une certaine mesure, de la tension intervenue entre l'Église de Rome et celle de Byzance (voir p. 165). La suspicion grandissait, en Occident, envers les idées et les rites d'origine grecque qui, depuis des siècles, avaient pénétré dans l'usage latin par le canal des colonies « syriennes » d'Italie et de France. A l'époque de Louis le Pieux, ces apports byzantins avaient fini par toucher à la formulation du dogme : Amalaire de Metz, dès avant 840, avait rapporté de son séjour à Byzance les éléments d'une mystagogie liturgique très étrangère à l'esprit romain. Dans son traité sur l'Eucharistie, Paschase Ratbert s'était inspiré de ce symbolisme. De telles initiatives n'avaient pas choqué d'abord. Mais, passé 850, l'hellénisme plotinisant de Scot Érigène, à la fois plus ambitieux et plus agressif, avait attiré l'attention sur cette tendance.

Vers 859, le moine Ratramne, de Corbie, reprenant une suggestion de Raban Maur, rouvre le traité de Paschase. Il y trouve objet de scandale, le soumet à d'autres autorités. Le problème qui se pose à elles est celui d'une doctrine de la « présence réelle » — pratiquement d'un choix entre deux définitions de celle-ci : le « mode d'être » du Christ dans l'hostie est-il identique ou non à celui qu'il eut dans son corps ? Ratramne, suivant Raban Maur, penchait à admettre la diversité. Le réalisme de Paschase, affirmant l'identité parfaite, impliquait dans l'exercice sacramentel un symbolisme quasi magique. Scot Érigène se rallia à la seconde de ces solutions. Mais, dans sa pensée, le symbole rituel paraissait résorber la réalité du sacrement : peut-être repoussait-il le dogme même de la présence réelle. D'où l'appel lancé contre lui par Hincmar en 860. L'affaire fut transmise à Nicolas Ier, qui en 867 imposa un compromis : l'accord se fit sur une condamnation du symbolisme grec.

Scot Erigène n'avait pas participé à ces tractations. Entre-temps, d'autres événements l'avaient rendu plus suspect encore : l'affaire du pseudo-Denys. Un texte grec néoplatonicien christianisé, la *Hiérarchie céleste,* attribuée à Denys l'Aréopagite, s'était répandu en Occident au viiie siècle. Personne alors n'avait été capable de le déchiffrer. Vers 830, Hilduin s'y était intéressé, et en avait fourni une mauvaise traduction, qu'il avait versée au dossier historique prouvant, selon lui, l'identité du saint Denys de Paris et de l'Aréopagite (voir p. 48). Charles le Chauve, pour des raisons qui nous échappent, chargea en 858 Scot Erigène de reprendre l'ensemble du problème : à la fois quant au texte de l'Aréopagite et quant aux conclusions qu'en avait tirées Hilduin. Sur le plan historique, Scot établit la fragilité d'une identification sans preuves sérieuses : il y gagna de s'attirer la haine des moines de Saint-Denys... comme le fera, pour la même raison, trois siècles plus tard, Abélard. Sur le plan philosophique, il s'appliqua, non à fournir une version mot à mot, mais une étude critique du vocabulaire grec, dont il tentait de définir la portée. Puis, s'étant assimilé cette œuvre, il en reprit pour son compte l'essentiel dans son traité *De divisione naturæ*. Cet ouvrage — dont on pourrait, en langage du xxe siècle, traduire le titre par « La dialectique de la nature » — parut en 865 ou 866, et stupéfia les contemporains. Son corps doctrinal se présentait comme une sorte de vaste et rigoureuse épopée métaphysique, où s'estompaient les contours du catholicisme traditionnel : l'univers entier devenait théophanie ; la matière, un agrégat d'idées ; le mal, un accident provisoire. La notion platonicienne des archétypes rejoignait la théorie orientale des *nomina divina*.

Nicolas Ier, à qui tant d'enthousiasme grécisant était suspect, se fit soumettre le texte... non sans blâmer Charles d'avoir, sans son autorisation, passé commande à Scot Erigène ! L'impression, à Rome, fut hésitante. Personne n'y était préparé à juger une pensée aussi peu conforme aux traditions latines. Le principal conseiller de Nicolas Ier, Anastase le Bibliothécaire, ne cachait pas son opinion favorable. Sur ces entrefaites, eut lieu l'accord de 867 au sujet des doctrines eucharistiques. Toutes ces préoccupations se mêlant dans le souci de la

Curie, on finit par se débarrasser du principal gêneur en déclarant que Scot avait péché par hérésie.

Cette condamnation marqua la fin d'une carrière. Après 867, Scot Erigène disparaît de la cour, sans doute aigri par une incompréhension à peu près générale. On sait seulement qu'il se retira dans un monastère et mourut vers 875. A cette date, Anastase aura laborieusement achevé sa révision du texte de l'Aréopagite, et l'enverra à Charles le Chauve, avec un mémoire assurant que l'identité des deux Denys ne peut être niée.

Naissance d'une poésie

Des documents isolés, surgissant, dans les années 60, de la masse des textes carolingiens, témoignent de la formation de formes d'art étrangères à la tradition scolaire antique. Ils attestent d'une double manière le triomphe, dans la civilisation d'alors, de tendances « modernes » : c'est-à-dire de puissances inventrices qui se développent en marge des canons officiels, sinon contre ceux-ci, et parviennent, dans l'ancienne Gaule romaine, à leur première maturité. Les unes se manifestent avec éclat en milieu monastique ; les autres, fermentant obscurément dans les milieux populaires, provoquent tout à coup l'intérêt des lettrés.

Vers 855, un moine de Jumièges, fuyant son abbaye dévastée par les Normands, parvient à Saint-Gall, en Alémanie. Il y montre à ses hôtes les livres liturgiques qu'il a emportés. Ceux-ci comportent, par rapport au canon grégorien, une innovation remarquable, pratiquée depuis peu de temps dans les monastères du nord-ouest de la France : afin de favoriser la mémorisation des longs mélismes qui prolongeaient le chant de l'*alleluia* de la messe, on en avait pourvu les vocalises d'un texte très simple, qui les soutenait, à raison d'une syllabe par note. Les inventeurs de ce système obtenaient ainsi un bref cantique interpolé dans le texte traditionnel. C'était là, somme toute, une simple application particulière d'une coutume qui semble s'être instaurée en Gaule à l'époque de Louis le Pieux : comme la rigidité du chant grégorien archaïque laissait peu de place à l'inspiration individuelle, on s'était mis à « fourrer » les textes liturgiques de morceaux librement composés — les « tropes » — qui, tout en les commentant, en en expliquant le sens, étaient chantés sur une mélodie propre. Le « trope » constituait une sorte d'interruption du déroulement liturgique canonique, interruption qui permettait, à certains moments du culte, l'essor d'un libre élan lyrique.

Rien ne nous est resté des « tropes » les plus anciens. Tout porte à croire que leur intérêt littéraire était nul ; qu'en revanche ils amorçaient une révolution considérable dans la musique (le nom des futurs troubadours semble avoir à l'origine signifié « faiseur de tropes »). Le seul trope qui, dès le IXe siècle, devint l'objet d'un effort de création poétique original fut celui même que le moine de Jumièges révélait à ses confrères alémaniques : le trope de l'*alleluia,* bientôt nommé « séquence ».

Saint-Gall possédait alors un musicien de très grand talent, Notker. Celui-ci comprit aussitôt le parti que l'on pouvait tirer de l'invention des chanteurs de Jumièges. La séquence en effet s'insérait dans la liturgie à un moment de haute tension affective : les mélismes qu'elle soutenait constituaient, selon la tradition, le *jubilus,* l'exaltation de joie provoquée chez le fidèle par le cri d'*alleluia.* Diverses influences mal définissables jouèrent du reste un rôle dans cette genèse : modèle de mélodies byzantines, sinon mozarabes ou irlandaises ? Toujours est-il que, par l'œuvre de Notker, la séquence devint en peu d'années un admirable genre littéraire, cultivé dans tout le royaume de France et en haute Allemagne, puis dans l'Occident latin entier. Il faudra un demi-siècle pour que les lois techniques s'en dégagent clairement. Mais, presque aussitôt, la séquence devint la forme lyrique par excellence. Sans modèles traditionnels, livrée entièrement au génie du compositeur, elle fut le canal par où, dans un monde profondément traditionaliste, la liberté individuelle pénétra au sein même du canon poétique.

La séquence ne tarda pas, dans l'esprit des musiciens et des poètes, à concurrencer l'hymne, qui était la forme héréditaire du lyrisme religieux. Tandis que l'hymne, contenu par les schémas grégoriens, confiné dans l'office conventuel, gardait un caractère plus savant, plus rigide et moins public, la séquence, chantée à la messe, par des chœurs alternés, dans le concours du peuple, poésie essentiellement communautaire, prit un ton, un style plus proches de la langue quotidienne et de la simplicité affective de la foule. L'ampleur de cette révolution est telle que, dès le IXe siècle, on se met à composer des séquences à sujets profanes, soit afin d'établir un lien entre la liturgie et la vie profane, soit même en vue d'utiliser ces chants en dehors de tout cadre liturgique :

Quid tu, virgo

mater, ploras,
Rachel formosa,

cujus vultus
Jacob delectat ?

214

Ceu sonoris aniculæ

lippitudo eum juvet !

« Pourquoi donc, vierge mère, pleures-tu, belle Rachel, dont le visage réjouit Jacob ? Autant que celle de ta sœur aînée, la fraîcheur de ton teint lui plaît... »

Ou bien :

De gente fera
nos libera,
normannica,
quæ nostra vastat, Deus, regna !

« De la nation cruelle délivre-nous, des Normands qui ravagent, ô Dieu, notre pays ! »

La forme primitive de la séquence était uniquement déterminée par la musique. Le texte, suivant la mélodie note par note, comportait une série de huit à vingt « clausules », en une prose dont les membres de phrases furent, en France, le plus souvent rimés en *a*. Assez tôt, on introduisit des ornements plus littéraires : prose rythmée, vers, et même strophes et refrain. Le développement rapide du genre est incontestablement à l'origine de la grande poésie de langue vulgaire — française et occitane, puis allemande — qui s'épanouira au XIIe siècle.

Cette dernière eut-elle aussi des racines dans un folklore de chansons populaires ? On ne saurait plus aujourd'hui le nier sans hésitation. Un hasard nous a transmis, de l'époque même des premières séquences, un spécimen curieux et unique de ce qui put être un lyrisme paysan à l'état sauvage. Vers 865, Hildegaire, évêque de Meaux, écrivant la vie de saint Faron, patron de son église, personnage du vi^e siècle, signalait le rôle qu'il aurait joué lors d'une guerre menée par le roi Clotaire contre les Saxons. Hildegaire cite à ce propos deux courts fragments d'un poème en latin très corrompu, où l'on a cru reconnaître de la langue vulgaire superficiellement latinisée :

De Chlotario est canere, rege Francorum,
qui ivit pugnare in gentem Saxonum...

Hildegaire précise que ces vers, bien connus dans le peuple, étaient chantés par des chœurs de femmes qui les accompagnaient de claquements de mains.

Peut-être l'évêque de Meaux ressortait-il ainsi un vieux poème traditionnel ? On penche plutôt à y voir une chanson relevée par lui vers 860 et à laquelle, pour les besoins de la cause, il attribue trois siècles d'âge. Ou bien même est-ce une contrefaçon de folkloriste facétieux... qui du moins attesterait l'existence, au milieu du ixe siècle, de chansons populaires de ce type. Le témoignage d'Hildegaire permet ainsi d'éclairer une série d'allusions plus obscures faites, entre le vi^e et le ixe siècle, par divers capitulaires ou décrets épiscopaux. Ces textes signalent, pour les condamner comme survivances païennes, l'existence de diverses formes caractéristiques de folklore : chants de louange en l'honneur d'un chef (ce pourrait être là le genre illustré par la citation d'Hildegaire) ; chants satiriques ; parodies de chants religieux ; chants choraux de lamentations sur la mort d'un guerrier ; et, principalement, de mystérieux *cantica obscaena,* chantés par des groupes de femmes, et auxquels s'en prennent le plus souvent, au ixe siècle, les condamnations officielles. Une poésie populaire, peut-être abondante et variée, coexista donc avec la littérature scolaire carolingienne dès l'origine de celle-ci. Sur certains points, on a la quasi-certitude que, dès la fin du VIIIe siècle, des lettrés s'inspirèrent de cette tradition autochtone. Parmi les poèmes que nous ont laissés les clercs du temps de Charlemagne, de Louis le Pieux et de Charles le Chauve, figurent plusieurs *planctus* (comme celui qui déplore la mort de Hugues de Saint-Quentin, voir p. 136) : le style scolaire de ces lamentations, du reste très inégalement travaillé, dissimule à peine le lien qui les attache à quelque vieille tradition de chants dynastiques : le hasard nous en a conservé les mélodies, très difficilement déchiffrables, mais en tout cas étrangères à la norme grégorienne savante. Un chant de victoire composé par un poète de cour après la défaite des Avars en 796, présente des analogies avec le fragment d'Hildegaire :

Adpropinquat rex Pippinus forti cum exercitu...

Telle chanson bachique conservée dans un manuscrit parisien du IXe siècle peut être à la fois un jeu de moine lettré et une réminiscence de thèmes populaires :

Bachifer, eia !
Delue catinum,
funde falernum,
ferque lieum...

« Eh, garçon ! Rince mon verre, verse le vin, apporte du meilleur ! »

Desuper acto
nomine Christi,

217

hoc bibe totum
munus, amice !

« Au nom très haut du Christ, bois-moi d'un coup ce qu'on te sert, ami ! » Il en va de même de chansons satiriques comme celle-ci, dont la forme même, purement accentuelle, diffère profondément des modèles scolaires :

> *Andecavis abbas esse dicitur :*
> *ille nomen primi tenet hominum.*
> *Hunc fatentur vinum vellet bibere*
> *super omnes Andecavis homines.*
> *Eia eia eia laudes,*
> *eia laudes*
> *dicamus Libero !*

« A Angers, il y a, dit-on, un abbé qui porte le nom du premier homme. On raconte qu'il voulait boire à lui seul autant que tous les Angevins. Eia eia eia gloire, eia gloire, gloire à Bacchus ! » Les vers du quatrain sont composés de deux groupes, de quatre puis sept syllabes, et portent très régulièrement des accents sur la quatrième, la cinquième, la septième et la neuvième syllabe. Ce rythme fortement scandé évoque l'image d'une marche, ou de claquements de mains, ou d'une gesticulation mimique.

Les préjugés classicisants que fit triompher la « Renaissance carolingienne » sont cause de la perte de notre poésie populaire archaïque. Il n'en reste pas moins que deux traditions s'opposèrent dans la littérature du IXe siècle, l'une à l'autre, — la seconde peut-être née d'une réaction contre la première. D'une part, la tradition populaire, d'origine incertaine ; d'autre part, la tradition savante, d'origine patristique. Entre les deux, un fossé profond, qu'à partir de 800 franchit de temps à autre un lettré isolé, amateur de folklore. Hildegaire est le premier en Occident à montrer de l'intérêt pour la poésie populaire comme telle, sans chercher à la farder d'agréments artificiels. En ce sens, il marque une date importante dans l'histoire du goût : d'autres indices assurent que, vers 860, l'attention s'éveille, chez beaucoup de lettrés, pour ces phénomènes jusqu'alors méprisés. Sans doute l'évolution politique et économique, dans la mesure où elle repliait la vie individuelle sur son cadre local, contribua-t-elle à cette prise de conscience. Parallèlement, on constate, dans la littérature savante, depuis 850, l'avènement d'une véritable inspiration épique, qui pourrait devoir autant à certaines inspirations populaires qu'à l'influence des événements.

Au reste, qu'entendre par poésie « populaire » ? Le trait capital et distinctif en serait l'anonymat, la collaboration simultanée ou successive de multiples auteurs et exécutants, les remaniements incessants, une sorte de jeu unanime et polymorphe de variations. A la base, il y aurait un état poétique latent, immanent à la fois à la langue et à la sensibilité ; le ressort en serait la prolifération des initiatives individuelles au sein d'une tradition sociologique à la fois souple et rigoureuse. L'individu créateur se dégage mal, ainsi, de la collectivité pour laquelle, dans laquelle, en union avec laquelle il chante. Au terme de ce processus, on aboutit à la fixation de certains types d'expression caractéristiques dans lesquels réside essentiellement le contraste avec la poésie lettrée. Une découverte récente nous permet de nous faire une idée de ce que fut la typologie d'une poésie amoureuse romane archaïque — les *cantica obscaena* des textes conciliaires ! On a retrouvé en 1948 une quarantaine de chansons populaires andalouses dont la tradition remonte aux xᵉ et ixᵉ siècles. En dépit de l'éloignement géographique, les thèmes et les procédés que l'on y relève sont presque identiques à ceux qui, tardivement, distinguent un certain lyrisme français du xiiiᵉ siècle : on peut admettre que ce dernier revêtit simplement, d'un décor littéraire savant, de très anciennes chansons restées vivantes dans la tradition des campagnes. Ces chansons d'amour sont toujours mises sur les lèvres d'une femme ; elles disent — en mots très banals, sans métaphores, parfois en une simple série d'exclamations juxtaposées — l'appel que l'on adresse à l'aimé, l'élan de la joie physique ; l'éloge d'une beauté désirée, les hésitations de la pudeur, l'inquiétude de la jalousie, la blessure de l'orgueil, l'ardeur et la tristesse de l'attente. Elles évoquent la mère grondeuse, la sœur complice, l'infidèle, le messager... Le seul exemple ancien d'origine française que nous en possédions est une adaptation savante du xᵉ siècle, en forme de séquence :

> *Ego fui sola in silva*
> *et dilexi loca secreta,*
> *fugique frequentius turbam...*

« J'étais seule dans la forêt, je cherchais les lieux les plus écartés, fuyant l'agitation de la foule... »

> *Philomela jam cantat in alto,*
> *ardet amor cordis in antro.*

« Le rossignol chante dans les branches, l'amour brûle au fond du cœur. »

Ainsi chantait peut-être la fille du roi Charles, au temps où Baudouin la convoitait en secret, ainsi avait chanté jadis sa mère. Mais cet art, confiné aux villages et aux chambres des femmes, commençait à éveiller des échos plus lointains. Un jour viendra où son influence, combinée avec celle du lyrisme séquentiaire, engendrera, dans une société mûrie, le premier poème du premier troubadour.

V

L'empereur Charles
(867-877)

Dès les mois qui suivent la mort de Nicolas Ier, l'attitude de Charles le Chauve se modifie. Une hypothèque morale, qui pesait lourd sur son royaume, est désormais levée. Son neveu Lothaire II lui paraît maintenant un homme fini. Tôt ou tard, ce triste roitelet sera balayé de la scène politique, méprisé et sans descendance. Sa succession est virtuellement ouverte. Il convient d'en préparer le règlement avec une circonspection suffisante. Louis le Germanique vieillit, entouré de la haine ou de la jalousie de ses fils. Louis II ne quitte plus guère l'Italie méridionale où il guerroie contre les Maures. Sur un Charles le Chauve qui vient d'entrer dans sa quarante-cinquième année, les rêves ambitieux ont plus de prise que naguère ; les insinuations flatteuses, plus d'effet. Il constate la dégénérescence physique ou morale des autres membres du lignage impérial. Les événements eux-mêmes semblent faire de lui, en pleine

222

possession encore de ses forces, l'homme providentiel qu'attend le monde chrétien.

Un personnage nouveau se rapproche de lui et gagne sa confiance : l'évêque historien Adon de Vienne (voir p. 208). Celui-ci représente, dans les provinces lotharingiennes du Midi, la seule force qui puisse s'opposer efficacement à celle du vieux marquis Girard. Or, Girard, l'homme des pactes, repousse sans discussion toute idée d'annexion du Viennois à la France. Adon voit plus grand. On trouve dans sa pensée un dernier reflet des idées impériales qui florissaient au temps de Louis le Pieux. Adon a misé sur Charles, en qui il voit le seul garant valable de la paix. Au service de cette conviction il met son prestige, qui grandit rapidement dans l'épiscopat et à Rome même. Auprès de Charles, il va désormais doubler Hincmar, habilement, plus discret, mais aussi plus actif sur le plan proprement diplomatique.

Dès les débuts du nouveau pontificat, Adon prend contact avec la Curie, obtient l'assurance que l'on y est prêt à certaines concessions. Il est vrai que le successeur de Nicolas Ier diffère profondément de ce dernier : Adrien II était un prêtre romain aimable mais sans personnalité, timoré, livré aux influences de son entourage, de surcroît borgne et boiteux. Deux familles l'ont pris sous leur redoutable sauvegarde : celle d'Arsène, l'ancien légat, dont les fils, Éleuthère et Anastase le Bibliothécaire, font la loi au palais de Latran ; et celle du pape même qui, jadis marié puis séparé de sa femme, laisse celle-ci s'installer avec leur fille dans les appartements pontificaux... En plein carême de 868, un scandale éclate : Éleuthère enlève — moins par amour que par vengeance contre on ne sait quelle injustice — la fille du pape. Celui-ci se voit contraint à une démarche ridicule : il va réclamer l'aide de Louis II contre le ravisseur ! Mais Éleuthère, plutôt que de céder, assassine froidement sa maîtresse et la mère de celle-ci.

Il a suffi d'une saison pour retourner le rapport des forces contre les rois et le Souverain Pontife. Chacun se flatte d'obtenir d'Adrien l'abrogation des mesures prises par son prédécesseur. Les prélats naguère déposés préparent leurs rapports. Lothaire se remet à espérer. Cependant, la faiblesse d'Adrien va faire, durant quelque temps, de Louis II le premier personnage de la chrétienté. Louis II jouit en effet auprès du pontife d'une audience illimitée. Sans doute cette faveur s'explique-t-elle par le prestige du nom d'empereur sur un homme simple, dont l'horizon n'a jamais dépassé la ville de Rome. Mais il y a plus : depuis quelques années, les Musulmans ont pris pied à Bari, avancé de là jusqu'à Bénévent puis au Volturno, jouant des différends qui opposent entre eux les chefs locaux de Campanie. Ils progressent en direction du Latium. Le quart méridional de la péninsule est en voie de passer sous leur domination. Dépourvu de tout moyen propre de défense, le pape tremble dans Rome. Le siège de saint Pierre se trouve maintenant à quelques journées de marche des camps des Infidèles. Un seul homme peut sur-le-champ faire face à ce danger : Louis II, guerrier fruste mais d'une réelle bravoure. Désormais et pendant des siècles, la crainte du péril musulman sera toujours présente parmi les considérations qui dicteront la politique pontificale. Une pensée obsédera les papes : trouver l'homme fort. Des hommes forts, ils en usèrent beaucoup dans cette aventure : la première de leurs illustres victimes sera Charles le Chauve.

Liquidation de la Lotharingie

Au début de 868, Lothaire fit rebondir l'affaire de son divorce. Il convainquit Teutberge de se rendre une nouvelle fois à Rome afin d'y demander elle-même la rupture de leur mariage. Adrien temporisa. Conscient de l'importance internationale du problème, il craignait, en le tranchant, de s'attirer les représailles de l'un des partis. Il renvoya Teutberge à son mari, mais leva l'excommunication qu'avant de mourir Nicolas Ier avait lancée contre Walrade, échappée de son couvent. Simultanément, il adressait à Hincmar une lettre de félicitations.

Déjà Hincmar était revenu en grâce auprès de Charles. Les palinodies d'Adrien éveillèrent sa méfiance. Sur son conseil, Charles demanda à Louis le Germanique une entrevue, qui eut lieu à Metz en juin 868, et au cours de laquelle les deux frères convinrent de se partager à l'amiable la Lotharingie le jour venu. Certains de la pusillanimité du pape, ils jugeaient habile de prendre ainsi un gage diplomatique. Cependant, Lothaire II hésitait sur la conduite à tenir. En 868, puis en 869, il rend visite à ses oncles, tentant de leur arracher une promesse de non-intervention, alléguant ou dissimulant tour à tour son espoir d'épouser enfin Walrade. Louis comme Charles le laissent dire, et évitent tout engagement. En juin 869, Lothaire se décide enfin, et part pour l'Italie. En vain il cherche à atteindre Louis II, en pleine campagne contre les Maures de Bari. Du moins, il intéresse à son sort l'épouse de Louis II, Engelberge, qui lui ménage un entretien avec Adrien lui-même. Ce seul fait impliquait un retour sur la sentence de Nicolas Ier. Le Saint-Siège se désistait pratiquement de l'affaire. Lothaire, sur ce point capital, triomphait donc. Restait à s'entendre avec la cour de France. Déjà

Lothaire remontait vers le nord quand, atteint d'une fièvre maligne, il dut s'arrêter à Plaisance. Le 8 août 869, il y mourait.

L'événement donnait raison à Charles le Chauve, à Hincmar, à Adon. Lothaire II mourait sans enfants légitimes. Hugues, le fils de Walrade, se cachait on ne savait où. Certes, Louis II eût pu faire valoir, en vertu d'accords anciens, des droits à la succession de son frère. Mais toute action au nord des Alpes lui était interdite dans la situation où se trouvait l'Italie. Louis le Germanique, gravement malade, était gardé à Ratisbonne par ses médecins, qui commençaient à désespérer de le sauver. Charles le Chauve n'hésita pas. Dès que lui parvint la nouvelle de la mort de Lothaire, il alla s'établir à Attigny, aux confins de la Lorraine, et fit opérer par ses émissaires un sondage d'opinion dans ce pays. Évêques et seigneurs lorrains se divisaient en deux partis, inclinant à favoriser soit le roi de Germanie, soit celui de France. Les uns demandaient que l'on attendît, pour agir, la guérison de Louis ; d'autres pressaient Charles d'accourir.

Il accourut. Le 5 septembre, il arrivait à Metz, accueilli en grande pompe par l'évêque de la ville, Advence, l'un de ses principaux partisans. L'affaire fut réglée d'urgence : le 9 septembre, dans la cathédrale Saint-Étienne, Charles était sacré roi de Lorraine. Les mains unies de tous les évêques présents soutinrent la couronne au-dessus de sa tête, en symbole d'une délégation collective du pouvoir. Dans un discours de circonstance, Advence proclama que la source véritable de la légitimité royale est l'aptitude du roi à gouverner effectivement et à assurer une défense efficace de ses sujets. Il entendait par là justifier le coup de force accompli au détriment de Louis le Germanique et de Louis II. Mais, à ce compte, de couronnement en couronnement, Charles laissait saper sous lui plus profondément les fondations du pouvoir qu'il représentait. Sans doute ne fut-il jamais conscient de cette évolution. Le succès immédiat comptait seul, et cette fois-ci il était considérable. Aussi bien, le parti auquel Charles devait son triomphe se recrutait principalement parmi les seigneurs de la région de Metz, Toul, Verdun, Tongres : la Lorraine des confins romans, orientée vers la Champagne et la vallée de l'Aisne. Les paroles d'Advence pouvaient signifier que les habitants de ce terroir sentaient l'absurdité d'une séparation politique qui les coupait du royaume de l'ouest. De part et d'autre de la frontière, dans les provinces métropolitaines de Trèves et de Reims, beaucoup de lignages seigneuriaux avaient gardé le souvenir d'une origine franque commune. C'était là un sentiment sur lequel Charles comptait peut-être s'appuyer. De telles espérances empêchaient de percevoir l'effritement de la dignité royale. Dix-neuf ans plus tard, en vertu des principes mêmes invoqués à Metz, le propre petit-fils de Charles le Chauve se verra écarté du trône au profit d'un guerrier heureux, Eudes, fils de Robert le Fort (voir note généalogique).

Au soir du 9 septembre 869, rien n'inclinait Charles à prévoir les catastrophes d'un lointain avenir. Couronné, il pénètre dans Aix-la-Chapelle, et adresse des messages aux Grands de Lorraine, de Bourgogne et de Provence. Il se débarrasse avec de bonnes paroles d'une ambassade qui lui transmet les protestations de Louis II. Il est assuré de la fidélité de l'épiscopat de France et de Lorraine dans sa presque unanimité. Hincmar le pousse à donner de nouvelles preuves de sa force. Jamais depuis le début du règne les circonstances n'ont paru aussi favorables. Pourtant, entre les tendances profondes du tempérament de Charles et les ambitions qu'on lui a fait peu à peu concevoir, une sorte d'incompatibilité s'accuse. Le roi se contraint tant soit peu dans son rôle. Certes, sa nature est assez riche pour en soutenir la dignité. Mais d'ores et déjà il a perdu la droiture de caractère qui dans sa jeunesse fit sa vraie grandeur.

Le beau manuscrit dit *Codex aureus,* copié à Corbie peu après ces événements, contient un nouveau portrait de Charles. L'aspect général de la physionomie diffère à peine de celui que présente le portrait du *Psautier* (voir p. 162) ; pourtant, le port de tête, le geste, la fermeté du regard, y trahissent une volonté de puissance, une magnanimité sûre d'elle-même. Le visage, légèrement de biais, se tourne vers un interlocuteur invisible ; la main s'élève de façon impérative, comme pour accentuer un ordre. Les sourcils très noirs, accusés, contrastent avec le poil gris des tempes sous la couronne massive. Pas de sceptre ; pas de signe extérieur de la dignité royale que le luxe du décor et une intense impression de majesté. De part et d'autre d'un dais de pourpre et d'or, deux personnages en costume de cour apportent l'épée, la lance, l'écu ; deux autres, des cornes d'abondance, tandis que veillent des anges penchés au-dessus du roi : Charles dans sa gloire.

Durant l'hiver de 869-870, Charles travaille à mettre tout le monde devant un fait accompli. Le bruit court, fin novembre, que Louis le Germanique est à l'agonie. Avec lui disparaîtra le dernier obstacle que l'on craigne à une mainmise définitive sur la Lorraine. Charles aussitôt pénètre en Alsace, en Rhénanie, recueille des serments de fidélité, désigne des évêques. Il s'emballe, manque de prudence. A Cologne, il veut imposer un nommé Hilduin ; la ville compte un fort parti anti-français, qui réussit à faire élire un autre candidat. Louis le Germanique, dont la santé s'est, entre-temps, plus ou moins rétablie, s'empare de l'affaire et envoie le dossier au pape, tandis qu'il adresse à Louis II et à Engelberge un mémoire exposant les agissements de Charles. A ce dernier, il envoie une ambassade. Charles réplique, tergiverse. Durant plusieurs mois se poursuivent des tractations dominées de part et d'autre par la crainte d'une nouvelle guerre. Une commission de partage, désignée en mars, ne parvient pas à mettre sur pied un projet admissible. Le 10 juillet 870, Charles et Louis se rencontrent à Meersen, sur un promontoire dominant la Meuse, entourés chacun d'un petit nombre de fidèles. Reprenant et précisant leur accord de Metz (voir p. 225), ils adoptent un plan minutieux de partage territorial, qui réglait enfin cette succession lotharingienne, source depuis dix ans de tant de troubles pour l'Occident. Les frontières septentrionales et orientales du royaume de Charles étaient fixées sur une ligne qui marquera jusqu'au xvie siècle les limites respectives de la France et de l'Allemagne. Le cours de la Meuse et celui de la Saône délimitaient le royaume à l'est. La plus grande partie de la Bourgogne lui échappait ainsi ; en revanche, il s'étendait largement vers le Midi, englobant les territoires situés entre le Rhône, les crêtes des Alpes et la Durance. La Provence maritime demeurait à Louis II.

Le partage était avantageux pour Charles, en ce sens que les territoires qu'il abandonnait à son frère étaient ceux mêmes où un fort parti contestait l'opportunité d'un rattachement au royaume de l'ouest. Dans ses nouvelles limites, arrondi au nord et au sud-est, le royaume conservait une unité relative, d'esprit, d'intérêts économiques et de langue.

Au cours des mois qui venaient de s'écouler, Charles

s'était lié étroitement avec plusieurs membres d'un lignage lotharingien dont le chef était Bivin, abbé laïque de Gorze, beau-frère d'Hubert de Saint-Maurice et de Teutberge (voir tableau généalogique). Les origines de cette accointance sont obscures. Sans doute Bivin et ses fils furent-ils parmi les premiers en Lorraine à se rallier à Charles. Mais il semble que la beauté de la fille de Bivin, Richeut, ait servi d'appât à séduire le roi. Du jour où cette jeune fille entra dans la vie de Charles, son frère, Boson, commença une carrière exceptionnellement brillante et rapide. L'affaire paraît avoir pris naissance le 9 octobre 869. Charles chassait ce jour-là dans les Ardennes en compagnie de Boson, quand leur parvint la nouvelle de la mort de la reine Ermentrude, survenue à Saint-Denys trois jours plus tôt. Charles ne feignit pas une douleur qu'il ne ressentait point. S'estimant libéré de la fidélité conjugale, il demande aussitôt à Boson de lui amener Richeut. Dès le 12, c'est chose faite : avec l'accord de sa mère, la jeune fille arrive à la cour, à Douzy, où le roi la prend pour concubine. Il paie Boson du service rendu en lui faisant don de l'abbaye de Saint-Maurice d'Agaune, de domaines en Champagne et en Bourgogne, puis du comté de Bourges.

Charles nourrit pour Richeut une violente passion. Durant plus de trois mois il ne la quitte pas un instant. Boson voit son crédit sur le roi augmenter en peu de temps d'une manière qui scandalise Hincmar. En 870, des lampes brûlent en son honneur dans l'église de Saint-Denys, selon un usage réservé en principe au roi et à sa famille. A Saint-Martin de Tours, son nom figure dans les prières récitées pour la maison royale. Entre-temps il est devenu l'un des plus riches propriétaires fonciers du royaume. Charles le traite comme son homme de confiance, étroitement associé à l'exercice suprême du pouvoir. Un tel débordement de bienveillance implique chez le roi un aveuglement comme jamais encore on ne lui en a connu. L'amour que porte à Richeut ce quadragénaire aux mœurs jusqu'alors chastes et plutôt austères, obnubile son jugement. Certes, Boson, ambitieux, retors, mais brave, fruste et dur, pouvait faire un serviteur utile dans certaines situations désespérées. Ses desseins les plus suspects lui furent peut-être inspirés, moins par une nature perverse, que, à la longue, par les bienfaits démesurés dont le combla Charles. Il reste qu'il fut l'artisan principal de la catastrophe par laquelle finira le règne. Quant à Richeut, peut-être — en même temps qu'elle assurait à Charles une alliance en Lorraine — fit-elle renaître en lui son désir d'avoir encore un fils légitime, enfin l'héritier selon son cœur. Le 22 janvier 870, à Aix-la-Chapelle, les amants furent solennellement unis en mariage. Quand, six mois plus tard, Charles et Louis le Germanique se rencontrèrent à Meersen (voir p. 229), leurs situations respectives s'opposaient ainsi de façon frappante : Louis, mal guéri, vieilli, peu assuré de son pouvoir en Germanie, avait, dans sa crainte de perdre la face, caché qu'il venait d'être victime d'un grave accident (le plancher de sa chambre s'était écroulé sous lui), Charles, revigoré par le succès, momentanément paisible dans ses États, accompagné de sa jeune femme, promesse de renouveau dynastique, épaulé par une belle-famille puissante, attendait l'avenir avec espoir.

Le partage de Meersen ne pouvait manquer d'inquiéter Adrien et Louis II. La protestation vint aussitôt. Le fait accompli portait atteinte au droit successoral carolingien tel que, après trois générations, on pouvait en définir la coutume. Aucun compte n'avait été tenu des volontés antérieures du défunt. Charles et Louis le

Germanique avaient rompu un pacte familial tacite. Le règlement qu'ils avaient imposé répondait peut-être, en pratique, à une certaine conception simpliste du bien public. Du point de vue du droit et de l'équité, il était sans valeur.

Louis le Germanique, qui savait sa santé définitivement compromise, préféra éviter une rupture. Au formalisme juridique d'Adrien et de son allié, il répond, à sa manière cauteleuse, que le partage de Meersen est, en somme, provisoire, que d'autres développements restent possibles. Il temporise, d'autant plus enclin à se ménager l'opinion romaine que Charles, lui, est plus intransigeant.

Le courrier pontifical parvint à Saint-Denys, le 9 octobre. Avec une maladresse insigne, le pape ordonnait à Hincmar d'excommunier Charles s'il ne renonçait pas à la Lorraine. En même temps, il adressait des reproches hautains à l'archevêque de Reims, dont il ne doutait pas qu'il eût été l'instigateur de cette politique. Charles, puis Hincmar, répondirent par des lettres personnelles. Ils parlèrent haut et ferme. D'un homme comme Adrien, ils n'admettaient pas qu'il singeât Nicolas Ier. Certes, Charles joignait à sa missive un cadeau diplomatique — une superbe nappe d'autel brodée d'or, et deux couronnes serties de gemmes. Il laissait à Hincmar le soin de mettre les points sur les i. Rappelant à Adrien que le pouvoir pontifical aurait depuis longtemps fait faillite s'il n'avait pas été, un siècle plus tôt, soutenu et imposé par les rois francs, Hincmar ironisait : est-ce avec les prières d'un pape que l'on combattrait les Normands ? La conclusion était nette : *On ne peut être à la fois évêque et roi ; si les affaires de l'Église relèvent des papes, les affaires publiques relèvent exclusivement des rois.* Sans doute, il convient de prendre *cum grano salis* de telles déclarations, commandées par la situation présente et destinées à écraser le faible adversaire qu'est le pontife du jour. Néanmoins, elles marquent dans l'esprit d'Hincmar et de Charles le début d'une orientation nouvelle. L'effondrement des structures politiques occidentales est un fait désormais patent. Il importe donc à tout prix de renforcer la dernière d'entre elles qui subsiste — la royauté —, spécialement dans la personne du dernier roi digne de ce nom — Charles — et sur le territoire du royaume carolingien le moins hétérogène et relativement le plus puissant encore — la France. L'expérience du précédent pontificat avait assez montré quel danger pouvait comporter, à cet égard, sous le règne d'un pape déterminé et habile, l'idéologie cléricale traditionnelle. Les Grands de Lorraine, assure Hincmar, ne veulent pas d'un Louis II, ils cherchent un chef : la chose par là est jugée.

Sans attendre la réaction que provoquerait à Rome cette réponse, Charles entreprit de mettre en application l'accord de Meersen : c'est-à-dire de s'imposer par les armes aux provinces méridionales de la Lotharingie, le Lyonnais et le Viennois, où Girard, affectant d'ignorer le règlement intervenu, se comportait en maître et refusait d'introduire le nom de Charles dans les actes publics.

A la fin d'octobre, en dépit de l'approche de l'hiver, le roi se met en route, traverse la Bourgogne, et pénètre sans combat dans Lyon, dont l'archevêque, Rémi, lui est acquis. Mais alors survient un incident dont les conséquences vont empoisonner les dernières années du règne. Charles, las des perpétuelles intrigues de son fils Carloman, l'avait récemment fait interner à Senlis. Puis, sur les instances du pape — envers qui il pensait faire ainsi un geste de courtoisie, atténuant le coup qu'il lui portait — il avait consenti à libérer le jeune homme, à condition qu'il l'accompagnât dans son expédition. Or, durant le séjour de l'armée à Lyon, Carloman s'échappa. Fuyant une nuit le camp paternel, il gagna la Belgique, où il groupa une bande de brigands à la tête de laquelle il commença à battre le pays. La remarque laconique des Annales de Saint-Bertin, *Karolus nimium egre tulit,* « Charles prit cela extrêmement mal », suppose que le roi entra dans une colère dont la violence épouvanta son entourage. Néanmoins, il ne pouvait poursuivre sur-le-champ le rebelle. Confiant à Hincmar le soin de le faire traquer, il vint mettre le siège devant Vienne. Girard ne s'y trouvait pas, occupé à fortifier quelques châteaux de la région. Charles, jugeant la ville imprenable, et laissant ses troupes saccager les environs, établit un contact avec les partisans d'Adon. La pression de ceux-ci sur Berthe, femme de Girard, qui assumait le commandement intérimaire de la ville, la contraignit à la reddition. Le 24 décembre 870, Charles pénétrait dans Vienne. Girard et Berthe, laissés libres, furent embarqués avec leurs meubles dans trois navires sur le Rhône, et se retirèrent dans les terres de Louis II, près d'Avignon. Quant au Lyonnais et au Viennois, Charles les confia, avec le titre de duc, à Boson.

Puis il remonta sur Saint-Denys, dans l'intention de mettre fin à l'équipée de Carloman. Des pourparlers s'engagèrent entre le père et le fils, au début de 871. En vain. Charles allait se résigner à combattre lorsque Carloman se jeta avec sa bande dans les forêts du Jura, et de là invoqua la médiation de Louis le Germanique. Celui-ci, en butte à une révolte de ses propres fils — qui de leur côté réclamaient l'arbitrage de Charles — proposa d'arranger l'affaire collectivement en famille. Peut-être tentait-il ainsi un retour — bien tardif — à l'ancienne politique de « confraternité ». Mais le temps de celle-ci était passé. Jusqu'en septembre, on marchanda sans résultat, et l'on finit par se séparer : le problème demeurait entier.

Comment on devient empereur

La préparation psychologique et le succès militaire final de l'expédition de Charles contre le Viennois avaient été l'œuvre d'Adon. C'est Adon qui avait réveillé chez le roi un désir que celui-ci avait conçu jadis, vers 861, puis refoulé : le désir d'étendre sa domination en direction du sud-est. Ce n'était pas là céder à une envie banale de conquête, mais répondre à un besoin géopolitique de plus en plus sensible. En effet, l'empire franc, à l'époque de sa constitution, au VIIIe siècle, s'était axé sur une diagonale européenne nord-ouest sud-ouest (voir p. 33). Son organisation de base, ses tendances initiales fondamentales, avaient été déterminées par cette orientation. Sa croissance ultérieure vers l'est et le nord-est avait gauchi son évolution et, finalement, provoqué sa rupture. Depuis que la Germanie, en 840, s'était détachée des parties occidentales de l'empire, ces dernières tendaient naturellement à se réorganiser selon l'axe ancien. Celui-ci remplissait une fonction vitale pour le royaume de Charles — qui formait géographiquement et historiquement le cœur de l'empire —, ainsi que pour l'Italie désormais coupée de Byzance. Par ailleurs, l'altération subie depuis peu par le pouvoir pontifical rendait souhaitable que le roi de France se rapprochât de Rome. Enfin, le prestige culturel des régions méditerranéennes n'était pas encore épuisé. La conquête du Viennois apparaissait à Adon comme une première étape, préalable à une annexion de la Provence, puis, qui sait ? par-delà celle-ci, de l'Italie. Dès lors, autour de Charles, on commence à envisager le problème que posera un jour ou l'autre la succession de Louis II. Ce guerrier tombera prématurément sur quelque champ de bataille. Hincmar semble n'en pas douter. Il est vrai que l'impératrice Engelberge gouverne plus effectivement que Louis II, et elle entretient des rapports étroits avec Louis le Germanique. Charles et Hincmar suscitent autour d'elle des intrigues, tentent d'insinuer à son sujet des doutes dans l'esprit de son époux.

Cependant Louis II s'était engagé à fond dans ce qu'il considérait comme l'œuvre de sa vie : la destruction de la base musulmane de Bari. Celle-ci en effet apparaissait comme le point névralgique de l'Italie ; eût-elle disparu, on pouvait espérer que le danger islamique reculerait, retomberait du moins à des proportions si modestes qu'on pourrait aisément le neutraliser. Le succès couronna l'entreprise. Après plus d'une année de préparation, Louis II, en février 871, emporte la place. C'est une victoire immense... dont il est significatif que les annalistes de Gaule et de Germanie ne soufflent mot. Il est vrai que, pour obtenir ce résultat, Louis II a dû recourir à l'aide de la flotte byzantine. Depuis l'accession de Basile Ier en 867, au trône d'Orient, et la réconciliation qu'il avait opérée avec le pape, l'espoir des Italiens se tournait vers l'empire grec, dernier soutien possible, à leurs yeux, de la civilisation chrétienne. Peut-être nourrissait-on de ce fait, à Byzance, certaines illusions. Aussi, Louis II, après sa victoire, juge-t-il opportun d'adresser à Basile une lettre d'une étonnante et presque puérile fierté. Il parle d'égal à égal. Il est, lui, l'Empereur d'Occident, légitimement couronné, et n'a pas de comptes à rendre à ce Grec qui s'intitule dans ses diplômes « Empereur des Romains » tout en ignorant le latin au point de comprendre à peine ce que signifie le mot de *rex !* Qui pis est, on le dit hérétique. Byzance est une chose, et qui ne nous concerne en rien ; Rome en est une autre, et elle est la tête du monde européen. *Roma caput mundi :* lieu commun clérical, dans lequel survit le mythe antique, mais qui, dans ces années critiques, prend un sens nouveau. Si, comme on l'a pensé, la lettre à Basile fut rédigée par Anastase le Bibliothécaire, elle veut dire que les milieux pontificaux ne voient plus qu'une solution possible pour enrayer la faillite politique de l'Occident : abolir les divisions actuelles, et reconstituer un empire unifié, dont le centre soit à Rome. Moins qu'à Charlemagne, c'est peut-être à Constantin que l'on pense — au Constantin de la légende ecclésiastique, respectueusement associé au Souverain Pontife à la tête de la chrétienté latine.

En septembre 871, après l'échec des pourparlers avec Carloman, Charles chassait aux environs d'Orville quand la nouvelle lui parvint que Louis II, sa femme et leur fille venaient d'être assassinés par les Bénéventais.

Le destin s'acharnait sur les fils de Lothaire. Louis II n'avait pas de descendant mâle. Ses seuls héritiers seraient ses oncles. Charles se mit aussitôt en rapport avec Louis le Germanique. Dans une sorte d'allégresse on vit coup sur coup Charles pardonner à Carloman, Louis à ses fils. Puis, en toute hâte, Charles se dirigea sur Besançon, prêt à passer en Italie. Déjà il envoyait des émissaires tâter le terrain au sud des Alpes... Ils en revinrent pour le détromper : Louis II n'était pas mort ! Simplement séquestré par un vassal rebelle, il avait été depuis peu rendu à la liberté.

C'était partie remise, pour longtemps peut-être.

Néanmoins l'incident laissa une impression profonde. Dès lors, le problème de la succession de Louis II va préoccuper exclusivement les esprits de tous ceux qui, à Rome et dans les trois royaumes, détiennent une parcelle de pouvoir. Charles sait de source sûre qu'il peut compter sur un parti puissant en Italie. Engelberge, auprès de son époux dépassé par les événements, mène un étrange double jeu : tour à tour elle flatte Charles et Louis le Germanique, les amusant de fallacieuses demi-promesses. Ambitieuse et rusée, elle est la première en date de ces grandes Italiennes qui vont, durant plusieurs générations, décider du destin de la Péninsule. Elle connaît les atouts et les faiblesses de chacun. Elle ne découvre pas ses propres cartes, pratique la diplomatie secrète. Peut-être forme-t-elle un rêve inouï : Byzance a bien connu des femmes empereurs. Ou bien, simplement, met-elle son influence aux enchères ? Cependant la Curie prépare mystérieusement ses propres voies. Anastase, dont l'étoile est au plus haut de sa course, est décidé à faire de Charles l'instrument d'une restauration impériale. Au cours de l'année 872, une lettre d'Adrien II confie au roi de France, sous le sceau du secret, en termes amphigouriques, que le gouvernement pontifical est prêt à soutenir sa candidature en Italie si malheur advenait au pieux empereur régnant. Forte de ces assurances, la cour de France laisse Engelberge poursuivre ses tentatives auprès de Louis le Germanique. Elle oppose, quant à elle, une fin de non-recevoir. La politique de Charles est d'obtenir, en en imposant par sa seule autorité, gratuitement ce que son frère n'hésiterait pas à acheter au prix fort. Le 9 septembre 872, au plaid de Gondreville, il requiert de ses Grands le serment de défendre « ses royaumes présents et à venir ». Tout se passe comme s'il avait renoncé à obtenir

238

jamais un accord du principal intéressé, Louis II. Il savait pouvoir compter désormais sur l'appui de la cour pontificale, cela lui suffisait. Sans doute ne se rendait-il pas compte qu'en acceptant cet appui, en fondant sur lui sa politique, il accordait implicitement à Adrien II ce que Nicolas Ier lui-même n'avait pu obtenir : le droit de choisir à son gré l'empereur des chrétiens.

Quelques semaines plus tard, Adrien II mourait. Le 14 décembre, un vieux prêtre romain ceignait la tiare, sous le nom de Jean VIII. C'était un homme énergique mais souple, que vingt ans d'archidiaconat avaient rompu aux détours de la politique papale. D'une extraordinaire fermeté d'âme, on le verra, brisé par l'âge et la maladie, commander en personne une petite armée et écraser une bande musulmane qui s'était aventurée à quarante kilomètres de Rome sur la voie Appienne. Non moins que son prédécesseur, il ressentait l'urgence du péril islamique. Faute d'être exploitée convenablement, la prise de Bari n'avait rien sauvé. Mais, se plaçant dans la perspective qui avait été celle de Nicolas Ier, Jean VIII intégrait la question de Rome et de l'Italie dans le problème général de la politique occidentale. Au point où il prenait les affaires, ce problème était devenu celui de la désignation du futur empereur. Par là même, et sans peut-être qu'il l'ait vraiment voulu, c'est sous le règne de Jean VIII que commença à prendre corps la chrétienté qu'avait conçue Nicolas Ier. En dix ans de pontificat, ce vieillard allait faire successivement deux empereurs.

Charles et Louis le Germanique consacrent dès lors toute leur activité à préparer l'échéance qu'ils sentent venir. Dans cette compétition, il s'agit, pour l'un comme pour l'autre, de consolider leur pouvoir dans leur royaume, et de prendre, sur les événements, assez d'avance pour, au moment opportun, librement agir. En ce qui concerne Charles, il lui fallait au plus tôt obtenir un règlement de trois côtés : à l'égard de Carloman, des Normands et des Bretons.

Il fit saisir son fils et le livra à un tribunal épiscopal réuni à Senlis. Les juges se montrèrent impitoyables. Tête brûlée, incorrigible perturbateur de l'ordre établi, animé d'une sorte de haine contre son père : Carloman fut dégradé du sacerdoce, et interné. Ses hommes s'ameutèrent, le libérèrent, et poussèrent la provocation jusqu'à le proclamer roi. Repris, il fut condamné à mort. Charles le gracia, mais lui fit crever les yeux et le relégua au monastère de Corbie. Il contraignit les complices du coupable à se choisir des seigneurs parmi ses propres vassaux directs. Mais quelques mois après, dans l'été de 873, Carloman s'évada. Il se réfugia en Germanie et le bruit courut que Louis le Germanique avait favorisé sa fuite. Devant les protestations de Charles, Louis recula, arrêta à son tour Carloman et l'enferma à Saint-Alban de Mayence.

Aucune attaque normande de grande envergure ne s'était produite depuis la soumission de Voelundr (voir p. 180). Pourtant, un menu brigandage n'en continuait pas moins, dans les provinces maritimes : tantôt une nef débarquait un groupe de pillards isolés ; tantôt un raid partait des colonies scandinaves de la Frise ou de la basse Loire. Ainsi, en 869, dans la région d'Angers. En 870, en pleine forêt d'Orléans, des Normands prennent en chasse des moines fugitifs. En janvier de la même année, Charles le Chauve a réussi à entrer en contact avec le Viking Roric, fixé à Nimègue, et a signé avec lui un pacte de paix. Il est vrai qu'à ce moment des débouchés nouveaux s'offrent tout à coup aux Scandinaves : dans le cours de 870, le Viking Floki découvre l'Islande ; quatre ans plus tard, Ingolfur Arnasson y établira la première colonie, bientôt rejointe par quelques centaines de chefs norvégiens en rupture avec le roi Harald. Au début de 872, on voit Charles, Roric et un autre Viking, Rodolphe, confirmer à Moustier-sur-Sambre, le pacte de 870. Assuré ainsi vers le nord, Charles se tourne, dans l'été de 873, contre les Normands de la Loire. Aidé par Salomon de Bretagne, il les assiège dans Angers et parvient à leur imposer ses conditions. C'est là un grand succès moral, dont les effets se feront sentir durant près de trois ans. En septembre 876, une flotte de cent navires remontera la Seine ; en 877, une nouvelle expédition ravagera la vallée du même fleuve : du moins, jusque-là, Charles est-il délivré de tout souci.

Quant à la Bretagne, la mort de Salomon, en 874, fit faire craindre qu'elle ne bougeât. Charles resta immobilisé un certain temps sur ses confins. Aucun trouble ne se produisit.

Le royaume était enfin en paix. Louis le Germanique insistait pour obtenir de Charles une nouvelle entrevue. Rien ne s'y opposait plus, quoique l'utilité n'en fût pas évidente. Charles accepta, mais, retenu par une crise de dysenterie, ne put rencontrer son frère que dans les derniers jours de 874, près de Liège. Nous ignorons tout des conversations qui eurent lieu.

Le 12 août 875, Louis II mourait, à Brescia. La branche aînée de la famille carolingienne perdait en lui son dernier représentant mâle légitime. Aussi, l'héritage qu'il laissait comportait-il deux aspects bien distincts : d'une part, un royaume constitué, peu à peu, au cours des partages consécutifs à la mort de Lothaire Ier et de ses fils puînés ; de l'autre, le titre impérial, transmis jusqu'alors par primogéniture.

En droit, cette situation n'offrait pas de difficultés.

241

Les terres seraient partagées selon la loi salique, toujours en vigueur chez les princes d'origine franque. Quant à l'impériat, un texte en avait prévu le mode de transmission : la constitution de 817 (voir p. 45), qui stipulait qu'en cas d'extinction de la famille de Lothaire, il serait attribué par élection sous le contrôle de l'Église. En pratique, deux facteurs compliquaient les données du problème : l'hostilité mal dissimulée des deux branches cadettes de la dynastie ; et les agissements d'Engelberge. Celle-ci en effet, retirée à Ravenne avec quelques fidèles, assurait que, sur son lit de mort, Louis II avait manifesté l'intention de léguer le royaume d'Italie à son cousin Carloman, fils de Louis le Germanique. Les Grands d'Italie, réunis à Pavie dès le mois de septembre, se partageaient en factions incertaines. Sur tous les points, un arbitrage pontifical paraissait désirable.

Cependant, Jean VIII, pensant d'abord à ce qui, à ses yeux, était l'enjeu capital, avait précipité les événements. Laissant provisoirement de côté la question du royaume d'Italie, mais interprétant à sa façon l'acte de 817, il avait convoqué d'urgence, de sa propre autorité, vers la fin du mois d'août, une assemblée de prélats et de menbres de l'aristocratie romaine, à qui il avait fait acclamer Charles empereur.

Cette « élection » constituait le succès le plus éclatant de la carrière de Charles. Elle marquait l'aboutissement d'une politique et d'une diplomatie dont les premiers commencements dataient d'une douzaine d'années déjà, et qui depuis six ans s'étaient poursuivies avec une conséquence et une habileté sans défaillance. Non point que — sinon dans les derniers temps — Charles ait expressément désiré l'empire. Mais dès la mort de Charles le Jeune, il avait plus ou moins confusément senti que la machine politique occidentale manquait d'un

242

ressort central. Cette conviction s'était affirmée peu à peu, avait — en deçà des prétextes quotidiens — dicté sa conduite. Il avait fini, sous l'influence d'un Hincmar, d'un Adon, par localiser plus précisément le malaise de son siècle : et il s'était persuadé qu'il saurait y apporter remède. Un accroissement décisif de son autorité morale devenait indispensable pour le bien de tous. Certes, les événements l'avaient servi. Une idée, lancée par Nicolas Ier, reprise par Jean VIII, avait favorisé son ambition personnelle, flatté son orgueil. Mais, en cette conjoncture, il avait, non moins que les pontifes, fait preuve d'un indéniable réalisme. Si l'aventure s'acheva lamentablement, la cause en est dans l'effondrement du pouvoir à l'intérieur des royaumes : on avait trop attendu — Louis II avait vécu trop longtemps ! Tous les rouages de la machine s'enrayaient. Néanmoins, en 875, sur le plan international, l'élection de Charles pouvait représenter une chance sérieuse de sauver l'Occident — l'Occident que l'on concevait alors : cette « Europe » latine, pénétrée de juridisme romain, administrativement unifiée dans le cadre de l'Église et épanouissant en celle-ci les formes diverses de sa culture. Une réussite durable de l'impériat de Charles eût orienté autrement la destinée des nations européennes et eût pour longtemps retardé leur différenciation.

Les historiens se sont interrogés sur les raisons profondes de l'événement. Les rares documents qui permettent de juger des intentions pontificales excluent de celles-ci tout machiavélisme. Simplement, résolus à trouver un empereur digne de ce titre, Adrien II puis Jean VIII finirent par porter leur choix sur Charles pour des motifs à la fois pratiques et affectifs. Esprit cultivé, régnant sur le pays le plus civilisé de l'Occident, personnellement intéressé par les questions de discipline ecclésiastique, ayant prouvé sa fermeté à l'égard des hérétiques, Charles était à la fois plus jeune et plus robuste que son frère Louis, plus mûr et plus réfléchi que ses neveux, enfin il n'avait plus, depuis l'incarcération de Carloman, qu'un seul héritier mâle : il offrait ainsi toutes les garanties désirables. Aussi bien, aucun des événements majeurs de l'histoire carolingienne — l'élection de Charles pas plus que les autres — ne fut le fruit d'une résolution directement inspirée par de grandes idées. Lors même que les responsables témoignent — comme dans le cas présent — d'un sens politique aigu, d'un souci éclairé du bien commun, ces qualités se traduisent imparfaitement chez eux sur le plan intellectuel : elles se réalisent plutôt au niveau de l'exécution quotidienne, parfois sous la forme d'un simple opportunisme.

La nouvelle de la mort de Louis II était parvenue à Charles alors qu'il se trouvait à Douzy. Sans perdre une heure, poussé par Boson, il partit en direction de Langres, ordonnant à ses fidèles de le joindre au plus vite. Il confiait la défense du royaume à son fils Louis le Bègue et à Richeut, tandis qu'Hincmar adressait à ses suffragants un opuscule qui en dit long sur l'état des esprits : *De fide regi Carolo servanda,* « Qu'il faut garder fidélité au roi Charles ». Que le roi passât la frontière pouvait apparemment inspirer des doutes à cet égard. Le 1ᵉʳ septembre, Charles quitta Langres avec une petite armée, empruntant la route qui, par le Jura, le haut Léman et le Grand-Saint-Bernard, l'amena dans la vallée d'Aoste. C'est là qu'il rencontra les messagers que Jean VIII envoyait au-devant de lui pour l'inviter à venir se faire couronner à Rome. Le 29 septembre, il atteignait Pavie.

Il s'y heurta à une troupe d'Allemands. Louis le Germanique en effet, surpris par la nouvelle du départ de son frère pour l'Italie, n'avait pas réagi avec moins de célérité. On l'avait joué! La Curie avait en secret machiné cette trahison. Certes, Jean VIII feignait de n'accorder à Charles que le titre d'empereur ; mais la couronne d'Italie suivrait sans doute. Dans son désarroi, Louis ne voit qu'un recours : la force. La première stupeur dissipée, il lance deux armées contre l'Italie : l'une tombe à l'improviste sur Charles devant Pavie, se fait bousculer et s'enfuit ; l'autre, aux ordres de Carloman (celui qu'Engelberge présentait comme l'héritier de Louis II), est descendue par le Brenner. Charles évite de la combattre, engage des pourparlers avec Carloman et, s'engageant à ne pas trancher prématurément le sort du royaume d'Italie, obtient sa neutralité. Il poursuit dès lors tranquillement sa marche par Vérone et Mantoue. Le 17 décembre 875, il entre dans Rome, solennellement accueilli par Jean VIII sur le grand escalier de Saint-Pierre.

Il témoignait ainsi, à la fois du prix qu'il attachait à la couronne impériale, et d'une remarquable sûreté de soi. Il venait d'apprendre en effet que Louis le Germanique, dans l'intention de l'obliger à revenir sur ses pas, était en train d'envahir pour la seconde fois le royaume de l'ouest. En vain Richeut, qui fait bravement tête à l'orage, s'efforce de dérober à l'envahisseur les fidélités prêtes à se porter vers lui. Louis, dont l'armée remonte la vallée de la Meuse et la met à feu et à sang, obtient le ralliement de plusieurs Grands « français », laïcs ou évêques. Un parti hostile à Charles se reconstitue parmi les hauts dignitaires du royaume. Les uns, comme Enguerrand, l'ancien chambellan disgracié et remplacé par Boson, s'estiment sacrifiés à la famille de la nouvelle reine. D'autres, et c'est le plus grand nombre, terriens accrochés à leur sol, condamnent l'aventure italienne.

Presque sans combat, Louis s'avance jusqu'au palais d'Attigny, et s'y installe... le jour même où Charles entrait à Rome. Mais cette expédition, improvisée sous le coup de la colère, mal montée, n'a aucune chance de succès. Auprès des seigneurs « français » les plus réservés à l'égard de Charles, Louis trouve moins une sympathie active qu'une connivence. Les seuls qu'il puisse songer à entraîner dans une trahison complète sont les hommes du lignage d'Enguerrand, qui poursuivent contre celui de Boson une véritable vendetta. Ce fait même sauva le royaume : Boson, personnellement menacé, se multiplie, organise une résistance ; ses partisans proclament leur fidélité au roi Charles. Hincmar rallie le clergé. Au bout de quelques semaines, l'échec de Louis est évident. De Rome, Charles et Jean VIII expédient au Germanique une ambassade : sans prendre au tragique sa dérisoire entreprise, ils lui conseillent la prudence et l'invitent à s'expliquer par voie diplomatique.

Charles peut garder le beau rôle. Il sait qu'il l'emportera. Louis est retombé malade. Son fils Louis le Jeune, qui l'a suivi en France, complote déjà pour s'assurer une succession qu'il sait prochaine. Pendant ce temps, à Rome, le jour de Noël 875, soixante-quinze ans exactement après Charlemagne, dans la même église et avec le même cérémonial, Charles le Chauve est couronné empereur d'Occident.

Les *Annales* de Fulda témoignent de la fureur qui saisit à cette nouvelle Louis le Germanique et son fils Carloman. Impuissants contre l'événement, ils répandirent le bruit que Charles avait acheté le pape et ses Romains avec de l'or volé en haute Italie. En réalité, à Rome même, en dehors d'un cercle étroit de prélats, c'est moins l'enthousiasme qui dominait, qu'une assez froide et raisonnable satisfaction. Un document curieux nous est resté de cet état d'esprit. Un prêtre romain remania, à l'occasion des fêtes du couronnement, et déclama en présence du nouvel empereur, une version de la vieille *Coena Cypriani* : cette œuvre allégorique présentait — en combinant le récit des Noces de Cana, la parabole du Festin et l'histoire de Joseph, fils de Jacob — une sorte de revue des personnages principaux de l'Ancien et du Nouveau Testament. Le remaniement de 875 introduisait, sur un ton humoristique, dans cette foule biblique, des personnalités contemporaines. Il peignait Charles le Chauve au sein d'une assemblée romaine : distant, gêné, se tenant à l'écart des Italiens, et leur préférant la société bruyante du groupe de ses Francs beaux parleurs, de ses Gaulois un peu trop portés sur la boisson...

La situation générale des royaumes carolingiens permettait peu d'illusions sur la portée réelle et l'efficacité de ce couronnement. L'espoir restait néanmoins, que Charles empereur témoignât des mêmes qualités dont il avait fait preuve comme roi : ce courage foncier et cet esprit d'initiative qui l'empêchaient de se laisser jamais abattre par l'adversité ; cette promptitude à répondre aux appels de son destin.

Charles prit au sérieux sa dignité nouvelle. Il semble s'être donné un modèle : son frère Lothaire. Étrange retournement des circonstances ! Le souvenir de Lothaire va, dans les deux années prochaines, affleurer à tout instant dans la pensée de Charles, imprimer à son action une nuance particulière. Charles ne pouvait ignorer que la faiblesse de ses moyens d'action lui rendrait difficile l'exercice du pouvoir que Rome avait entendu lui donner. Néanmoins il entre dans son rôle, comme pour forcer la fatalité. Lui, le Franc, l'Occidental, adopte des usages protocolaires inspirés de Byzance, renchérissant sur ceux dont son père et son grand-père avaient eux-mêmes jadis essayé le prestige. L'annaliste de Fulda nous en trace une caricature : *Il se mit à revêtir des habits nouveaux et insolites : enveloppé d'une dalmatique à traîne, ceint d'une écharpe précieuse qui lui tombait jusqu'aux pieds, la tête entourée d'un voile de soie serré par un diadème, il s'avançait processionnellement... Méprisant la coutume des rois francs, il n'avait plus d'admiration que pour les lourdes cérémonies à la grecque. Pour prouver sans doute l'élévation de son esprit, il rejetait son titre royal et voulait être appelé Empereur et Auguste de tous les rois régnant en deçà de la mer...* Cette dernière phrase n'est qu'une plaisanterie : la chancellerie de Charles conserva les titulatures franques traditionnelles. Pourtant, ces lignes traduisent bien l'agacement que provoqua en Germanie — et probablement aussi dans le royaume de l'Ouest — l'accession de Charles à l'Empire. On ne saisissait, de cette fonction nouvelle, que l'aspect extérieur, le côté étrange... et étranger. Depuis vingt ans on s'était déshabitué d'identifier l'empereur avec un roi franc — Louis II, pour l'opinion publique, n'avait jamais été qu'un Italien. La masse des seigneurs « français » et « allemands » ignorait tout de la pensée pontificale ; l'événement apparaissait comme une simple mascarade, ses auteurs comme des mégalomanes inconscients des vrais problèmes.

Charles sentit probablement ces réactions. Dès le 5 janvier 876, il quitta Rome. Trois semaines plus tard, il tenait un plaid à Pavie. Empereur, il pensait pouvoir se permettre ce que jusqu'alors il avait cru préférable d'éviter : il se fait élire roi d'Italie. A vrai dire, dans des conditions bien précaires. Les émissaires qu'il avait envoyés préalablement aux Grands italiens s'étaient heurtés à leur indifférence. L'assemblée de Pavie ne groupait que dix comtes et une vingtaine d'évêques ! L'élection s'était faite selon une procédure qui semblait exclure le libre choix des fidélités.

Du moins une sorte de droit était ainsi créé, qui permettrait tôt ou tard d'éliminer Carloman. Charles, pressé de regagner le royaume de l'Ouest, laisse en Italie Boson avec le titre de duc et des pouvoirs royaux. Il remonte sur Besançon, où Richeut vient le recevoir. Tandis que le couple impérial se dirige sur Saint-Denys, Louis le Germanique s'enfuit à la dérobée et retraverse le Rhin.

Nouveau triomphe pour Charles. Son royaume paraît unanime derrière lui. Son fils Carloman vient de mourir en prison. Charles fait donner à Anségise, archevêque de sens, l'un des principaux artisans de son élection à l'Empire, la charge de vicaire apostolique dans le royaume. Hincmar en ressent de l'amertume : il briguait lui-même cette dignité. Dès lors il se détache un peu du roi. Celui-ci, apparemment, n'en a cure. Le 21 juin 876, une délégation d'évêques « français » et lorrains se réunit à Ponthion en vue d'entériner les actes accomplis en Italie. La conférence ne dura pas moins de quatre semaines. Le compte rendu en laisse une impression étrange : de séance en séance, on y voit l'empereur invoquer plus hautement sa mission personnelle et l'appui que lui donne Jean VIII ; l'idée d'un droit divin rôde dans son esprit. Il substitue peu à peu, au cérémonial patriarcal des plaids francs, une véritable liturgie impériale. Sans doute n'est-ce là qu'un moyen de pression sur des hommes qu'il juge assez frustes. Le résultat qu'il attendait est obtenu. Bien plus, le 6 juillet, est arrivée une ambassade de Louis le Germanique, demandant humblement la conclusion d'un traité d'entente. Le succès a détendu Charles. Son frère, en somme, s'incline. Il est prêt à lui céder quelque avantage territorial. Il rédige sa réponse. Mais celle-ci ne parviendra pas à son destinataire car, le 28 août, Louis le Germanique meurt à Francfort.

Du côté des écoles

Durant ces années où s'élargit l'horizon politique de Charles, où le chef du royaume de l'Ouest conçoit l'ambition d'assumer en personne le destin de la chrétienté, le mouvement culturel, en France, en Neustrie et dans la Lotharingie annexée, témoigne d'un remarquable approfondissement. On constate, entre ces deux séries de phénomènes, un parallélisme qui ne peut être absolument fortuit. Les inventions de tout genre dues aux lettrés des années 850-865 portent, à partir de 870, leurs premiers fruits : l'art médiéval, dans ses formes les plus originales, est né.

Le nombre des centres d'art et d'étude a diminué encore. Mais deux d'entre eux se dégagent avec éclat : l'école d'Auxerre, et l'abbaye de Saint-Amand. Deux noms les illustrent : ceux de Rémi et d'Hucbald.

Rémi, né vers 840, apparenté à Loup de Ferrières, avait été l'élève d'Heiric (voir p. 207). Vers 865, on commence à parler de lui. Chargé d'enseignement à Auxerre, il passera plus tard à Reims et à Paris, et mourra vers 908. Avec lui s'ouvre, dans l'histoire des études, la période post-carolingienne. Rémi a parcouru le domaine entier de la science antique telle que l'a redécouverte son siècle. Il sent qu'un orage terrible menace l'édifice culturel ainsi reconstitué. Il importe, à ses yeux, avec urgence, non seulement d'en assurer la conservation pure et simple, mais de la repenser selon un plan aisément analysable, qui en permette désormais à chacun, avec le maximum de commodité, l'exploitation rationnelle. Il pratique systématiquement, dans les secteurs les plus divers de la recherche, la technique de l'exposition glosée : édition d'un texte faisant autorité, et addition de commentaires constituant une sorte de somme critique des remarques accumulées sur ce texte depuis cinquante ans. Il met ainsi en œuvre les travaux des grammairiens du ve siècle — Donat et Priscien —, la « Métrique » de Bède, les comédies de Térence, les satires de Juvénal, les « Histoires » de Valère Maxime, les « Distiques de Caton » — recueil de sentences stoïciennes qui restera, jusqu'au xiiie siècle, l'une des sources de l'éthique —, la Genèse, les Psaumes... Immense synthèse scolaire, transmettant, avec les documents d'un savoir, l'exemple d'une méthode à laquelle on donne alors le nom de « philologie ». Rémi prépare ainsi les instruments d'une culture intérimaire qui permettra d'attendre, sans perte notable, la constitution d'une scholastique. Ses commentaires grammaticaux furent copiés, exploités, jusqu'en plein xvie siècle, et formaient encore, au xixe, la base des *Accessus ad poetas* utilisés dans les classes de rhétorique de nos collèges...

Hucbald, lui, est plus vraiment créateur. Plus artiste aussi. Né de même vers 840, et de même élève d'Heiric, il finira à l'école de Reims après la mort d'Hincmar et y mourra nonagénaire. Dans son œuvre, typiquement monastique, s'épanouissent les tendances spirituelles, littéraires, esthétiques, propres à ces milieux de plus en plus repliés sur eux-mêmes que sont les grandes abbayes bénédictines. Historiques (il croit à l'origine troyenne des Francs), hagiographiques (il s'intéresse aux saints orientaux), computiques, exégétiques : Hucbald se pose les multiples et menus problèmes dont la solution occupe l'activité intellectuelle de ses confrères. Il participe à leurs jeux de coterie : il adresse à l'archevêque Hatto de Mayence une apologie burlesque de la calvitie (est-ce là une plaisanterie sur le surnom du roi Charles ?) en cent quarante-six hexamètres dont tous les mots commencent par la lettre *c* ! Mais surtout, Hucbald est musicien, réputé comme tel dans tout le royaume. Son manuel *Musicae institutio* est un document important dans l'histoire de la musique. C'est en effet le plus ancien texte mentionnant l'existence d'une polyphonie. Il est très probable que cette dernière fut inventée, sinon par Hucbald lui-même, du moins à son époque et dans la région qu'il habitait. C'était là une nouveauté destinée à bouleverser les traditions musicales. Sans doute, la polyphonie fut-elle, à l'origine, un simple artifice technique, aux fonctions limitées ; Hucbald, le premier, prit conscience de sa nature. Il en définit la pratique, qu'il nomme *organum* : elle comporte l'exposé d'une mélodie liturgique de type grégorien, accompagnée note contre note d'une sorte de basse en solo, dont elle est séparée par un intervalle constant. Tous les futurs genres polyphoniques sont contenus dans ce germe.

Durant une vingtaine d'années, entre 865 et 883, Hucbald fut l'animateur de Saint-Amand. Il gardait les yeux ouverts sur le siècle, savait voir, se passionner, comparer et conduire. Il opposait la négligence musicale des moines à l'inventivité des chanteurs profanes. Il aspirait à promouvoir une renaissance de la musique monastique. Saint-Amand constituait le milieu idéal pour une telle entreprise. Les ateliers conventuels y restaient plus actifs qu'ailleurs. Durant la seconde moitié du ixe siècle ils furent le foyer principal de l'école de copie et de peinture dite « franco-insulaire ». Entre 871

252

et 877 sans doute, y fut copiée et décorée l'admirable « seconde Bible de Charles le Chauve », commandée par celui-ci, qui la léguera à Saint-Denys. C'est à Saint-Amand, et, selon toute apparence, sous l'influence d'Hucbald, que fut, peu après la mort de Charles le Chauve, sans doute en 882, composée une œuvre d'intérêt historique éminent, la fameuse « séquence d'Eulalie ». Ce modeste texte d'une trentaine de lignes fut peut-être précédé, à Saint-Amand même, d'autres essais du même genre. Dans sa simplicité il témoigne déjà d'une véritable maîtrise.

Les reliques d'Eulalie, martyre espagnole du IVᵉ siècle, avaient été retrouvées en 878. Cet événement eut quelque retentissement dans la région de Valenciennes, où le culte de cette sainte était répandu. Les musiciens de Saint-Amand composèrent, sans doute pour une messe solennelle célébrée à cette occasion, deux séquences : l'une en latin ; l'autre en langue vulgaire. Ces deux poèmes, n'étaient évidemment pas destinés aux mêmes chanteurs. On peut supposer que, tandis que les moines chantaient le texte latin, le peuple laïc chantait le texte roman. C'était là comme un dédoublement du trope. Il n'est peut-être pas absolument impossible d'imaginer que les deux séquences formaient un ensemble polyphonique.

Dans sa maladroite concision, la séquence française est assez belle. De type narratif, dramatique plus qu'eucologique, elle est formée de quatorze clausules de neuf à treize syllabes qui permettent de reconstituer aisément son mode de déclamation :

Buona pulcella fut Eulalia,
bel avret corps, bellezour anima,

chantait une moitié de l'assistance ;

Voldrent la veintre, li Deo inimi,
voldrent la faire Diaule servir,

reprenait l'autre, sur la même mélodie.

« Bonne fille fut Eulalie ; beau corps elle eut, plus belle âme. Voulurent la vaincre les ennemis de Dieu, voulurent la faire Diable servir. »

La régularité rythmique du texte n'est pas parfaite, si l'on en juge par les critères fournis par les séquences latines. Peut-être la mélodie de l'*Eulalie* romane avait-elle un caractère populaire, non grégorien ? La langue dans laquelle elle est écrite a elle-même un caractère étroitement local, elle est enracinée dans un terroir : c'est le dialecte des paysans et des petits seigneurs des environs de Valenciennes, un picard-wallon archaïque, aux particularités linguistiques déjà fortement différenciées.

Les Serments de Strasbourg en 842, l'*Eulalie* en 882 : on serait tenté de comparer ces documents pour juger de l'évolution de la langue romane pendant le règne de Charles le Chauve. En vérité, une comparaison directe est impossible : les Serments, minute d'un acte officiel, mal dégagés des formules latines et conservés pour leur valeur juridique, ne reflètent qu'imparfaitement la langue parlée vers 840. L'*Eulalie* au contraire atteste un haut degré d'émancipation du roman à l'égard du latin. Plus que le rapprochement des textes, c'est l'opposition de leurs caractères qui nous renseigne sur un certain nombre de faits. Une tradition de graphie s'est créée ; des copistes ont appris à noter adéquatement des sons inconnus du latin. Les différenciations locales se sont accentuées entre les dialectes parlés ; certains traits picards de l'*Eulalie*, étrangers au français de France, subsisteront jusqu'au xive siècle dans l'usage écrit local. Cette double évolution est liée à l'émergence, après 850, d'un art littéraire d'origine populaire (voir pp. 215-219), et au triomphe des féodalités locales.

Les moines de Saint-Amand firent effort, au temps d'Hucbald, pour répondre aux besoins d'expression qu'engendraient ces divers processus. La composition de l'*Eulalie* fut le fruit d'un dessein concerté : le même folio du même manuscrit nous a conservé un poème en dialecte germanique rhénan, le *Ludwigslied,* écrit à la louange du roi Louis III — petit-fils de Charles le Chauve — après sa victoire sur les Normands à Saucourt en 881. L'auteur de ce morceau tenta de combiner la veine des chants populaires dynastiques avec les formes du lyrisme ecclésial, dépouillé de sa rhétorique la plus savante. Il pouvait s'appuyer, il est vrai, sur la tradition déjà ancienne, d'une littérature de langue germanique (voir p. 90). L'auteur de l'*Eulalie* ne disposait pas d'une telle commodité : ce qu'il faisait représentait un commencement absolu. Mais *Eulalie* est une séquence : le fait est significatif. C'est grâce à la liturgie, au sein de celle-ci, que s'opéra la fusion des cultures populaire et savante... du moins dans le royaume de l'Ouest, plus fortement marqué que les autres par la « Renaissance carolingienne ». L'élaboration d'une grande littérature romane s'amorce, vers 870, dans les offices monastiques. Hucbald, assure l'un de ses contemporains, composa *des chansons sur plusieurs saints.* Ne fut-ce pas là quelque premier essai, plus ambitieux que l'*Eulalie,* de fournir, aux fidèles ignorants du latin, des cantiques interpolés dans les Matines de certaines grandes fêtes ? On a des raisons de penser que cet usage fut répandu au xe siècle : et c'est à lui que nous devrons, entre 980 et 1050, nos premiers poèmes romans de longue haleine, la *Passion,* le *Saint Léger,* d'origine peut-être bourguignonne, le *Saint Alexis* normand, la *Sainte Foy* roussillonnaise, sources de toute tradition ultérieure. Qui sait quels ancêtres, pour nous perdus, eurent ces poèmes-là, dans les abbayes du ɪxᵉ siècle, en plein tumulte des invasions normandes ? Qu'un copiste ait consacré, à transcrire l'*Eulalie,* une page de parchemin — matière extrêmement coûteuse — témoigne du prix qu'il attachait à cette humble séquence : peut-être y voyait-il un signe et un gage d'avenir. Du moins, nous pouvons l'y voir.

Le dénouement

La mort de Louis le Germanique donnait libre carrière aux ambitions turbulentes de ses fils, de l'aîné surtout, Carloman. Mais, pour Charles le Chauve, elle clarifiait la situation. S'emparer du royaume de l'Est, le roi de France n'y pensa même pas. Il n'associait aucunement sa fonction impériale à l'idée d'une domination directe et effective de tous les territoires carolingiens. D'autre part, la conception qu'il s'était formée de son propre royaume impliquait le maintien de ce dernier autour d'un axe allant de la Manche à l'Italie (voir p. 198). Les seuls agrandissements territoriaux qu'il jugeât souhaitables se situaient au nord-ouest et au midi. Or, l'accord de 870 avait désigné Louis le Germanique et son frère comme les seuls héritiers naturels de Louis II. Charles pouvait donc prétendre à l'annexion des Pays-Bas et de la Provence maritime. Il était prêt à faire de plus valoir ses droits sur les places stratégiques de Mayence, Worms et Spire, anciennement lotharingiennes et qui commandaient la frontière germanique. Leur possession assurait au roi qui les occupait une quasi-immunité contre les entreprises de l'autre. En convoitant ces villes, Charles posait implicitement un problème historico-politique qui ne fut pas résolu avant le milieu du XIXe siècle : celui de la frontière du Rhin.

Dès que lui parvient la nouvelle de la mort de son frère, il envoie des émissaires aux fidèles lorrains de celui-ci. Les premières réactions sont favorables. Les fils du défunt ont mauvaise presse. Au reste, Charles est moins soucieux de chercher, pour l'action qu'il va entreprendre, de bonnes raisons juridiques qu'un simple prétexte. Il se dirige vers Metz. En cours de route, il apprend qu'une forte troupe normande remonte la vallée de la Seine. Il ne s'interrompt pas, oblique vers le Nord. Il pénètre à Cologne, où il date un acte de *l'année XXXVIIe de notre règne en France occidentale, VIIe en Lorraine, IIe dans l'impériat et Ire dans la succession du roi Louis*.

La présence de Charles sur le Rhin pouvait apparaître comme une menace directe contre Louis le Jeune. Ce fils cadet du Germanique détenait en effet la Saxe, la Thuringe et la Franconie, longue bande de territoires dont la partie occidentale s'appuyait au Rhin moyen. Levant une armée, Louis vint, à tout hasard, camper sur la rive droite du fleuve. Son intention première n'était que de négocier. Mais Charles refusa de recevoir ses messagers.

Les événements qui se déroulèrent dans les jours suivants sont diversement interprétés par les annalistes du temps. Il ne semble pas que l'on ait eu conscience que le sort de l'Empire se jouait.

Dans la conjoncture, à défaut d'un droit strict. Louis le Jeune avait pour lui une force morale consacrée par trente ans de coutume : face aux Latins menaçants, il

257

faisait soudain figure de champion des Germains. Il comprit l'importance de l'enjeu. Mais, tout en faisant étalage de sa force, il dut redouter d'avoir à s'en servir. On le vit hésiter. Son ambassade repoussée, il jeûne, prie. Il invoque le jugement de Dieu. Des épreuves sont imposées à vingt guerriers, représentant, en deux groupes de dix, le parti germanique et le parti « français ». Le premier en sort vainqueur. Les dés sont jetés. A regret, semble-t-il, et après avoir encore une fois tenté de la négociation, Louis descend vers le sud et franchit le Rhin à Andernach.

Charles, lui, est résolu à recourir aux armes. Il cède à la fois à des considérations politiques et à un orgueil grandissant, que son accession à l'empire a durci. Peut-être aussi a-t-il perdu sa confiance dans les hommes.

Il feint ; il adresse à Louis, pour tromper sa vigilance, un message conciliant. Mais, avant même que son ambassade ne soit revenue, il lève le camp, dans la nuit du 7 au 8 octobre. Son plan est de surprendre l'adversaire et de l'anéantir, de façon à rendre impossible une nouvelle guerre. Il se dirige sur Andernach par des chemins détournés — engageant ainsi une marche forcée de plus de quatre-vingts kilomètres, en partie de nuit ! Les routes sont en très mauvais état, et une pluie ininterrompue détrempe le sol. Hommes et chevaux arrivent en vue d'Andernach totalement épuisés. De plus, l'archevêque de Cologne, que Charles traîne à sa suite, a fait prévenir Louis par un de ses prêtres, nommé Hartvig, qui devance la troupe sur des sentiers de traverse. Louis s'arme en toute hâte, rassemble ses fidèles. Son salut réside dans l'attaque. Il se jette, au matin du 8, sur les « Français » encore en marche. Sa première ligne, formée de Saxons, est enfoncée. Mais Charles ne peut exploiter ce succès partiel : ses hommes

se tiennent à peine debout, les chevaux n'obéissent plus
à l'éperon. La seconde ligne germanique, formée de
Franconiens, attaque à l'arc et au javelot. Le comte
Renier, qui porte l'étendard impérial, tombe. C'est la
déroute. Charles s'enfuit, abandonnant ses blessés et
ceux que leurs jambes ne portent plus. Des monceaux de
bagages obstruent les chemins creux, les fuyards se
débandent dans un indescriptible sauve-qui-peut. Les
Germaniques font main basse sur un énorme butin,
dépouillant jusqu'aux cadavres...

La pluie et la trahison avaient déjoué les calculs de
Charles. Sa responsabilité n'en était pas moins lourde
dans ce désastre. Certes, Louis le Jeune n'était pas en
mesure de passer à une plus vaste offensive. Il se retira
sur Francfort. Aucun traité ne sanctionna les résultats de
cette journée. Dans les mois qui suivirent, les prisonniers de Louis furent libérés, Charles indemnisa les
Lorrains qui l'avaient soutenu. Mais une coupure profonde avait été faite. On avait passé, pour ainsi dire, au-
delà du plan juridique. On s'était heurté à l'impossible.
Dans l'esprit des hommes de ce temps, il apparaissait
clairement que Dieu avait jugé. Aux yeux des fidèles de
Charles, non seulement la faiblesse de l'empereur devenait évidente, mais une sorte de condamnation semblait
peser sur lui. Avant peu, on verrait les conséquences
tragiques de cet ébranlement de l'opinion des Grands.

De sa nuit de marche sur Andernach, Charles rame-
nait une pleurésie, qui le retint de longues semaines
entre vie et mort. Sur son lit de malade, il put méditer les
événements des six dernières années. La seule voie
politique sûre était celle même que, depuis 869, il avait
quittée : celle d'un chef pacifique, sans autre ambition
que de faire régner la justice dans son propre royaume,
sans souci de terres plus lointaines ni de titres plus vains.

Peut-être, si le temps lui eût été donné, Charles eût renoncé à bien des chimères et fût revenu à la sagesse d'un Hincmar : certains de ses actes ultérieurs permettent de le supposer.

Mais le temps manqua. Jean VIII, confondu par la catastrophe qui frappait « son » empereur, n'en avait pas moins un besoin urgent de lui. De nouveau, les Musulmans le pressaient. Des seigneurs chrétiens de l'Italie méridionale, peu confiants en Boson, nouaient des relations avec les chefs maures. Ceux-ci, au printemps de 876, avaient acquis des intelligences jusque dans le haut personnel administratif du palais de Latran. On prétendit qu'un complot se tramait, destiné à leur livrer Rome, dont s'approchait une flotte de cent galères arabes. Boson se dérobait, intéressé surtout à arrondir sa fortune personnelle. Les ducs Lambert et Guy de Spolète, chargés de la défense de Rome, se contentaient de veiller sur leurs propres domaines. Le 15 novembre 876, Jean VIII adresse à la cour impériale un appel affolé : l'empereur n'a-t-il pas pour mission première la défense du Saint-Siège ? Le pape suppliait Richeut d'user de son influence sur son époux, Boson de décider son maître.

Charles se guérissait mal. Au printemps de 877, il entrait tout juste en convalescence. En avril, une nouvelle ambassade romaine l'atteint, à Compiègne. Le message qu'elle transmet est urgent : les Maures sont maîtres du Latium, ils campent à quelques kilomètres au nord de Rome. Et le pape, malade, se croit mourant. Le duc de Spolète s'est retourné contre lui. Jean VIII implore, invoque les engagements pris par Charles, et brandit la menace : devra-t-il s'adresser ailleurs ? A l'empereur de Byzance peut-être, en désespoir de cause, dont la flotte croise dans les eaux italiennes ?

Charles résiste encore. Il n'a plus d'illusions. Les Normands de la Seine sont plus menaçants que jamais, la fidélité des Grands chancelle. Jean VIII inlassablement envoie lettre sur lettre. Alors, au début de mai, le triste empereur prend sa décision. Il subira le sort impérial qu'il a consenti à se faire et dont il mesure maintenant le poids. Sa méfiance envers son fils Louis le Bègue n'a pas désarmé. De ses neveux, il n'attend que des traquenards. Sa santé est délabrée. Pourtant, il partira. Mais avant de franchir les Alpes, il lui faut absolument s'assurer de la paix dans le royaume. Il paiera le prix.

Le 7 mai il publie un édit annonçant que les Normands consentent à quitter la vallée de la Seine moyennant le versement de cinq mille livres d'argent. La levée d'un impôt spécial, le « tribut normand », est donc décrétée.

Les Grands, eux, ont besoin d'autres gages que de métal précieux. Le 14 juin, un plaid réuni à Quierzy amène la publication d'un célèbre capitulaire où certains historiens ont vu, à tort, la charte principale de la féodalité. Il est vrai que ce document a un ton particulièrement grave, et comme définitif. Mais il le doit moins à la nature des dispositions qu'il énonce, qu'à la certitude que l'on y sent, chez le roi Charles, de quitter son royaume pour toujours. Une prescience semble le convaincre qu'il ne sortira plus de cette Italie où il va s'enfoncer contre son gré. Laissant la régence du royaume à Louis le Bègue — pour la seule raison qu'il n'a personne d'autre, ne voulant pas se séparer de Richeut —, c'est sa propre succession implicitement qu'il ouvre. Un souci anxieux du détail, une volonté de parer à tout, de limiter au maximum la marge du hasard, donnent au capitulaire de Quierzy le caractère d'une sorte de testament.

Charles désirait obtenir un acquiescement libre de ses

fidèles, et que ceux-ci prissent conscience du fait qu'une responsabilité commune les unissait à leur roi. Il soumit aux membres de l'assemblée un questionnaire, portant sur un certain nombre de points précis. Trente-trois articles du compte rendu rédigé à cette occasion nous ont été conservés. Le souci des affaires personnelles du roi y paraît curieusement mêlé à celui du bien public.

Six problèmes y sont successivement posés :

1. L'expédition d'Italie : libre choix est laissé au roi de désigner ses compagnons de route. Que Charles ait dû acquérir cette sorte d'autorisation en dit long sur le manque d'enthousiasme des Grands.

2. La marche des services administratifs durant l'absence du roi fait l'objet de près de la moitié du capitulaire. Entretien d'une force de police, maintien des défenses construites contre les Normands, surveillance des forêts, des terrains de chasse... il semble que Charles ait craint surtout de laisser trop d'initiative à son fils. Que celui-ci du reste se tienne prêt à partir lui-même pour l'Italie, dont il recevra par délégation la couronne, aussitôt que Charles aura remporté la victoire sur les Maures. Des mesures sont prises pour parer à une attaque possible des fils du Germanique. Charles enfin, recommande de ne pas ajouter foi sans contrôle aux rumeurs qui pourraient un jour ou l'autre annoncer sa mort...

3. La famille : des garanties sont prises pour assurer la protection des biens personnels de Richeut et des filles d'Ermentrude. Par ailleurs, pour le cas où il mourrait en Italie, Charles désigne ses exécuteurs testamentaires.

4. La dynastie : le règlement de la succession au trône reste provisoirement réservé. Richeut en effet peut encore donner naissance à un fils ; ou même, il se pourrait que l'un des neveux du roi, s'étant amendé,

apparût digne d'avoir part à l'héritage. Cet article témoigne de l'incertitude où reste Charles quant aux destinées de son empire, ainsi que de son hostilité foncière envers Louis le Bègue.

5. L'Eglise : les fidèles s'abstiendront de tout empiètement sur les biens ecclésiastiques. Tout siège épiscopal qui deviendrait vacant serait administré jusqu'au retour du roi par un prélat de la même province métropolitaine, avec la collaboration du comte intéressé. La nécessité de l'heure fait ainsi adopter comme norme une situation jusqu'alors tenue pour abusive : la mainmise, plus ou moins dissimulée, des comtes sur les évêchés.

6. Régime des « honneurs » et des « bénéfices » : sur ce dernier point, le roi consacre de même, librement, des coutumes non reconnues comme telles jusqu'alors. Les serments réciproques de fidélité ayant été renouvelés, l'assemblée décide en effet que, si un comte vient à mourir, sa charge sera confiée *ad interim* à un conseil de hauts fonctionnaires et à l'évêque. Mais, s'il laisse des fils, on considérera que ceux-ci ont un droit sur les « honneurs » de leur père. L'aîné d'entre eux recevra, jusqu'au retour du roi, délégation du comté. Même principe pour les « bénéfices » : la veuve et les enfants d'un vassal décédé disposeront de la jouissance du domaine, sous réserve d'investiture royale ultérieure. Enfin, à titre exceptionnel et vu les circonstances, si un fidèle entre dans les ordres, ses fils, ou à défaut ses proches, lui succéderont de plein droit dans son « bénéfice ».

Il est évident que ces dernières mesures devaient amener irrévocablement, et à brève échéance, l'hérédité des fonctions publiques et des « bénéfices », devenus dès lors des « fiefs » à proprement parler. En sanctionnant, une fois de plus, un état de fait, Charles en facilitait la généralisation. La transmission héréditaire des « honneurs » était depuis une vingtaine d'années l'un des buts vers lesquels s'orientait confusément la société du ixe siècle (voir p. 172). Celle des « bénéfices » tendait à s'instaurer çà et là, du seul fait que le seigneur laissait de plus en plus tomber en désuétude son droit de refuser l'hommage du fils d'un vassal décédé. Du moins, comme s'il revenait aux idées qui avaient orienté les premières années de son règne, Charles risquait une tentative — la seule qui fût encore possible — pour imposer, à défaut d'*un* pouvoir et d'un ordre, *des* pouvoirs concrets et des ordres personnels. Il tirait tant bien que mal parti d'une situation psychologique désormais insurmontable : l'incapacité, chez les chefs, de comprendre les liens qui attachent l'intérêt privé à l'intérêt général. Il reste qu'un contraste dramatique s'était créé, depuis quelques années, entre l'ampleur grandissante des ambitions de Charles et le rétrécissement progressif de l'horizon de ses Grands.

A l'assemblée de Quierzy, Boson n'était pas venu. Il était pourtant mieux en grâce que jamais. Au début de l'année, il avait été choisi comme parrain de la fille que Richeut venait de mettre au monde. Charles, aussitôt après la publication du capitulaire, rappelle en France son beau-frère et le charge d'assister Louis le Bègue dans sa régence : était-ce là marque de soudaine méfiance, ou de total aveuglement ? Un fait est certain, que l'événement mettra bientôt en lumière : depuis le printemps de 865, Boson a cessé de considérer que son destin est lié à celui de Charles. L'ex-impératrice Engelberge a su le flatter, gagner sa sympathie. Elle lui a donné sa fille Ermengarde en mariage. Du coup, d'innombrables liens personnels attachent Boson à ce que l'on nomme en Italie le parti allemand. Bérenger de Frioul — cousin germain de Charles (voir tableau généalogique) — compte parmi ses plus sûrs appuis. Boson a-t-il des ambitions précises ? Il n'y paraît guère. Peut-être sa femme le pousse-t-elle à s'écarter du roi Charles. Sous cette influence, ou par suite de réflexions personnelles, Boson considère comme une erreur l'expédition d'Italie. Il intrigue pour la retarder. Il refuse de payer le « tribut normand », dans l'espoir que l'empereur, contraint de reprendre les armes contre les pillards, se trouvera immobilisé en France. Boson tient-il à garder lui-même les mains libres en Italie ; ou veut-il, dans l'intérêt du royaume de l'Ouest, y retenir Charles ? Rien ne nous éclaire sur ses intentions. Lui-même, il quitte l'Italie, rencontre à Besançon, le 12 août, Charles en route pour Rome. Sans doute cache-t-il son jeu ? Il rassure l'empereur par de bonnes paroles. Charles se sépare de lui, apparemment sans arrière-pensée, et s'engage à marches forcées sur la route de Lausanne. Il franchit le Grand-Saint-Bernard, et parvient au début de septembre à Verceil. A l'étape d'Orbe il a appris que, deux mois plus tôt, Jean VIII l'a fait acclamer par un concile de cent trente évêques italiens. Son prestige dans la Péninsule semble donc bien établi.

Pourtant, à Pavie, Charles — que le pape est venu y accueillir — apprend qu'une armée de Germains et de Slaves s'avance contre lui, commandée par Carloman. Ce dernier, dans le partage survenu entre les fils du Germanique, avait reçu pour lot la Bavière et les territoires du sud-est jusqu'à la Carinthie : le contrôle de la Lombardie importait grandement à la sécurité de ses États. Un choc violent devenait inévitable.

Charles n'avait avec lui qu'une troupe insuffisante. Des renforts devaient suivre prochainement. Il se replia sur Tortona pour les y attendre. Jean VIII, qui ne le quittait plus, y procéda au sacre de Richeut en qualité d'impératrice. Cérémonie dérisoire, expédiée à la hâte entre gens traqués : à peine était-elle achevée que Charles renvoyait dans son royaume, par la voie la plus directe — celle du Mont-Cenis — son épouse et le trésor royal.

Au lieu des renforts espérés parvint l'annonce d'une catastrophe : un soulèvement général des Grands venait d'éclater en France, en Neustrie, en Bourgogne et en Aquitaine ! Cependant, Carloman entrait triomphant dans Pavie. Devant l'étendue du désastre, Charles abandonna. Il venait de retomber malade. Le courage lui manquait soudain. Il renonçait à poursuivre son destin dans cette Italie d'où venait son pire malheur. Laissant le pape, dépité, rentrer à Rome, et verser aux Maures un tribut de vingt-cinq mille marcs d'argent, il prit le chemin où Richeut, quelques jours plus tôt, l'avait précédé... Peut-être du moins sauverait-il sa couronne de France.

Jamais encore une opposition aussi forte n'avait pris corps dans le royaume. Une vague, non plus de mécontentement, mais de révolte, secouait, de Reims à la Septimanie, la quasi-totalité de l'aristocratie laïque et ecclésiastique. Il n'est pas trop fort de parler à ce propos, en termes modernes, de phénomène de classe et, en somme, de révolution. Un vaste réseau d'intrigues, engagées sans doute dès le début de l'été, avait cristallisé soudain — dans le vide laissé par le départ de Charles — autour d'un homme : Boson. Celui-ci s'était étroitement associé avec Hugues l'Abbé, avec le comte de Paris Conrad, avec Bernard Plantevelue, comte d'Auvergne, avec le marquis de Septimanie, Bernard, apparenté aux Gauzbertides : tous personnages qui avaient refusé d'assister au plaid de Quierzy et dont la désertion explique l'impuissance de Charles devant Carloman. Mais voici que ces hommes ont désormais séduit Louis le Bègue, qui ne cache pas sa complaisance envers eux. Les causes de cette levée de boucliers étaient nombreuses ; mais l'une d'entre elles les impliquait toutes : ces seigneurs de France et d'Aquitaine ne voulaient pas de l'Empire. Ils refusaient d'en porter la charge et d'en payer les frais. Sur le plan de l'immédiat, le « tribut normand » les exaspérait, à la fois par le sacrifice financier qu'il leur imposait et par l'attitude d'esprit qu'il trahissait chez l'empereur. Les églises, plus encore que les laïcs, s'en irritaient : *spoliantur ecclesiae,* écrivait l'annaliste de Saint-Vaast, « on nous vole ». Et à quoi bon ? Des bandes normandes dévastèrent librement, durant ce terrible été, tout l'ouest du royaume, poussant des raids jusque dans la haute Bourgogne. Hincmar lui-même, sans rompre avec son roi, n'osait désapprouver la rébellion : Charles cueillait le fruit amer d'une mégalomanie d'inspiration romaine, de son dédain pour les vieux conseillers fidèles ; il avait trahi son serment, abandonnant ses hommes, sans défense, aux pirates de la mer.

Sans doute, avec l'absence de vues générales habituelle aux hommes de leur temps, les révoltés ne visaient-ils qu'à paralyser l'action de Charles outremonts, à le rappeler en France, et à lui extorquer de nouvelles franchises. Mais, par-delà les médiocres intentions qu'ils formaient, leur unanimité à elle seule constituait un terrible témoignage. La politique impériale faisait faillite, et du même coup la diplomatie pontificale.

Péniblement, grelottant de fièvre dans sa litière, Charles le Chauve passe le Mont-Cenis, redescend sur la Maurienne. Quelques étapes encore, et il aura regagné ses terres de Bourgogne... Le destin ne lui accorde pas ce délai. Le 6 octobre 877, dans le hameau perdu d'Avrieux, près de Modane, où tombe la première neige de l'automne, Charles expire.

Il avait cinquante-quatre ans, trois mois et vingt-trois jours. Peu auparavant, Jean VIII avait en public, à Ravenne, prononcé son éloge : *Charles a brillé comme un astre au pôle même du ciel. Sa vertu égala celle de ses aïeux. Rameau d'une souche élue, il en conserva toute la sève. Il acheva la tâche qu'avaient entreprise ses prédécesseurs, et gagna la bataille universelle qu'ils avaient engagée : celle de la religion et du droit. Il enrichit l'église de Dieu ; il honora les clercs, pourvut à leur instruction dans les sciences sacrées et profanes, leur apprit à cultiver le bien. Il s'entoura de conseillers habiles, respecta les âmes pieuses, soutint les pauvres. Rien dans sa conduite ne fut jamais à reprendre. Il haïssait le mal jusque dans la moelle de ses os... C'est pourquoi il nous est apparu avec évidence que Dieu l'avait destiné à sauver l'empire de ce monde : et cette vocation était plus haute que celle même que reçut jadis un Joseph, sauveur du seul royaume d'Égypte...*

Éloge de clerc, et qui sent son opportunisme. Du moins, sous les fleurs de rhétorique, perçoit-on la puissance de l'impression faite sur le vieux Jean VIII par un roi qui fut incontestablement un grand homme.

Il est vrai que le malheureux dont on descendait le cadavre vers la basse vallée, avait fini dans l'amertume d'un échec total. Victime de son intelligence même, il avait été trahi par son siècle. Pourtant, son passage dans l'histoire marquait profondément celle-ci. Il avait contribué, mettant en balance son prestige personnel, son immense culture et son sens de la vie, à donner forme à un nouveau monde.

Conclusion

Louis le Bègue avait trente et un ans. En dépit de sa demi-complicité avec les révoltés de l'été 877, il se heurta, aussitôt après son couronnement, à une indifférence générale. L'autorité royale, comme telle, était devenue insupportable à la majorité des Grands. Au reste, sous le nom de Louis, c'est Hincmar qui s'efforce de régner — et, dans l'ombre, Boson, dont l'ambition ne connaît plus de bornes. Richeut a été écartée. Les annalistes ne nous donnent pas même la date de sa mort. On sait seulement que, dans son veuvage, elle mena une vie assez dissolue pour s'attirer les menaces de l'épiscopat. Aucun de ses enfants ne vécut.

Charles le Chauve aura été le dernier mainteneur des structures chancelantes de l'État. Désormais, tout s'écroule. L'évolution qui pousse à l'accaparement des pouvoirs par les puissances locales se précipite. Une nouvelle pression des Normands contribue à l'accélérer encore. Louis le Bègue fait ce qu'il peut. Quand il mourra, en 879, plus aucune digue ne retiendra les pirates : dès 879, ils s'installent à Gand ; en 880, à

269

Courtrai ; en 882 ils sont à Condé ; en 883, à Amiens ; en 885, Rouen tombera et Paris ne devra son salut qu'à la bravoure du comte Eudes, fils de feu Robert le Fort. A partir de 896, les Normands fonderont sur la basse Seine une colonie puissante ; en 911, son chef, Rollon, obtiendra du roi Charles le Simple concession perpétuelle de la Neustrie maritime : la « Normandie ».

Trois faits dominent les processus complexes qui, en quinze ans, amèneront la décomposition totale de l'Occident carolingien.

D'abord, l'épuisement de la notion d'empire, à laquelle après 877, s'accroche seul encore Jean VIII, avec l'acharnement d'un vieillard. Aussi bien, l'éternel danger musulman presse le Pontife, que la trahison environne : à Naples, Amalfi, Gaète, les évêques eux-mêmes et les comtes pactisent avec les chefs maures. Guy de Spolète et le marquis de Toscane convoitent la possession de Rome ; le second y pénètre en maître en 878. Jean VIII ne se maintient plus que grâce aux secours qu'il mendie à Byzance. En 890, des bandes mauresques fondent, sur la côte provençale, la colonie du Freinet, qui subsistera pendant près d'un siècle, et d'où partiront des raids poussés jusqu'au cœur des Alpes. Un empereur pour le monde chrétien ? Mais quel empereur ? Carloman, maître de l'Italie après la retraite de Charles le Chauve, tombe gravement malade et ses fidèles le ramènent en Bavière. Louis le Jeune et Charles le Gros font la sourde oreille aux appels qui leur parviennent. Jean VIII se tourne vers Louis le Bègue, quoiqu'il le juge peu sûr, et que sa santé inspire des inquiétudes. Mais Hincmar intervient et détourne le jeune roi de suivre l'exemple funeste de son père. Finalement Charles le Gros se résigne. Jean VIII le couronne, en 881, après quatre ans de vacance du trône impérial. Aussi bien, la mort de ses deux frères fait de ce lourdaud, en 882, le seul « maître » de la Germanie et de l'Italie septentrionale. En 884, le jeu des successions lui donnera même le royaume de France : la totalité de l'héritage de Charlemagne se trouve alors réunie entre ces mains débiles. Le « pouvoir » de Charles le Gros en impose si peu que ses fidèles allemands le contraignent à l'abdication en 887.

Deuxième fait : l'épuisement de la dynastie carolingienne. Depuis vingt ans, une tare ronge cette famille : l'épilepsie, les déformations osseuses, les troubles psychiques, et les maladies que les contemporains désignent du mot vague de « fièvre » (le paludisme ?) y ont fait des ravages. En 879, une attaque frappe Carloman et le prive de l'usage de la parole : il atteignait tout juste la quarantaine. Louis le Bègue meurt d'un mal mystérieux, à trente-trois ans. Il laisse deux fils à peine majeurs, Louis III, âgé de seize ans, et Carloman, qui n'en a que quatorze. Hincmar prend sous sa tutelle ces deux adolescents, qu'il fait sacrer presque clandestinement à l'abbaye de Ferrières, et qu'il laisse « régner » ensemble. Il écrit pour eux ses derniers ouvrages : la *Novi regis institutio,* « Enseignement au nouveau roi », de 880, proposant une alliance d'égal à égal avec les plus puissants seigneurs ; le *De ordine palatii,* « L'organisation administrative », de 882, qui constitue comme un tableau de ce que fut jadis l'État. Mais les deux princes meurent l'un et l'autre à dix-huit ans, Louis en 882 — Hincmar meurt la même année —, Carloman en 884. De Louis le Bègue ne survit qu'un dernier fils, posthume, âgé d'à peine cinq ans, le futur Charles le Simple, dont la légitimité paraît douteuse car il est issu d'un second mariage contracté du vivant encore de la première épouse (voir tableau généalogique).

271

Troisième fait : l'apparition de dynasties royales étrangères au lignage carolingien. Sur ce point, l'initiateur fut Boson. Dès avant la mort de Charles le Chauve, il avait su plaire à Jean VIII. Un instant, l'idée a effleuré le Pontife de lui confier la dignité impériale. Mais Boson a d'autres visées. Il a sous les yeux l'exemple de son prédécesseur dans le duché du Viennois, Girard. Il réussira où celui-ci, par pieux entêtement et fidélité obtuse au lignage de Lothaire, échoua. La femme de Boson le pousse. Héritière de l'ambition de sa mère, Ermengarde ne se résigne pas à n'être que la femme d'un duc. Elle veut être reine. Il est aisé à Boson de s'imposer, à partir de Vienne, dans cette vallée du Rhône où la disparition de Louis II, puis de Charles le Chauve, a laissé en suspens tous les problèmes d'autorité territoriale. Dès juillet 879, on voit Boson signer un acte : *Moi, Boson, qui suis ce que je suis par la grâce de Dieu.* Il feint d'ignorer Louis III, donne sa fille en mariage au petit roi Carloman. Il est l'homme providentiel, surgi au milieu du chaos. Le 15 octobre 879, à Mantaille, un concile des évêques de la vallée du Rhône lui confère le titre de roi de Provence, *parce que la mort de Louis (le Bègue) a laissé le royaume sans défenseur.* Du Léman à la Méditerranée, désormais, Boson règne, affranchi de tous liens de subordination.

Pour la première fois depuis cent vingt-sept ans, une couronne royale est sortie de la famille carolingienne. Un droit issu des accords de Pépin le Bref et du pape est aboli. Le monopole de la dynastie élue — le pouvoir suprême et son prestige sacral — lui est ravi. L'innovation produit un tel effet de stupeur que tous les princes carolingiens en âge de porter les armes s'assemblent. Pour la première fois depuis la mort de Charlemagne, une union réelle se reforme entre eux — contre l'usurpateur. Ils montent contre Boson une expédition commune ; mais celle-ci tourne court. Boson demeure sur son trône.

D'autres potentats locaux suivent son exemple : Raoul le Welf, fils de Conrad d'Auxerre, qui détient de vastes domaines en Suisse occidentale, s'empare du Viennois au lendemain de la mort de Boson, en 888, et se fait couronner roi de Bourgogne transjurane. Au fils de Boson, Louis, ne restent que les régions méridionales du Dauphiné, et la Provence : le « royaume d'Arles ». Hugues, fils de Walrade (voir p. 189 et 226), tente de se tailler un royaume dans la Lotharingie septentrionale. En 888, les Grands de France et de Neustrie élisent pour roi Eudes de Paris, dont ils apprécient les qualités militaires, et éliminent le petit Charles le Simple. La même année, la couronne de Germanie passe à Arnulf, bâtard de Charles le Gros ; celle d'Italie, à Bérenger, auquel Guy de Spolète la ravit aussitôt.

Le titre impérial lui-même se dérobe aux derniers Carolingiens. Étienne V, le nouveau pape, nourrit encore l'illusion qu'il s'attachera, en le conférant, un protecteur militaire efficace. En 891, il le donne à Guy de Spolète : en 896, à Arnulf ; après la mort de celui-ci, en 899, à Louis de Provence, puis à Bérenger...

C'est la fin. Boson a créé un précédent d'importance capitale. L'annaliste de Fulda a beau jeu de tourner en dérision ces « roitelets » (*reguli*) qui surgissent de toutes parts sur les ruines de l'empire. Désormais, c'est entre ceux-ci, issus de la société féodale, que va s'instaurer la compétition : autour d'unités sociologiques, politiques, économiques plus restreintes, mieux enracinées et comme plus concrètes. Aussi bien, les *royaumes* qui se constituent ainsi dans les quinze années qui suivent la mort de Charles le Chauve ne se distinguent guère que

273

par ce nom d'autres unités politiques nées d'un regroupement des hommes en communautés provinciales que cimentent des liens de fidélité et d'intérêt très proches : regroupement qui s'opère en même temps que l'émiettement féodal, et s'unit avec celui-ci en un même processus complexe. C'est ainsi qu'au sein du royaume de France — où le roi n'est en réalité que le seigneur de quelques régions aux confins neustriens et bourguignons — se dégagent, parmi l'infinité des fiefs et des seigneuries, quelques duchés et comtés pratiquement indépendants de tout pouvoir central : comté de Flandre, fondé en 883 par Baudouin II, petit-fils de Charles le Chauve (voir note généalogique) ; duchés d'Aquitaine depuis 888, d'Ile-de-France et de Bourgogne cisjurane à partir de 900, bientôt de Normandie. C'est la formation de ces unités-là qu'avait retardée Charles le Chauve. Lui mort, le mouvement déferle. Dans la seconde moitié du Xe siècle seulement, un essor économique soudain, dû à l'arrêt des invasions normandes et maures, fera renaître, dans les régions qui furent le centre de l'empire carolingien, le besoin d'un État. Le titre de roi, maintenu envers et contre tout, retrouvera son sens. Et c'est alors aux chefs de ces communautés provinciales que leurs pairs le confieront : Hugues Capet est duc d'Ile-de-France ; les Ottonides sont ducs de Saxe. Autour d'eux se reconstitueront peu à peu des nations. Mais il est remarquable que celles-ci, au fur et à mesure de leur développement, s'inscriront dans le cadre qu'avait tracé la diplomatie de Charles le Chauve et de Louis le Germanique. Le royaume d'Italie disparaît dès la fin du IXe siècle, celui de Provence en 928, celui de Bourgogne transjurane en 1032. La prolifération des années 880-900 n'a pas porté de fruits. Deux noyaux politiques subsistent seuls, autour desquels se rassembleront lentement les restes de l'héritage de Charlemagne : la « France » et l' « Allemagne ».

Les dernières années du règne de Charles le Chauve avaient donné comme une image prémonitoire de ces événements à venir. Elles avaient illustré dramatiquement, à la fois les grandeurs et les faiblesses propres à la politique carolingienne. Celle-ci, durant un demi-siècle avait été dominée par le souci des relations entre princes de la famille plus que par celui de l'organisation intérieure des États. Cette tendance avait eu deux sources : le contresens commis par les clercs qui, plaquant sur la réalité de leur temps la notion romaine de la *respublica,* qu'ils comprenaient mal, avaient donné le change sur la complexité des problèmes ; et l'attachement quasi exclusif des hommes de ce temps à la valeur primaire qu'était pour eux leur lignage. A ce jeu subtil et parfois tragique, les Carolingiens avaient dépensé une énergie intellectuelle et physique immense, usé des collaborateurs de rare mérite. Si une idée directrice, plus ou moins claire, anime l'action des fils et des petits-fils de Louis le Pieux, c'est, à peine réalisé le partage de Verdun, de l'abolir. Mais la situation était telle que nul n'avait aucune chance d'y parvenir jamais. A ce désir confus, à cette lutte contre une fatalité historique qui tenait à leur existence même, les rois carolingiens sacrifièrent plus ou moins le gouvernement effectif de leurs peuples. Ils pactisèrent avec des fidèles indifférents ou hostiles ; ils donnèrent, à leur insu, aux Normands des raisons de ne plus lâcher une proie qui paraissait consentante. Charles le Chauve, le plus perspicace, alla de lui-même au-devant de ce qui se créait contre lui, pensant renouveler ainsi les fondements de sa monarchie. Pourtant, il était pris dans le même engrenage que ses frères et ses neveux. Pour régner encore, comme on l'a dit, ils devaient abdiquer toujours davantage.

C'est pourquoi le rêve d'une chrétienté homogène, tel que l'avait fait Nicolas 1er, constituait un défi à l'histoire. Mis en sommeil par les papes du xe siècle, il resurgira dès l'aube du xie : mais le monde aura trop changé. L'union des deux pouvoirs, telle qu'on pouvait la concevoir au ixe siècle, dans le sillage tout frais de Charlemagne, ne se réalisera plus que sous la forme basse d'un césaro-papisme. L'empereur en effet n'est plus — ne peut plus être —, en dépit de son titre, qu'un roi comme les autres ; à défaut d'une suprématie effective sur les chefs d'États étrangers il lui reste la seule prérogative d'influer sur le gouvernement de l'Église romaine. Et la tendance profonde qui, dans celle-ci, depuis le ixe siècle, aspire à régenter le monde politique, tour à tour se satisfait de cette alliance ou s'en révolte. Finalement, l'Église résorbera en elle-même le rêve impérial. Elle se substituera à l'empereur que l'événement lui refuse de faire encore. Au-delà des bouleversements de l'ère moderne, elle gardera profondément en elle l'instinct, et comme la nostalgie, de ce qui fut le monde carolingien. Constatant l'écroulement des structures impériales qu'elle avait cru pouvoir ressusciter, et le manque de maturité des structures de remplacement qui se constituaient peu à peu dans une apparente anarchie, l'Église des ixe et xe siècles ne pouvait pas ne point intervenir pour sauver la cité. Mais, de cette fonction salvatrice, elle prit l'habitude, et elle s'y complut. Du jour où, vers l'an 1000, la féodalité parvint à la plénitude de ses formes et de sa puissance interne, le conflit fut inévitable. L'Église se défendit contre ce qui lui parut une tentative d'usurpation. Les conséquences désastreuses de cette attitude empoisonnèrent désormais l'histoire européenne. Le message proprement religieux de l'Église tendit à se dissimuler sous une forme sociologique opiniâtrement conservatrice, bardée de prétextes historiques, et soutenue par une pensée politique à certaines heures honteuse d'elle-même, mais dont la rigueur ne cède pas. Des glissements, des changements de plans, des spiritualisations partielles se produiront. Une ligne de force n'en demeure là pas moins dans l'organisme de ce corps constitué.

Mais, si l'*empire* s'était effondré, il restait un *monde* carolingien. Au sein de celui-ci — sous les façons particulières dont le remodèleront les rois, les moines, les missionnaires — les nations européennes conserveront des traits fondamentaux identiques. Jusqu'à la Renaissance le foyer animateur de leur culture restera la région d'entre Rhin et Loire : ce qui fut le cœur de l'Empire. Dans ces terroirs centraux, les formes de l'art, de la littérature, de la spéculation même, sont dominées par des facteurs scolaires, savants, par le goût de la construction architectonique et des structures mathématiques. Au-delà, apparaissent, en nombre croissant à mesure que l'on s'éloigne, des éléments d'origine populaire, de caractère baroque, une créativité plus débridée et moins constamment réfléchie. Ce curieux phénomène s'explique par la persistance, durant des siècles, des tendances initiales de la « Renaissance carolingienne ». Les deux ou trois générations de lettrés « français » qui travaillèrent sous le règne de Charles le Chauve, ont joué en cela un rôle capital. Ces hommes ont élaboré un matériel exemplaire d'information et d'enseignement, qui détermina l'évolution ultérieure de tous les modes d'expression intellectuelle et affective, — en France et dans les terres où l'influence de ce pays rayonna.

L'une des créations les plus originales de la civilisation

277

médiévale illustre de façon frappante la vitalité des traditions et des souvenirs que le ixe siècle imprima dans notre histoire : les « chansons de geste », épopées en langue vulgaire qui furent composées aux xie et xiie siècles. Ces « chansons », nées de l'émotion inspirée par les Croisades — elles-mêmes fruit de conceptions politiques formées vers 850 —, œuvres de poètes et de clercs originaires de Neustrie et de France, premier épanouissement européen d'un grand art communautaire, empruntèrent exclusivement leurs sujets à l'histoire carolingienne. Quelle que soit la manière dont leur poésie dénature les faits en les transformant, l'enthousiasme qu'elles provoquent chez l'auditeur est lié au nom prestigieux de Charlemagne. La mémoire du grand empereur les anime et les supporte. Autour de lui, se groupent des figures dont on ne sait trop quelle tradition leur permit de survivre, sinon l'extraordinaire empreinte laissée dans la mémoire humaine par ces quelques générations de guerriers, de politiques et de bâtisseurs : Louis le Pieux, Guillaume de Toulouse, Girard de Vienne... Quant à Charles le Chauve, il lui arriva la mésaventure la plus glorieuse. Les chanteurs de geste — embrouillant les perspectives, emmêlant les événements — le confondirent avec Charlemagne ! C'était là mieux encore que, dans ses années triomphales, il n'avait rêvé.

Annexes

Indications bibliographiques

(Sauf mention contraire, le lieu de publication est Paris)

Le règne de Charles le Chauve comme tel n'a été l'objet que d'un nombre très restreint de publications. En revanche, les études d'ensemble sur les destinées de l'empire carolingien, ou de détail sur ses institutions, sont extrêmement nombreuses. Je me borne à fournir ici des indications qui permettront au lecteur de s'orienter parmi une littérature particulièrement touffue. Je marque d'un astérisque les titres d'ouvrages plus aisément accessibles.

1. *Documents originaux.* Il convient en général de distinguer les documents « diplomatiques » (capitulaires, actes juridiques, etc.), les textes historiques, et les témoignages indirects. La « Collection de textes pour servir à l'étude et à l'enseignement de l'histoire » (50 volumes, 1886-1925) donne, mais de façon peu systématique, des documents de ces trois ordres.

Les *documents diplomatiques* émanant des chancelleries carolingiennes ont fait l'objet de publications telles que les *Capitularia regum Francorum II* et les *Concilia œvi karolini,* volumes édités dans la collection in-4° des *Monumenta Germaniæ Historica* (MGH), section *Leges,* à Hanovre, respectivement par A. Boretius et V. Krause, 1881-97 et par A. Werminghoff, 1908 ; ou Böhmer, Mühlbacher et Lechner, *Die Regesten des Kaiserreichs unter den Karolingern,* Innsbruck 1908. Quelques textes particulièrement importants pour la connaissance de la vie économique et sociale de l'époque ont fait l'objet de publications séparées : ainsi, le *Polyptique de l'abbaye de Saint-Germain-des-Prés rédigé au temps de l'abbé Irminon,* édité par A. Longnon, 2 volumes, 1886-95.

Les *textes historiques* sont de deux sortes : les « annales » (catalogues, année par année, des événements relatifs à une certaine région), qui ont paru dans les MGH, section *Striptores* (en particulier les *Annales regni Francorum,* éditées par F. Kurze, 1895, et les *Annales bertiniani,* par G. Waitz, 1883) ; et les « histoires » (récits suivis), dont les principales pour le ixᵉ siècle sont, d'une part la *Vita Ludovici Pii* de l'anonyme dit « Astronome limousin », et celle de Thégan (toutes deux dans les MGH in-f°, 1829) ; d'autre part la * *Vita Karoli Magni* d'Eginhard et l' * *Historia filiorum Ludovici Pii* de Nithard, toutes deux dans la collection des « Classiques de l'histoire de France » (CHF), comportant texte original et traduction, respectivement publiées par L. Halphen, 1938 et par Ph. Lauer, 1926.

Les *témoignages indirects* sur la vie du temps sont nombreux dans certaines œuvres plus ou moins littéraires, telles que les correspondances de grands personnages (les MGH ont une section *Epistolæ,* in-4°, 7 volumes 1887-1939) : la plus intéressante de ces correspondances est celle de * *Loup de Ferrières,* publiée par L. Levillain dans les CHF, 2 volumes, 1927-35, couvrant les années

829-862. On peut citer encore les poèmes d'*Ermold le Noir,* publiés dans la même collection par E. Faral, 1932. Les dessins de certains manuscrits fournissent des renseignements du plus haut intérêt : spécialement le *Psautier* dit « d'Utrecht » orné de dessins à la plume illustrant les psaumes à l'aide de scènes empruntées, pour la plupart, à la vie courante du milieu du ixe siècle. Une reproduction photographique intégrale de ce manuscrit a été publiée par E. Dewald, *The illustrations of the Utrecht Psalter,* Princeton 1932 (avec commentaire).

Pour les données géographiques : A. Longnon, *Atlas historique de la France,* in-fo, premier volume (seul paru), 1884-1907 (avec un volume de commentaires) ; et * L. Mirot, *Manuel de géographie historique de la France,* 1, 1948.

2. *Ouvrages d'ensemble sur l'Empire carolingien.* D'excellentes synthèses sont présentées par * L. Génicot, *Les Lignes de faîtes du Moyen Age,* 1951, et par * Ch. Dawson, *Les Origines de l'Europe et la civilisation européenne,* 1934. Pour l'histoire politique, les grandes lignes de l'évolution sont dessinées par F. Lot, Ch. Pfister et F. Ganshof, dans * *Les Destinées de l'Empire en Occident,* 1928-35 ; A. Kleinclausz, *L'Empire carolingien, ses origines et ses transformations,* 1902, doit être complété et corrigé par * L. Halphen, *Charlemagne et l'Empire carolingien,* 1949, dans la collection « Évolution de l'humanité » (EH). Le livre capital de J. Calmette, *La Diplomatie carolingienne* (843-877), 1901, dans la « Bibliothèque de l'École des Hautes Études » est une pure analyse érudite de documents diplomatiques. L'ouvrage, très cité, de H. Pirenne, *Mahomet et Charlemagne,* 1937, est aujourd'hui contesté : il fait, de la coupure de la Méditerranée par les Arabes, la cause première de la constitution de l'empire carolingien ; il est

probable que les conquêtes arabes ne firent que précipiter une évolution beaucoup plus ancienne. Études spéciales : R. Poupardin, *Les Grandes Familles comtales à l'époque carolingienne,* dans la *Revue historique,* LXXII, 1900 ; et J. Dhondt, *Études sur la naissance des principautés territoriales en France,* Bruges 1948.

3. *L'Église du haut Moyen Age.* La constitution, à partir du VIIe siècle, d'un régime monarchique (pontifical) dans l'Église romaine, a eu une influence déterminante sur la naissance et le développement de l'empire carolingien. Les institutions ecclésiastiques ont formé dès l'origine la partie la plus stable de son armature administrative et même économique. D'où l'intérêt d'études comme celles de E. Lesne, *La Hiérarchie épiscopale* (742-882), Lille 1905, et *Histoire de la propriété ecclésiastique en France,* 6 volumes, Lille 1910-43 ; de K. Voigt, *Die karolingische Klosterpolitik und der Niedergang des westfraenkischen Kœnigstums,* Stuttgart, 1917 ; et de P. Fourrier, *Histoire des collections canoniques en Occident,* 1, 1931. Les textes canoniques essentiels sont publiés par H. Denziger, *Enchiridion symbolorum,* réédition Fribourg-en-Brisgau, 1947. Les ouvrages généraux que nous possédons portent principalement sur la notion de chrétienté et sur les caractères de la civilisation ecclésiastique : ainsi, A. Fliche, *La Chrétienté médiévale* (395-1254), 1929 ; G. Ambroise, *Les Moines du Moyen Age ; leur influence intellectuelle et politique en France,* 1946 ; et le livre capital de * G. Schnurer, *L'Église et la civilisation au Moyen Age,* 3 volumes, 1933-38.

4. *Institutions, économie.* Sur la pensée politique qui anima certains dirigeants de l'empire, on peut se reporter à H. Arquillière, *L'Augustinisme politique, essai sur la formation des théories politiques du Moyen Age,* 1934 ;

et à L. Halphen, *L'Idée d'État sous les Carolingiens,* dans la *Revue historique,* CLXXXV, 1939. La genèse et le développement des institutions médiévales depuis le vi^e siècle est l'objet de deux remarquables volumes de M. Bloch, * *La Société féodale* (I. *La Formation des liens de dépendance;* II. *Les Classes et le gouvernement des hommes*), 1940-49, dans EH ; d'un point de vue plus technique : F. Olivier-Martin, *Histoire du droit français,* 1948 ; sur un aspect particulier, mais important, de ce problème, F. Ganshof, *Charlemagne et l'usage de l'écrit,* dans la revue *Moyen Age,* LVII, 1951.

The Cambridge economic history. (I. *The Agricultural life of the middle ages;* II. *Trade and industry in the middle ages*), Cambridge, 1941 et 1952, est le meilleur ouvrage d'ensemble sur les questions économiques. On peut citer de plus * H. Pirenne, *Histoire économique de l'Occident médiéval,* Bruxelles, 1951 ; J. Lacour-Gayet, *Histoire du commerce,* II, 1950 ; et R. Grand, *L'Agriculture au Moyen Age,* 1950.

Les *Conjectures démographiques sur la France au* ixe *siècle* de F. Lot, dans la revue *Moyen Age,* 1921, sont contestées par H. Sée (*Revue d'Économie politique,* 1924).

* F. Lot, *L'Art militaire et les armées au Moyen Age,* 1946, est un ouvrage de vulgarisation.

5. *Le règne de Charles le Chauve.* L'étude systématique du règne de Charles fut entreprise vers 1887 à l'École des Hautes Études, sous la direction d'Arthur Giry. Quand celui-ci mourut en 1899, l'examen et le classement critique des sources diplomatiques et annalistiques étaient achevés pour la période 840-865. Mais les leçons du maître n'avaient pas été rédigées, et aucune publication n'était encore prête. Plusieurs élèves de Giry entreprirent de poursuivre son travail. M. Prou se

chargea en 1900 de publier les diplômes de Charles le Chauve ; F. Lot, les annales du règne. De ces tentatives, sortirent : en 1902, une étude-spécimen de F. Lot, *Une année du règne de Charles le Chauve* (866), dans *Moyen Age,* VI ; en 1908, du même auteur *La Grande Invasion normande de* 856-862 dans la « Bibliothèque de l'École des Chartes » LXIX ; en 1910 la première partie (années 840-853) du livre de F. Lot et L. Halphen *Le Règne de Charles le Chauve* dans la « Bibliothèque de l'École des Hautes Études » : la seconde partie (854-877) n'a jamais été écrite ; en 1915, un nouvel article de F. Lot, *La Loire, l'Aquitaine et la Somme de* 862 *à* 866 : *Robert le Fort,* dans la « Bibliothèque de l'École des Chartes », LXXVI. D'autre part, G. Tessier a publié, de 1943 à 1956, le *Recueil des Actes de Charles le Chauve,* dans la collection « Chartes et Diplômes » de l'Académie des inscriptions et belles-lettres, 3 volumes (le troisième contient un commentaire et des tables).

On possède un livre capital sur Hincmar : H. Schroers, *Hinkmar, sein Leben und sein Werk,* Fribourg-en-Brisgau, 1884. Les œuvres d'Hincmar sont publiées dans la Patrologie Latine de Migne, CXXV et CXXVI. Un de ses ouvrages politiques les plus importants, *De ordine palatii,* a été réédité (avec traduction) par M. Prou, dans la « Bibliothèque de l'École des Hautes Études » en 1885.

Deux ouvrages particuliers, importants pour la connaissance des dernières années du règne : R. Poupardin, *Le Royaume de Provence sous les Carolingiens* (855-933), dans la « Bibliothèque de l'École des Hautes Études », 1901 ; et R. Louis, *Girard, comte de Vienne, et ses fondations monastiques,* Auxerre 1946. Enfin : L. Auzias, *L'Aquitaine carolingienne* (778-987), 1937.

Le manuscrit f. fr. 24372 de la Bibliothèque Nationale, écrit au xive siècle, nous a conservé un long poème en alexandrins, intitulé *Roman de Charles le Chauve.* Cette œuvre, du reste dénuée d'intérêt, est le seul texte littéraire médiéval qui désigne Charles le Chauve par son nom complet — ailleurs ce roi est confondu, sous l'appellation de « Charles », avec Charlemagne, sinon Charles Martel. Il s'agit d'un roman de cape et d'épée, imitant les procédés des chansons de geste et des récits courtois, sans le moindre fondement historique : le héros en est un Hongrois païen, Melsau, qui, devenu roi de France, est baptisé sous le nom de Charles le Chauve ; il gagne par la suite l'amour de Montluisant, fille du roi de Sicile, et va conquérir Jérusalem !

6. *Langues, littérature, arts du ixe siècle.* Les premiers chapitres de * P. Zumthor, *Histoire littéraire de la France médiévale,* 1954, donnent une synthèse des connaissances actuelles sur ces divers aspects de la civilisation du haut moyen âge.

Sur la nature et la fonction du latin dans cette civilisation, il faut signaler l'important article de Ch. Mohrman, *Le Dualisme de la latinité médiévale,* dans la Revue des études latines, XXIX, 1951, et l'ouvrage de K. Strecker, *Introduction à l'étude du latin médiéval,* Genève 1948. L'étude de F. Lot, *Quels dialectes romans pouvaient connaître les Carolingiens ?* dans la revue *Romania,* LXIV, 1938, présente de l'intérêt pour l'histoire politique.

Les aspects intellectuels de la culture carolingienne ont été l'objet de nombreux et bons travaux. Ainsi l'ouvrage classique de E. Patzelt *Die karolingische Renaissance,* Berlin 1924 ; J. de Ghellinck, *Patristique et Moyen Age,* Gembloux 1949 ; M. Manitius, *Bildung, Wissenschaft und Literatur im Abendlande von* 800 *bis* 1100, Crimmitschau 1925.

Les divers secteurs de la littérature de langue latine sont l'objet d'une nomenclature critique très complète dans le premier volume de M. Manitius, *Geschichte der lateinischen Literatur des Mittelalters,* Munich 1911. Pour la poésie, les deux ouvrages de Raby (avec de nombreuses citations, formant anthologie) constituent le meilleur travail que nous possédions : *A history of secular latin poetry in the middle ages,* 2 volumes, et *A history of christian latin poetry,* Oxford 1934 et 1953. L'œuvre poétique des écrivains de l'époque de Charles le Chauve est intégralement publiée, par E. Duemmler, P. de Winterfeld et K. Strecker, dans les MGH, section *Poeta evi carolini,* 4 volumes, 1880-1923. Un choix en figure dans la belle anthologie de * G. Vecchi, *Poesia latina medievale,* Parme 1952. La poésie de langue vulgaire ne nous est connue qu'indirectement : on trouvera un exposé de l'état actuel de la question dans l'article de * P. Zumthor, *Au berceau du lyrisme européen,* dans les *Cahiers du Sud,* n° 326, 1954.

Sur la musique et les arts plastiques, voir : * J. Chailley, *Histoire musicale du Moyen Age,* 1950. et * L. Gischia et L. Mazenod, *Les Arts primitifs français,* 1953.

Chronologie
des principaux événements

(Les chiffres placés entre parenthèses
renvoient aux pages du livre)

843, 13 avril	Mort de l'impératrice Judith (84).
début d'août	Traité de Verdun, consommant le partage de l'Empire en trois États (84-85).
novembre	Assemblée de Coulaines, donnant au royaume de Charles une constitution de type quasi-féodal (108-116).
844, octobre	Conférence de Yutz, proclamant le principe de la *confraternitas* entre les royaumes issus de l'empire (111-112).
22 novembre	Bataille de Ballon entre Charles le Chauve et les Bretons ; défaite de Charles (143).
décembre	Nomination d'Hincmar à l'archevêché de Reims (122).
845, Pâques	Première prise de Paris par les Normands (152).
847, février	Conférence de Meersen, renouvelant les engagements de Yutz et tentant de codifier les relations féodales (112-116).
848, printemps	Prise de Bordeaux par les Normands (138-154) ; ralliement de l'Aquitaine à Charles le Chauve (138).
6 juin	Sacre et couronnement de Charles le Chauve (138).
855, 29 septembre	Mort de Lothaire (119).
856, début	Révolte des grands vassaux de Charles le Chauve (167-168).
été	Offensive des Vikings Sidroc et Bjoern sur la Seine (175-176).
28 décembre	Deuxième prise de Paris par les Normands (176).
858, août-décembre	Louis le Germanique envahit le royaume de Charles (183).
859, 15 janvier	Victoire de Charles le Chauve sur Louis le Germanique (185).
859, début à 860, printemps	Expédition du Viking Voelundr dans la vallée de la Somme (177).
860, 1er juin	Traité de Coblence entre Charles le Chauve et Louis le Germanique (186).
861, janvier	Troisième prise de Paris par les Normands (179).

automne	Charles le Chauve essaie en vain de conquérir le Lyonnais (187).
862, février	Voelundr prête hommage à Charles le Chauve ; arrêt des incursions normandes au nord de la Loire (180).
avril	Divorce de Lothaire II (193).
863, 25 janvier	Mort de Charles le Jeune, roi du Lyonnais et de la Provence (188).
avril	Partage des États de Charles le Jeune entre Lothaire II et son frère Louis II (188).
865, été	Annulation du divorce de Lothaire II (198).
866, automne	Défaite et mort de Robert le Fort au combat de Brissarthe contre les Normands (204).
867, été	Séparation de Charles le Chauve et de son épouse Ermentrude (206).
869, 9 août	Mort de Lothaire II, roi de Lorraine (226).
9 septembre	Charles le Chauve sacré à Metz roi de Lorraine (226).
6 octobre	Mort de la reine Ermentrude (230).
870, 22 janvier	Remariage de Charles le Chauve avec Richeut (231).
10 juillet	Partage de la Lotharingie entre Charles le Chauve et Louis le Germanique (229).
24 décembre	Entrée de Charles le Chauve à Vienne ; annexion du Lyonnais et de la haute Provence (234).
875, 12 août	Mort de Louis II, roi d'Italie (241).
fin août	Charles le Chauve élu par les Romains empereur d'Occident (242).
25 décembre	Couronnement de Charles le Chauve à Rome comme empereur (246).
876, 28 août	Mort de Louis le Germanique (250).
8 octobre	Bataille d'Andernach entre Charles le Chauve et Louis le Jeune ; défaite de Charles (258).
877, avril	Charles le Chauve appelé par le pape à délivrer des Maures l'Italie centrale (260).
14 juin	Capitulaire de Quierzy, autorisant, dans certaines conditions, la transmission héré-

	ditaire des charges administratives et des fiefs (261).
septembre	Soulèvement général des Grands de France et d'Aquitaine (266).
6 octobre	Mort de Charles le Chauve (268).
879, octobre	Boson, frère de la reine Richeut, proclamé roi de Provence (273).
879	Mort de Louis le Bègue, fils de Charles le Chauve et roi de France (272).
882	Mort de Louis III, roi de France (229) ; mort d'Hincmar (272).
884	Mort de Carloman, roi de France (272) ; l'empereur Charles le Gros, roi d'Allemagne, lui succède (271).
888	Eudes de Paris élu roi de France ; Raoul le Welf couronné roi de Bourgogne transjurane (274).
896	Fondation de la colonie normande de la basse Seine (271).
911	Intégration de la colonie normande de la basse Seine dans le royaume de France (271).

Chronologie
des Papes du IXᵉ siècle

795-816	Léon III	872-882	Jean VIII
816-817	Étienne IV	882-884	Martin Iᵉʳ
817-824	Pascal Iᵉʳ	884-885	Adrien III
824-827	Eugène II	885-891	Étienne V
827-844	Grégoire IV	891-896	Formose
844-847	Serge II	896	Boniface VI
847-855	Léon IV	896-897	Étienne VI (assassiné)
855-858	Benoît III		
858-867	Nicolas Iᵉʳ	898	Théodore II
867-872	Adrien II	898-900	Jean IX

Chronologie
des empereurs byzantins
du IXᵉ siècle

797-802 Irène
802-811 Nicéphore Iᵉʳ
    811 Stauracius
811-813 Michel Iᵉʳ
813-820 Léon V l'Arménien

820-829 Michel II le Bègue ⎫
829-842 Théophile   ⎬   dynastie amorienne.
842-867 Michel III   ⎭

867-886 Basile Iᵉʳ   ⎫
886-912 Léon VI le Sage ⎬ dynastie macédonienne.

DESCENDANCE DE CHARLEMAGNE

(Taleau simplifié)

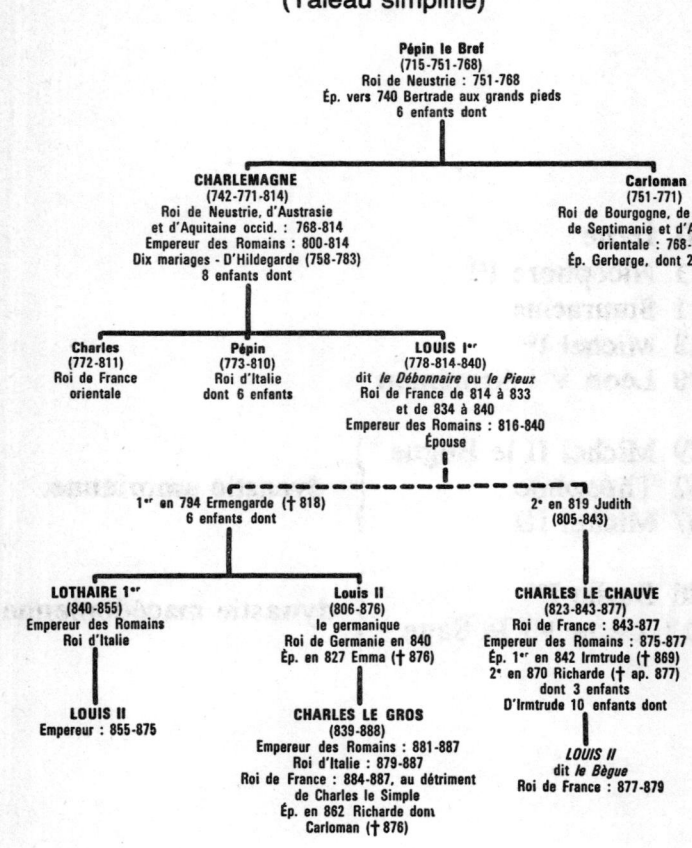

Pépin le Bref
(715-751-768)
Roi de Neustrie : 751-768
Ép. vers 740 Bertrade aux grands pieds
6 enfants dont

CHARLEMAGNE
(742-771-814)
Roi de Neustrie, d'Austrasie
et d'Aquitaine occid. : 768-814
Empereur des Romains : 800-814
Dix mariages - D'Hildegarde (758-783)
8 enfants dont

Carloman
(751-771)
Roi de Bourgogne, de Provence,
de Septimanie et d'Aquitaine
orientale : 768-771
Ép. Gerberge, dont 2 enfants

Charles
(772-811)
Roi de France
orientale

Pépin
(773-810)
Roi d'Italie
dont 6 enfants

LOUIS Iᵉʳ
(778-814-840)
dit *le Débonnaire* ou *le Pieux*
Roi de France de 814 à 833
et de 834 à 840
Empereur des Romains : 816-840
Épouse

1ᵉʳ en 794 Ermengarde († 818)
6 enfants dont

2ᵉ en 819 Judith
(805-843)

LOTHAIRE 1ᵉʳ
(840-855)
Empereur des Romains
Roi d'Italie

Louis II
(806-876)
le germanique
Roi de Germanie en 840
Ép. en 827 Emma († 876)

CHARLES LE CHAUVE
(823-843-877)
Roi de France : 843-877
Empereur des Romains : 875-877
Ép. 1ᵉʳ en 842 Irmtrude († 869)
2ᵉ en 870 Richarde († ap. 877)
dont 3 enfants
D'Irmtrude 10 enfants dont

LOUIS II
Empereur : 855-875

CHARLES LE GROS
(839-888)
Empereur des Romains : 881-887
Roi d'Italie : 879-887
Roi de France : 884-887, au détriment
de Charles le Simple
Ép. en 862 Richarde dont
Carloman († 876)

LOUIS II
dit *le Bègue*
Roi de France : 877-879

Note généalogique

L'histoire des Carolingiens et, dans une grande mesure, celle de leurs États, s'explique par des rivalités familiales, et l'opposition de clans liés par mariage. D'où l'importance des questions généalogiques.

La plupart des personnages cités dans ce livre sont apparentés, par le sang ou l'alliance, avec Louis le Pieux et ses enfants. Afin d'alléger le tableau hors texte, je donne ci-dessous la liste des autres descendants de Pépin le Bref.

Pépin le Bref eut deux fils, Charles (Charlemagne), et Carloman, ainsi qu'une fille, Gisèle. Cette dernière devint abbesse de Chelles. Charlemagne élimina de la scène politique son frère et ses neveux ; dès 771, il est le seul maître du royaume franc. En revanche, sa propre descendance est très nombreuse : on lui connaît dix-huit fils et filles, tant légitimes que bâtards :

— dans sa première jeunesse, d'une concubine nommée Himiltude, il eut un fils, Pépin, dit le Bossu, enfermé au monastère de Prum dès 792 ;

— d'une autre concubine, inconnue, il eut une fille, Aupaïs, mariée en 782 à Bégon, comte de Toulouse ;

— marié en 770 à Désirée, fille du roi des Lombards, il la répudia en 771 (pas d'enfants) ;

— remarié avec Hildegarde, d'origine souabe († 783), il en eut : Charles († 811) ; — Pépin, roi d'Italie en 781 († 811), père de Bernard, roi d'Italie († 818) et de quatre filles, recueillies par Charlemagne après 811 ; — Louis (le Pieux) (voir le tableau hors texte) ; — Rotrude, qui fut fiancée dans son enfance à l'empereur de Byzance, et eut de Rorgon, comte du Maine, un fils naturel, Louis, abbé de Saint-Denys ; — Berthe, qui eut de sa liaison avec le Franc Angilbert plusieurs enfants, dont l'historien Nithard († 844), abbé laïc de Saint-Riquier ; — Gisèle, mère de Rigbodon, abbé ecclésiastique de Saint-Riquier ; et trois enfants morts en bas âge, Lothaire, Hildegarde et Adélaïde ;

— de sa troisième épouse, Fastrade, une Franconienne († 794), il eut deux filles, Théodrade et Hiltrude ;

— à la même époque, d'une maîtresse inconnue, une fille, Rotaïde ;

— après la mort de sa quatrième épouse, l'Alamane Liutgarde († 800) — dont il n'eut pas d'enfants —, il entretient encore successivement quatre concubines : Madelgarde, qui lui donna une fille, Rotilde ; Gervinde, qui lui donna Adeltrude ; Regina, dont il eut deux fils, Drogon, futur évêque de Metz († 855), et Hugues, abbé de Saint-Quentin († 844), tous deux destinés à prendre rang parmi les premiers personnages de l'empire ; enfin, Adélaïde, qui lui donna un fils, Thierry.

A la mort de Charlemagne, en 814, ne survivent, de ces enfants et petits-enfants, que :

— Louis (le Pieux), alors âgé de trente-six ans, et ses trois fils aînés, Lothaire (dix-neuf ans), Louis (neuf ans) et Pépin (quatre ans) ;

— les sœurs de Louis, Berthe et Gisèle, et leurs fils bâtards Nithard et Rigbodon ;

— plusieurs des demi-sœurs bâtardes de Louis, dont Aupais, qui sera la grand-tante d'Ermentrude, femme de Charles le Chauve ;

— les demi-frères bâtards de Louis, Drogon et Hugues ;

— son neveu Bernard d'Italie, âgé de quinze ans, et les sœurs de celui-ci.

LE TRAITÉ DE VERDUN

- Royaume de Charles le Chauve
- Royaume de Lothaire
- Royaume de Louis le Germanique

Table des matières

Figures de proue

L'action des grands hommes sur le destin des peuples reste un des problèmes essentiels de l'histoire.

La collection *Figures de Proue* de la Librairie Tallandier rassemble des biographies historiques qui sont toutes des livres de fonds. Certaines, anciennes, qui « épuisent la question », n'ont jamais été remplacées ; les autres, inédites, ont pour auteurs des historiens contemporains dont l'œuvre deviendra classique.

Refusant, d'autre part, de s'enfermer dans l'histoire de France et la vie de ses seuls rois, la collection a multiplié les ouvertures vers les groupes d'hommes ayant joué un rôle historique, vers les grands personnages des nations étrangères — amis ou ennemis de la France —, enfin vers les animateurs des grands mouvements spirituels ou religieux du passé.

Tous ces ouvrages ont en commun de concilier une documentation solide, une analyse rigoureuse, une synthèse parfaitement maîtrisée avec une grande qualité d'écriture.

VERCINGÉTORIX. Camille Jullian, *de l'Académie française.*
Édition préfacée, annotée et mise à jour par Paul-Marie Duval, professeur au Collège de France, *membre de l'Institut.*

CLOVIS. Godefroid Kurth.
Nouvelle édition, augmentée d'une bibliographie récente par Pierre Riché, professeur à l'université Paris X.

Achevé d'imprimer le 4 février 1981
sur presse CAMERON,
dans les ateliers de la S.E.P.C.
à Saint-Amand-Montrond (Cher)

— N° d'édit. 2505. — N° d'imp. 2663-1229. —
Dépôt légal : 1er trimestre 1981.

Printed in France

ISBN 2-235-01011-3